春秋战国

其实

很有趣

羽凌——著

北京燕山出版社

图书在版编目（CIP）数据

春秋战国其实很有趣 / 羽凌著 . — 北京 : 北京燕
山出版社，2022.12（2023.5 重印）

ISBN 978-7-5402-6676-9

Ⅰ . ①春… Ⅱ . ①羽… Ⅲ . ①中国历史－春秋战国时
代－通俗读物 Ⅳ . ① K225.09

中国版本图书馆 CIP 数据核字（2022）第 179327 号

春秋战国其实很有趣

著　　者：羽　凌
责任编辑：王长民
文字编辑：赵满仓
封面设计：冬　凡
出版发行：北京燕山出版社有限公司
社　　址：北京市西城区椿树街道琉璃厂西街 20 号
邮　　编：100052
电话传真：86-10-65240430（总编室）
印　　刷：三河市华成印务有限公司
开　　本：880mm × 1230mm　1/32
字　　数：180 千字
印　　张：8
版　　次：2022 年 12 月第 1 版
印　　次：2023 年 5 月第 2 次印刷
定　　价：35.00 元

发 行 部：（010）58815874
传　　真：（010）58815857

如果发现印装质量问题，影响阅读，请与印刷厂联系调换。

前言

　　这是一个风云变幻的时代，戎人入侵镐京，周天子蒙尘，郑武公一路辅佐着周平王东迁洛阳，史书翻开了新的一页。从此以后，礼乐征伐自诸侯出，周天子虽然还是名义上的天下共主，但中国却已经进入剑拔弩张、战火纷飞的新时代，春秋由此拉开序幕。

　　齐桓公首霸诸侯，楚庄王一鸣惊人，赵武灵王励志兴邦，这些贤明的君主渴望国家崛起，于是有了管鲍之交、问鼎中原、胡服骑射的典故。

　　孔子为了宣传"仁"的思想周游列国；老子追求"道"的精髓飘然出关，留下千古奇书；荀子为传播学说传道授业；韩非将自己的思想著书立说……于是有了百家争鸣的热潮。

　　曹刿、白起、王翦、廉颇这些有勇有谋的将领们，在战场上力挽狂澜。

　　管仲、晏婴、子产、范蠡、孟尝君、信陵君、范雎这些万众瞩目的政治家，在政坛上崭露头角。

还有张仪、苏秦这两位师出同门却分道扬镳的纵横家，他们的雄辩和智慧令其在各诸侯国大展拳脚。还有孙膑和庞涓之间的较量……

　　"兴亡谁人定，盛衰岂无凭。"正是有了这些君王及臣子的不懈努力，"春秋五霸"和"战国七雄"才在诸侯中脱颖而出，并在中原大地上交替问鼎。

　　本书以人性解史，以趣味说史，以现代的视角，讲述春秋战国数百年间的历史。运用三维结构，梳理春秋战国历史中的多重形象，并试图透过分析历史事件，解开其后所隐藏的玄机。此外，本书深度挖掘历史人物的真实情感，用历史事件来展现人性的复杂和诡秘。透过历史的迷雾，解构历史中的人物，以人性洞察历史，还原历史真相。

　　书写一部历史，是为了与历史中的人物身影交错，携手同游，共经兴衰的波澜，体味人生的豪迈与遗憾。本书在正史的基础上，综合各家之言，将古今中外许多历史学者的研究成果汇聚其中。全新的观点、现代的语言、诙谐的文字，真实再现春秋战国的兴衰与没落，全新解读这段波澜壮阔而又扣人心弦的古老过往。

目录

春秋 战国 其实 很有趣

乱世风云的揭幕

　　三千七百多年以前，夏朝诸侯商汤亲率大军在鸣条大败夏桀，建立了大商王朝。当初有娀氏活泼娇媚的女儿吞下天命玄鸟之卵而生下的传奇人物契的后代们，终于享有了无限的权力、无上的尊荣。

　　但是，六百多年以后，大商的王位传到了帝辛的手中，他骄奢淫逸、暴虐成性，遭到了天下人的唾弃。

　　同商一样，周也有一个背负着传奇出身的始祖后稷，有邰氏之女姜嫄"履大人迹"而怀孕生下了后稷；若干代以后，也出现了一个足以与商汤相提并论的圣人明主——周文王。牧野之战，周文王的儿子周武王打败了商汤的后裔商纣王。于是后稷的后代们取代了契的后代们，成为天下共主，开创了大周王朝。

　　周幽王十一年（公元前771年）的某一天，周王朝的首都镐京（今陕西西安），往日是一片欢乐祥和的和平景象，如今却陷入战乱之中。城外，骊山上的烽火台正在熊熊燃烧，滚滚浓烟缓缓飘摇到远方，但是原本应该见烽火而勤王的诸侯军队却不见踪影，徒留下数个烽火台无助地矗立在寒风中。

　　大兵压境，无力抵挡的周幽王燃起烽火台向诸侯求救，可诸侯却以为仍然是周幽王和褒姒的把戏，根本不予理睬。面对着蜂拥而至的犬戎，周幽王手足无措，西周就此宣告灭亡。

　　犬戎轻易攻占了镐京后，又掳掠了不计其数的人口和财物，然后退兵而去。数日之后，得到消息的各国诸侯才先后赶到了镐京，可是为时已晚。周幽王和其子伯服死在了乱军之中，而褒姒则下落不明。在申侯、鄫侯等诸侯的支持下，太子宜臼在申继位称天子，是为周平王。

此时整个镐京乃至周边地区残破不堪、一片狼藉，完全没有能力防御西戎的二次进攻。周平王决定向东迁都，于是，在晋国和郑国的支持下，周平王将镐京中劫后余生的王公贵族、贵重财物等迁往成周（今河南洛阳），正式定都成周，史称"平王东迁"。

至此，周王朝由盛而衰。不过，周并没有被继起的诸侯取而代之，而是转化为诸侯混战、各不相让的新时代——春秋战国时代。

拿下弟弟的两种方法

在春秋初期的各诸侯国中，郑国与周王室的关系十分密切。公元前 771 年周平王东迁之时，郑武公便护送周平王到洛阳，并因护驾有功而被封为卿士，参与周王室的政务决策，还获得了很多土地作为封赏。第二年，郑武公又将郑国的首都迁到新郑（今河南新郑北），由于这里土壤肥沃、交通便利，郑国很快便成为当时最为强大的诸侯国。

郑武公的妻子是申国国君的女儿武姜，她为郑武公生了两个儿子。大儿子是在她睡梦之中出生的（一说难产所生），因此命名为寤生；小儿子名叫叔段。寤生的出生很不顺利，所以武姜一直不喜欢他，再加上"百姓爱幺儿"，武姜十分偏爱叔段。

武姜极力劝说郑武公将小儿子叔段立为太子，在武公百年之后继承郑国的基业。但是在宗法制余威尚存的春秋初期，废长立幼是取乱之道，于是郑武公拒绝了武姜这个荒谬的请求。

公元前743年，郑武公去世，寤生以长子的身份顺利继承了父亲的爵位，史称郑庄公。武姜看到心爱的小儿子没能成为郑国国君，十分心疼，便摆出母亲的架子，要求郑庄公将制邑（今河南汜水附近的虎牢关一带）给叔段作为封邑。

郑庄公对母亲说："制邑是地势险要的关隘，虢叔就死在那里，实在不能给人，其他的地方您随便挑。"于是武姜说："制邑不行的话，那就将京邑（今河南荥阳附近）封给他吧。"郑庄公无法再推脱，只好答应了下来，将京邑封给了叔段，从此叔段就根据封地被称为"京城太叔"。

郑国的大夫祭仲对郑庄公提出京邑地盘太大，超过了整个郑国的三分之一，违背了先王之制，对郑国和郑庄公都是一件危险的事。郑庄公听了，故作无奈地说："姜氏要这么做，我又能怎样呢？"祭仲说："姜氏哪有满足之日！请您早做打算，别让京城太叔的势力蔓延开来，否则后果不堪设想。"郑庄公神秘地一笑，说："别着急，多行不义必自毙，等着瞧好了。"

不久之后，京城太叔命令郑国的西部和北部边境臣属于自己，后来又干脆将他们划入自己的封邑，这样他的势力范围就达到了廪延（今河南延津附近）。看到京城太叔肆无忌惮地扩张自己的势力范围，公子吕多次对郑庄公提出警告："天无二日，民无二主，如果您想把国君之位拱手让给京城太叔，那就请放我去侍奉新君；否则就请您当机立断，铲除京城太叔，不要白白地让百姓生出二心来。"

见公子吕真着急了，郑庄公安慰他说："京城太叔不义，收揽的势力越大，离崩溃也就不远了。"就这样，郑庄公毫无反应地看着弟弟的势力坐大，京城太叔很快羽翼丰满，便积聚军粮、修缮兵器和盔甲、集结军队和战车，打算攻击首都新郑。并且与母亲武姜提前联络好，由武姜做内应，为京城太叔的军队打开城门。

郑庄公表面上对弟弟的势力扩张不管不问，其实暗地里早就派出了眼线在京城太叔身边探听消息。他们即将发动叛乱的计划一敲定，郑庄公很快便得知了消息，决定先下手为强。便命公子吕率领二百乘战车前去攻打京邑。京邑的官民百姓毕竟还是忠于名正言顺的郑庄公，此刻又见到浩浩荡荡的二百乘战车气势汹汹地兵临城下，便纷纷背叛了京城太叔。

众叛亲离的叔段仓皇逃到鄢邑（今河南鄢陵附近），郑庄公又派军队攻打鄢邑，叔段守不住鄢邑，只好再次出逃到更远的共邑（今河南辉县）。为了彻底铲除叔段的势力，凯旋的郑庄公将母亲武姜赶出宫廷，放逐到城颍（今河南临颍附近）软禁起来，还发下誓言说："不及黄泉，无相见也。"

叛乱结束后，"对母亲不孝"成了郑庄公被人指责的话柄。于是他在颍考叔的建议下，派人挖掘了一个深入地底可以见到地下水的隧道，然后请母亲武姜在隧道中相见。武姜与郑庄公毕竟是母子，何况郑庄公已经是她唯一的指望了，于是便很爽快地跟随郑庄公派来的人到隧道中等候自己的大儿子。

在这次愉快而友好的会面之后，武姜得到了很好的侍奉，而郑庄公洗脱了不孝的罪名，再次成为受人称道的贤明国君。郑国内乱就此告一段落。

一箭射中周天子

郑武公本就是权力欲极强的人，而郑庄公比起其父是有过之而无不及。他们在周王室把持朝政，让周平王颇有掣肘之感。不仅如此，郑庄公时期，郑国的四处扩张，也让周平王感到了危机。

为了削弱郑庄公的权势，周平王便决定以其忙于处理郑国国内事务无暇顾及大周朝政为由，将郑庄公掌握的部分权力转交给了虢国国君虢公忌父。虢国同样是平王东迁时的有功之臣，而且虢公忌父又甚得周平王的宠信。平王如此这般，自然是想以虢国的势力来牵制郑国。可是，平王没有想到领土狭小、国力有限的虢国怎么能是郑国的对手呢？

消息传到新郑，郑庄公十分恼火，便赶到成周质问周平王这么做的原因。周平王眼见郑庄公气势汹汹，来者不善，顿时没了先前做出决定时的胆气。知道郑庄公得罪不得，只好矢口否认对郑庄公心怀不满的事实。可这样苍白无力的谎言怎么能骗得了老谋深算的郑庄公呢？为了安慰郑庄公，表明自己的对郑国的信赖，周平王只好表示愿意同郑国交换人质。郑庄公派出自己的儿子公子忽住到成周，而周平王则派出自己的儿子王子狐到郑国去。这一事件，史称"周郑互质"。

在那个时候，诸侯之间为了表示同盟的诚意，交换人质本是寻常之事，但"周郑互质"却绝非如此简单。交换人质的一方，乃是此前君权神授、神圣不可侵犯的周王室。原本具有绝对统治权威的周王室，为了自身的安全考虑，居然不得不用交换人质的方法来确保和平，真可谓是破天荒。这也说明周王室的地位实与普通诸侯无异。

然而事情还远未结束，受到羞辱的周王室试图挽回面子，结果却遭到了更惨痛的教训。周平王五十一年（公元前720年），周平王逝世。由于太子姬泄父很早就去世了，故由周平王之孙姬林继位，是为周桓王。周桓王年轻气盛，对郑庄公十分不客气。他甫一上台，就重申要将周王室的政务全权交给虢公忌父。郑庄公对这一声明的回应则是命大夫祭仲带兵将周王室田地上生产的粮食抢走。这次硬碰硬的交锋，让周郑关系迅速恶化了。

按照周礼，新天子继位，诸侯应前往觐见。而郑庄公作为离周王室最近的诸侯之一，又在周王室担任职务，本应该在第一时间出现在成周。然而郑庄公为了给周桓王一个下马威，居然直到三年之后才到成周朝拜周桓王。而周桓王对此也毫不让步，以极其冷淡的态度接待了郑庄公，过程简慢，毫无礼法可言。

周郑双方的冷战还在继续。周桓王八年（公元前712年），郑国刚刚攻下宋国的邬、刘、蔿、邘四座城池，周桓王就表示要用自己的领地同郑庄公交换。郑庄公答应了此事，却没想到，周桓王接受四邑之后，拿出来的却是周王室无法直接管理、司寇苏子位于温地的采邑。

平心而论，周桓王虽然看似在几轮交锋中占了便宜，重新找回了周天子的威风，但周王室的确已经今非昔比，并非建立在实力之上的威吓，只能是有百害而无一利。面对前来朝觐的诸侯，周桓王居然不以礼相待；而作为天子，周桓王又用诈术骗取诸侯的土地。这两件事都大大败坏了周王室的身份和尊严。

可是沉浸在"胜利"中的周桓王并没意识到这些。到周桓王十三年（公元前707年），他干脆彻底解除了郑庄公的职务，并以其长期不朝见天子为由，召集了陈、蔡、虢、卫数国军队联合讨伐郑国。面对王师，郑庄公不甘示弱，也率领一众大夫统兵迎战。双方在繻葛（今河南长葛北）发生了一场激战，史称"繻葛之战"。

在这场至关重要的大战中，周王室摆出了传统的"鸟阵雁行"之势，将军队分为左中右三军。周桓王自领中军，而由左右卿虢公忌父和周公黑肩各领一军分列左右。周军主力集结在中路，盟国军队则分属左右两翼。在战争主力还是兵车和步卒的时代，这是一种很正统的战法。

针对周军的布阵，郑国大夫子元则提出了一种称为"鱼丽之阵"的阵法：全军仍然分为三军，但主将所率领的中军的位置则位于全军后方。主力集结在凸出的左右两翼，并将步卒和兵车混合编队，全军形成密集的方阵。

按照子元的设想，战斗开始后，先以较强的两翼猛攻周军较弱的两翼，击溃对方后，左右军向中间收缩，对敌主力形成包围之势。而且，位于左右两军的诸侯国军队本来就不是真心参战，战意不强，士气不高，倘若被击败，必将四散奔逃，会极大地影响周军的战斗力。

郑庄公接受了子元的意见，命大夫曼伯、祭仲分率左右两军，自己率原繁、高渠弥坐镇中军；并下令以鼓声为号，左右两军同时出击。果然战事的进展一如子元的预料。两军交战，周军的两翼被杀得大败，主力随即陷入郑军的重重包围。周桓王更是被郑国大夫祝聃一箭射中肩膀，只得忍痛负伤逃窜。最终，周郑"繻葛之战"，以郑国的大胜而告终。得了便宜的郑庄公见好就收，并未对周军赶尽杀绝，相反还在夜里派祭足问候了周桓王。

原本代表正义和权威的王师，居然被区区诸侯以一国之力击败。

在战争手段都无效的情况下，周天子已经对诸侯国没有任何威慑力了。威信扫地的周王室只能听凭诸侯国恣意妄为，"礼乐征伐自天子出"的时代一去不复返了。

谁跑得快，谁就是齐桓公

周庄王十二年（公元前685年）的一天，从莒国（今山东莒县）到齐国都城临淄（今山东淄博）的路上烟尘滚滚，几十辆隆隆作响的兵车正飞快地向西北方向疾驰而去。在队伍中间的一辆兵车上，着一身白袍的年轻人居左而立，紧抓着扶手向前眺望，面呈焦急之色，似乎在期待着什么；他右边有一名面目忠厚的中年人，手持长戈，似乎是白袍青年的骖乘，此人东张西望，一脸紧张。白袍的年轻人就是公子小白，而那名中年人叫鲍叔牙，是齐国的大夫，也是公子小白的陪臣。这一行人的目的，正是齐国虚悬的国君之位。

齐国爆发内乱之后，齐襄公死在了堂弟公孙无知手里，而后者旋即又被雍林地方的人袭杀。公孙无知弑君篡位，并不算是正式的国君，而雍林人也只是为了报仇，并非另一次政变。他们向齐国大夫表示，此次行动乃是诛杀逆贼，希望诸位大夫能够另立明君，早定国是。

当时，国氏和高氏是齐国最大的两股贵族势力。其中高氏的始祖是姜太公的六世孙，由于被封在高地，因此人称公子高，后世遂以高为氏。公子高的孙子高傒，曾经担任齐襄公的正卿，原本与公子小白关系密切。于是便暗中联系了在莒国的公子小白，让他尽快回国继位。

公子小白是齐僖公的幼子，其母是莒国国君之女。他的早年事迹并不清楚，似乎并不被时人所看好。当初，齐僖公曾经命令大夫鲍叔牙作为陪臣辅佐公子小白，鲍叔牙对这一任命甚为失望，认为这是齐僖公不认可自己才能的表现，竟然闭门不出。后来，鲍叔牙在其好友管仲和召忽的劝说下才回心转意，接受了这一任命。

管仲又称为管夷吾，据说是周穆王的后裔，不过到他这一辈早已家道中落，在春秋这个礼崩乐坏、四民不分的年代，王孙公子流落街边也是很平常的事情。年轻时的管仲，家中甚为贫寒，只得与鲍叔牙合伙做生意。

管仲分红的时候一定要多拿一份，伙计们都愤愤不平，鲍叔牙却不以为意。他觉得管仲家境不好，因此多拿些钱也无可厚非。后来管仲和鲍叔牙又一同参加了齐国同卫国的战争，鲍叔牙是一员猛将，立功无数。而管仲却在战场上贪生怕死，战友们看不过眼，纷纷指责管仲。又是鲍叔牙出面替他解释，原来管仲家中尚有老母需要奉养，正所谓忠孝不能两全。由于鲍叔牙生性忠厚正直，管仲始终过得不错，后来更是当上了齐国的大夫。

管仲虽然看起来贪财怕死，但是他并不是等闲之辈，和忠厚老实的鲍叔牙不同，管仲头脑聪明，心思活络。他对于齐襄公时的混乱朝纲看得很清楚，对国君之位的继承也有自己独到的看法。

得到密报的公子小白迅速向莒国借了兵车，星夜向齐国出发。然而公子小白的野心并没有那么顺利地实现：正当莒国的兵车风驰电掣地向临淄疾驰时，斜刺里杀出一彪军队拦住了他们的去路，为首的兵车内站着一员大将。鲍叔牙见到此人，脸色大变，连忙命御者停车，横戈拦在公子小白身前。来者并非旁人，正是管仲。

公子小白虽然抢先一步得知了齐国的近况，但公子纠随即也得知了公孙无知身死的消息。足智多谋的管仲当即判断了局势，他认为，公子小白必然已经提前动身，此时护送公子纠直接回到齐国为时已晚，只能派兵在路上截杀公子小白。

鲍叔牙知道管仲足智多谋，此番前来必定是要阻止公子小白回国，因此摆出一副如临大敌的姿态。谁知管仲全然不以为意，却冲着公子小白一拱手，笑容可掬地问道："不知公子这是要去哪里啊？"公子小白未及答言，鲍叔牙厉声叱道："夷吾少要多言！我家主公的事，不劳你费心！"此言一出，莒国士兵顿时喧哗起来，冲着管仲一行人怒目而视，大有一言不合就动手的意思。

谁知管仲并不以为忤，依然满面笑容道："既如此，管仲先行告退了。"说罢调转兵车正准备走，蓦地扭回身来，弯弓搭箭，瞄得真切，冲着公子小白射去。只见公子小白大叫一声，摔在地上，昏迷过去。鲍叔牙等人都惊呆了，顿时乱作一团，纷纷跳下兵车去救公子小白，顾不得管仲等人。管仲哈哈大笑，把弓一扔，扬长而去。

自以为得手的管仲满以为这样一来，公子纠就没有了后顾之忧。谁知"智者千虑，必有一失"。原来这一箭恰好射在了公子小白的带钩上，他急中生智，造成自己已死的假象，成功骗过了所有的人。等管仲一走，他就连忙起身，同鲍叔牙抄小路赶回了齐国。

当鲁国重兵压境，护送公子纠优哉游哉地返回临淄时，公子小白早已在高氏和国氏的拥戴下，顺利继位，是为齐桓公。

被公子小白略施小计戏要了的公子纠只得回到鲁国，向鲁庄公求援。勃然大怒的鲁庄公当即决定发兵攻打齐国。当年秋天，鲁军侵入齐国，齐桓公率兵在乾时与鲁军交战，史称"乾时之战"。结果鲁军被打得大败，鲁庄公甚至丢弃了乘坐的兵车，派其御手秦子和骖乘驾车迷惑齐军，自己狼狈逃回鲁国。

乾时之战标志着齐国内乱的结束，齐桓公由此坐稳了君位。

勇气要省着点用

乾时之战以后，大获全胜的齐军在鲍叔牙的带领下进入鲁国，直逼曲阜。这让鲁庄公惊慌不已。然而出乎他的意料，齐军前来，并不是要攻灭鲁国，而是索取人质。鲍叔牙给鲁庄公写了一封信，其中希望鲁国处死公子纠，并将召忽和管仲送回齐国。虚惊一场的鲁庄公面对着齐军大兵压境，并未多想，便将公子纠杀死了，召忽闻听此事，也自杀成仁。而管仲则被鲁庄公抓起来，派人押送至齐国。

其实，鲁庄公又一次上了齐国的当。鲍叔牙和管仲交情莫逆，怎么会加害于他呢？这个主意其实是鲍叔牙的建议。当齐桓公打算拜他为相的时候，鲍叔牙毅然决然地以能力不足为理由推辞了，他明白只有拥有经天纬地之才、济世匡时之略的管仲才能辅佐雄才大略的齐桓公成就霸业。于是他建议齐桓公拜管仲为相。

原本齐桓公还在为管仲的一箭之仇耿耿于怀，但在鲍叔牙的一再推荐下，他对管仲的才能也起了兴趣。便借口要手刃管仲报仇，将其从鲁国要了回来。管仲是个绝顶聪明的人，他自然明白鲍叔牙的一番苦心。经过三天的斋戒、沐浴，更衣之后，齐桓公亲临驿馆，恭恭敬敬地将管仲请到宫中问政，而管仲自然顺水推舟，决定为齐桓公效力。

不过，年轻气盛的齐桓公一开始并未完全听从管仲的建议。由于鲁国之前一直与齐国不睦，之后又支持公子纠继位，齐桓公对鲁国可谓深恶痛绝。虽然在乾时之战中获得了胜利，但齐桓公并不满足于自卫反击的成果。于是，他不顾管仲的再三劝阻，于第二年发动了对鲁国的战争。

应该说，刚刚从乾时之战中恢复过来的鲁国，此时确实不是齐国的对手。倘若再次失败，大有可能从此一蹶不振，从此沦为齐国的附庸。然而，一个名叫曹刿的人却改变了这一切。他知道以鲁庄公的军事能力并不足以指挥鲁国获胜，便自告奋勇前往参战。

曹刿否定了鲁庄公靠小恩小惠收买人心和祈求神灵庇护的做法，而是建议鲁庄公公正、公平、公开地对待下属，只有这样才能提振全军的士气。

齐鲁两军在长勺（今山东曲阜东北）摆开了战场。按照春秋时期的作战方法，双方先擂鼓激发士气，然后出兵交战。齐国仗着人多势众，率先擂鼓，发起了攻击。鲁庄公正打算擂鼓迎战，却被曹刿阻止；见鲁军不应战，齐军只好再次擂鼓，曹刿依然不理不睬；就在齐军擂第三通鼓的时候，鲁军忽然鼓声大作，两军交战，齐军居然被杀得大败。在这场战争中，曹刿后发制人，利用"一鼓作气，再而衰，三而竭"的道理，击溃了强于自己的齐军。后世称之为"长勺之战"，这也是中国军事史上以弱胜强的著名战例。

受到这一战役的刺激，鲁国趁势进攻宋国，希图再次提高鲁国的地位和声望。这给了齐桓公另一个进攻鲁国的机会。长勺之战的失败并没有让齐桓公死心，于是他联合了同鲁国不睦的宋国，共同进攻鲁国。

鲁庄公原本打算坚守不出，但公子偃却认为可以分而治之，各个击破。相比起军容严整、战力较强的齐国，宋军破绽百出。可以先击破宋军，齐军自然就会退兵了。鲁庄公并没有听从公子偃的建议，但后者却并不打算奉命。为了壮大气势，公子偃在马匹上蒙了虎皮，偷偷率军从南门出城攻打宋军，鲁庄公得知后也率主力随后接应。宋军果然不是鼓起士气的鲁军的对手，被鲁军在乘丘打得大败。齐国见此情况，只得退兵。

第二年，宋国为了报仇，再度兴兵攻鲁。之前有齐国帮助的宋国尚且不能战胜鲁国，如今单独出兵，自然更不是敌手。两军在鄑地交战，鲁国先排好阵形，并趁宋军尚未列阵完毕时就发动攻击，再次将宋军击溃。

宋国没来由地被卷进了齐鲁的纠纷中，又连战连败，由此也引发了宋国的另一场内乱。原来在乘丘之战中，宋国的猛将南宫长万被鲁庄公以金仆姑箭射中，活捉了去。后来在宋国的再三恳求下才被释放回国。在迎接南宫长万时，宋闵公随口说道：因为南宫沦落为鲁国的囚犯，所以以后不会再尊敬南宫了。这本来是个无心的玩笑，没想到却因此断送了宋闵公的性命。

南宫长万被鲁国羞辱，本来就心怀愤懑，回国后竟被国君如此嘲讽，自然怀恨在心，于是决定造反。周僖王元年（公元前682年），南宫长万发动叛乱，先在蒙泽杀死了宋闵公，又在东宫附近杀死了太宰华督，并立公子游为国君。宋国的公子们纷纷出奔曹国，并迅速组织起一支军队试图打退南宫长万。萧叔大心以及公室其他族人向曹国借兵，杀回宋国，先杀了南宫长万的族人南宫牛，又进入都城杀死了公子游，另立逃亡到亳地的公子御为国君，是为宋桓公。南宫长万及其另一员手下猛获仓皇出逃，南宫长万逃到陈国、猛获逃到卫国。宋国随即与陈、卫交涉，希望将这两人送回。卫国一开始还想庇护猛获，但在大夫石祁子的劝说下还是将猛获交了出来。而陈国在宋国许下的财礼的诱惑下，也乐得做个顺水人情，便将南宫长万灌醉，用牛皮裹紧送回了宋国。最终，这二位都被处死。

经过这场内乱，宋国再次衰弱下去，无力与周边诸国抗衡。同时，齐桓公也意识到以齐国现在的国力还无法称霸诸侯，于是他将注意力转向国内，在管仲的主持下开始了政治经济体系的改革。

第一个霸主出炉了

齐桓公通过抗击戎狄，救援燕国、卫国、邢国，扶持周太子登基等一系列尊王攘夷的行动，提高了齐国在各诸侯国的威望，逐渐拥有了霸主的地位。为了使霸主的地位进一步得到名义上的确认，齐桓公在鲁僖公九年（公元前 651 年），在葵丘（今河南考城附近）大会诸侯，召集鲁、宋、卫、郑、许、曹等国在此集会结盟。

各国国君如约而至，周襄王为了表彰齐桓公为天下安宁做出的丰功伟绩，特意派出太宰周公孔（也称宰孔）亲自与会，并将周天子祭祀祖先用的祭肉赐给齐桓公。由于周王室姬姓与齐国姜姓世代通婚，故而宰孔以周天子的名义尊称齐桓公为伯舅："周天子刚刚祭祀过文王和武王，特命我将祭肉赐给伯舅。"

齐桓公赶快下拜行礼，宰孔说："等一下，天子还有命令。天子派我来时说，伯舅年高德劭、劳苦功高，加赐一级，不必下拜。"齐桓公听宰孔这么说，就停止行礼，打算直接接受祭肉。管仲赶快拦住，让齐桓公一定要对周天子表示出最大的尊重，不可违背周礼。于是齐桓公又神色恭谨地对宰孔说："天子威严容不得半点冒犯，小白岂敢从命免礼,破坏礼法,令天子蒙羞呢?今日万万不可不下拜!"于是齐桓公从容下拜行礼,然后走上祭台接受了周天子的赏赐。

按照周礼,周天子祭祀祖先用的祭肉只能赐给姬姓诸侯。这次特意在诸侯盟会上派太宰将祭肉赐给姜姓的齐桓公,在各国诸侯面前表示了对齐桓公的殊荣尊崇,并以此举彰显了对齐桓公霸主地位的承认。而齐桓公在管仲的劝说下坚持跪拜行礼,是为了继续摆出尊王的姿态,以达到"挟天子以令诸侯"的效果。

当年秋天,齐桓公再次于葵丘大会诸侯,以盟主的口吻发出命令:"凡是我同盟之人,已经盟誓过之后,都要言归于好。"然后又对各与会诸侯申明周天子的禁令:"不可壅塞泉水!不可多藏谷米!不可改立继承人!不可以妾为妻!不可使女子参与国事!"与此前齐桓公为了攻打戎狄和楚国而大会诸侯不同,这次葵丘之会的主题是呼吁和平,让同盟各国中止战乱、重新修好,为各国休养生息、恢复发展提供一个稳定的外部环境。齐国至少在名义上负起了代表周天子约束诸侯的责任和权力,标志着齐国的霸业达到了顶峰。

春秋初期,周王室衰微,只有齐国、楚国、秦国、晋国是守卫边疆的大国。晋国在晋献公晚年陷入内乱,无力经营霸业;秦穆公在西方开辟疆土,不参加中原的会盟之事;而楚成王收服荆楚之地少数民族,享有广阔的土地,自立为王。只有齐国有能力有意愿主持中原的会盟,而齐桓公又能做到尊王攘夷、宣扬王道,因此诸侯才会服从他的号令。

但是,齐桓公并没有认清自己成就霸业与时机、大势的重要关系,只是认为自己南征北战、功勋卓著,国家富庶、兵强马壮,因此剑锋所指,诸侯莫敢不从。齐桓公认为自己九合诸侯的功业堪比夏商周三代之受命于天，于是打算封泰山、禅梁父，管仲三番两次以理相劝都不能阻止齐桓公。无奈之下，管仲只好对齐桓公说："古人封禅，必须有鄗地的黍、北里的禾、江淮一带生长的三脊茅草、东海的比目鱼、西海的比翼鸟，然后祥瑞的灵物就会不召而至。现在凤凰和麒麟没有出现，佳美的谷物也没有生长出来，田里杂草丛生、乌鸦乱飞，这样的情况岂可封禅！"齐桓公无言以对，只好作罢。

齐桓公虽然没有将封禅付诸实践，但是齐桓公被自己取得的成果冲昏了头脑。在这样的情况下，齐国的霸业逐渐走向衰落。

第一个饿死的霸主

鲁僖公十五年（公元前 645 年），为成就齐国霸业而殚精竭虑一生的管仲走到了他人生的终点，听说管仲病重垂危，齐桓公不顾自己年事已高，亲自到管仲府上探望。一番寒暄慰问之后，齐桓公问管仲："依你来看，谁可以接替你的相位？"

管仲十分谨慎地说："知臣莫如君，您比较看好谁呢？"

齐桓公属意鲍叔牙。管仲诚恳地说："鲍叔牙是君子，但他过于善恶分明，这样是不可以为相的。"

齐桓公就问："易牙怎样？"这个易牙精擅烹饪，是齐桓公的宠臣。有一天，齐桓公胃口不好，只说："什么美味佳肴都吃腻了，就想尝尝蒸婴儿肉是什么滋味。"于是易牙就将自己的儿子杀了给齐桓公做菜。齐桓公事后知道了真相，十分感动，认为易牙对自己的忠心甚至超过了父子天伦之爱，从此对他更为宠信。因此在老臣鲍叔牙之后，首推易牙。

管仲摇了摇头说："这个易牙为了讨好国君，竟然不惜烹了自己的儿子，这样毫无人性之人，不宜为相。"

齐桓公又问："开方如何？"开方是卫懿公的庶长子。当年齐桓公讨伐卫国，卫懿公便派他带上礼物到齐国去求和。开方见齐国国力强盛，便留在齐国做官，十五年没有回国。后来卫国被狄人所灭，卫懿公死无全尸，连卫懿公远嫁许国的妹妹许穆夫人都匆匆赶回卫国为重建故国而奔走，开方却无动于衷，继续留在齐国侍奉齐桓公。齐桓公认为开方对自己的忠心超过了对故国之爱，因此也十分信任他。

管仲答道："卫公子开方舍弃了卫国太子之位，侍奉国君十五年，连他的父亲去世都不回去奔丧，如此无情无义之人，如何能真心忠于国君？况且他放弃千乘之封地，俯就于国君，心中所求的必定过于千乘之封，国君决不能任其为相。"

齐桓公又问："那么竖刁怎样？他宁愿自残身体来侍奉寡人，这样的人难道还会对我不忠吗？"竖刁是齐桓公宠信的宦官。当初齐桓公四处寻找能人为自己管理后宫事务，竖刁听说以后就自行阉割，入宫服侍齐桓公。

管仲担忧地说："不爱惜自己的身体是违反人性的，这样的人又怎么能真心忠于您呢？请国君务必疏远这三个人，宠信他们，国家必乱。"

二人谈了半天，也没能确定一个双方都满意的人继任相国，齐桓公有些不满了。于是管仲只好退而求其次，将曾经与他一起到周去完成与戎人的和谈任务的隰朋推荐给了齐桓公。并说隰朋忠君爱国、为人厚道，而且勤奋好学、不耻下问，居家不忘公事，很有责任心。齐桓公想了想也觉得不错，就同意了任用隰朋为相。

不久以后，管仲因病去世。管仲在世时，时常以相国的身份对齐桓公进行劝谏。齐桓公好大喜功、贪图享乐、沉湎女色，正是因为有了管仲的规劝，齐桓公才避免了诸多错误，最终成就霸业。

管仲去世之后，齐桓公虽然十分哀痛，但也摆脱了这位少有的敢于约束自己的人。本来齐桓公在管仲去世后按照他临终前的嘱托驱逐了易牙、竖刁、开方等佞臣，但是此时的齐桓公已年过古稀，不复年少时的雄心壮志和进取精神，每天只是耽于逸乐，骤然失去了这几个弄臣只觉得自己每天都食不知味。齐桓公认为管仲对他们的看法有误，于是很快就派人将他们召回来。从此逐渐迷失在易牙等奸佞之臣的阿谀奉承、甜言蜜语之中。

鲁僖公十七年（公元前643年），年迈的齐桓公得了重病，他的五个儿子开始为夺取国君之位而斗争。易牙、竖刁见齐桓公的身体每况愈下，就堵塞宫门，假传君命，不许任何人进去，连食物都无人给送。有一个宫女偷偷翻墙进入齐桓公的住处，饿了几天的齐桓公见到她大喜过望，急切地索要食物和水。宫女说："我没有食物也没有水，如今易牙、竖刁作乱，堵塞了宫门，不许人出入，哪里还有食物呢？"

齐桓公听了慨然长叹，流下了悔恨的泪水："我悔不听仲父之言，如果他泉下有知，我有何面目去见他啊！"说罢，用衣袖遮住脸，竟活活饿死了。一代霸主就这样殒命于小人之手。

更加悲惨的是，齐桓公去世之后，他的五个儿子忙着自相残杀，争夺国君之位，根本没有人去过问他的丧事。齐桓公的尸体在床上躺了两个多月都无人理睬。直到后来，曾经在卫国被狄人所灭之后帮助卫人营建新都城的公子无亏取得了胜利，得到了国君之位，才有空为齐桓公准备棺椁、安排后事，此时齐桓公的尸体已经严重腐烂，尸虫都从宫殿的门窗爬了出来。从此以后，"停尸不顾，束甲相攻"就成了对一国之君安排继承人问题的最大警诫。

在齐桓公去世后，齐国的乱局持续了四十多年，再不复当年九合诸侯的霸主景象。

周游列国十九年

晋献公去世之后，大夫们不服公子奚齐继位，想要迎立公子重耳回国为君，于是集合了三位公子遗留在晋国的部下，杀死了奚齐和卓子。重耳见国内局势混乱，不敢贸然回去，于是公子夷吾在秦国的帮助下回国继位，是为晋惠公。

公子重耳受到骊姬的陷害，他的舅舅狐毛、狐偃和大夫赵衰、魏犨、颠颉、胥臣、介子推等贤臣一起保护他逃出了晋国，他们首先来到了重耳母族的国家狄国。狄国的国君对重耳一行人十分欢迎，正好狄国战胜了赤狄的一支廧咎如，便将俘虏来的廧咎如首领的两个女儿叔隗和季隗送给了重耳。重耳娶了妹妹季隗，将姐姐叔隗送给了赵衰。后来在晋国权倾一时的赵盾就是叔隗的儿子。重耳在狄国一住就是十二年。

自从晋国太子申生去世之后，重耳就是晋献公的长子，而且素有贤名，在晋国声望很高。晋惠公继位以后，担心兄长会回国与他争夺国君之位，便派人去刺杀重耳。大夫狐偃便劝重耳说："咱们选择到狄国来，是因为这里路途近，而且容易获得帮助。可是如今在这里住得太久了，容易消磨志气，现在应该离开了。当初不选择齐国、楚国，是因为它们太远，现在我们筹备了十二年，正好可以远行。齐桓公年纪大了，而且想笼络晋国，如今管仲已死，齐桓公身边多是奸佞之臣，他一定会寻求像管仲一样的贤人，咱们不妨去投奔齐国。"众人听了都觉得狐偃的话很有道理，于是便离开狄国，到齐国去了。

从狄国到齐国路上需要经过卫国，但是晋国之前曾经与卫国结怨，而且重耳一行人又是自与卫国有亡国之仇的狄国来的，卫文公根本就不按照礼制接待他们。于是他们只好向郊外的农民要食物，农民知道他们是从狄国来的，也不愿意接济他们，就随手捡了土块递给重耳。

重耳自幼娇生惯养，哪里受过这样的羞辱？他扬起鞭子就要鞭打农民。狐偃一看自己一方势单力孤，如果在卫国的领土上殴打卫国人，将一发不可收拾，于是连忙拉住重耳说："土就是领土，就是国家，这是上天赐给您的好兆头啊！"重耳听了转怒为喜，对着农民大礼参拜，然后接过他手上的土块，上车离开了。

到了齐国以后，齐桓公果然对重耳一行人十分礼遇。为了笼络重耳，齐桓公还将宗室女子齐姜嫁给了重耳为妻，又赠了八十匹马给重耳。经过了长期的流亡，又在蛮荒落后的狄国住了多年，重耳终于再次在大国繁华的首都拥有了自己的财富和家室，还享有国君的厚待。他心满意足，就想在齐国长期住下去，不再回晋国去了。

随行的大臣们认为，齐国虽好，但终究不是自己的祖国。于是他们便聚集在桑树下面商议如何劝重耳不要贪图享乐，尽快离开齐国。谁知此时正好有一位采桑女在树上采桑，把他们的议论听得一清二楚。等众人散去，采桑女才悄悄离开。她找到齐姜，告诉她重耳的大臣们正在图谋让重耳离开齐国，离开齐姜。

齐姜是一位深明大义的女子，她知道对于重耳来说更好的发展应当是回到晋国，但是如果重耳享受着齐国的俸禄却在筹谋离开齐国之事，一定会被治罪。于是齐姜杀掉了那个采桑女，然后找到重耳说："大丈夫志在四方，我知道你要走了，放心，我已经将知情者杀掉了。"重耳连忙说："这话从何谈起，我从来没有想过要离开齐国。"齐姜说："你走吧，耽于逸乐非君子所为，传出去会被人耻笑的。"齐姜苦口婆心地反复劝说，但是重耳就是坚决不肯离开。

于是齐姜找到了狐偃一起商议对策：他们将重耳灌醉了，连夜将其送出城外。重耳醒了之后，发现自己不在齐都的府邸中，却是在奔驰的马车里，想着自己在齐国享有的一切都不得不丢弃，必须再次踏上朝不保夕的流亡生涯，心中十分气愤。便拿了武器追着狐偃要杀他，其他人拉住了他，好言相劝，这才继续上路。

不久以后，重耳等人来到了曹国。曹共公听说重耳的肋骨长得与平常人不同，是连成一片的，很是稀奇，便想看一看。但是这样做于礼不合，是对别人极大的侮辱。于是曹共公就趁重耳洗澡的时候偷偷地凑近了去看。

曹国的大臣僖负羁知道了此事，就回家去与妻子商量，他的妻子说："依我看来，晋国公子的随从都是足以担任一国之相的人才，他们这样的人一定会有回到晋国的一天。他们一旦回到晋国，晋国就能兴盛起来，到时候就会讨伐对他们无礼之人，曹国正是首当其冲。你还是早做准备，为自己留一条退路吧。"于是僖负羁就准备了美食和玉璧送给重耳，向他示好。重耳知道了曹共公的行为十分生气，于是收下了食物，却送回了玉璧，没过几天就离开了曹国。

重耳一行人先后经过了宋国和郑国，然后就到了楚国，楚成王以很高的规格盛情接待了重耳一行。席间，楚成王得意扬扬地问重耳："公子若能返回晋国，将如何报答寡人呀？"重耳说："子女玉帛，大王都已经有了；羽毛、皮革这些更是楚国的特产，晋国有的这些东西都是远路从楚国购买您用剩下的，我实在不知道应该用什么来报答您了。"

楚成王说："那么公子打算如何报答寡人呢？"重耳说："如果托您的福，我日后能够返回晋国，有朝一日，晋、楚在中原交战，晋国军队必将退避三舍。如果到时候还是不能得到您的谅解，那么我只能与贵国军队刀兵相见，好好周旋一番了。"

楚国的令尹子玉听到重耳流亡落魄多年，竟然还敢在楚国的土地上口出狂言，认为此人不除必定是楚国的后患，于是请楚成王杀死重耳。楚成王说："晋公子为人宽厚俭朴、温文有礼，他的随从们也端肃严整、忠诚能干。晋国的复兴就在他的身上了，这是上天的庇佑，如果违背天意，必将惹来祸端。"

重耳在楚国住了几个月，忽然有秦国的使者来请他到秦国去。之前秦国派兵护送晋惠公回国继位，晋惠公却没有按照之前的约定，将黄河以南的河外一带割给秦国。后来秦国发兵讨伐晋国，俘虏了晋惠公，得到了河东一带的土地。经过和谈，秦国放回了晋惠公，只要求晋惠公的太子圉到秦国为人质。谁知没过几年，太子圉竟然悄悄逃回了晋国继位，是为晋怀公，晋怀公继位以后立即宣布与秦国断绝往来，连秦穆公嫁给他的女儿怀嬴都弃之不顾。

秦穆公对于晋惠公父子毫无信义的行为十分生气，便图谋在流亡各国的晋国公子中再扶立一个亲秦的回国继位。秦穆公听说公子重耳流亡十数年，却很得人心，在晋国也有很大的影响力，于是便选中了重耳。

楚成王见子玉一定要杀重耳，而自己既不想杀他又不愿意得罪子玉，正好秦国来接，便对重耳说："寡人虽然想送公子回国，但是两国相隔太远十分不便，实在是有心无力。秦晋两国相邻，而且秦王也十分贤明，公子不如去秦国寻求帮助吧。"就这样，重耳拜别了楚成王，踏上了西去之路。

秦晋之好

重耳到了秦国以后，秦穆公对他极尽礼遇，还将五个宗室女子送给重耳，其中还包括曾经嫁给晋怀公的怀嬴。重耳此时已经六十多岁了，与秦穆公年龄相仿，耻于娶他的女儿为妻；更何况怀嬴是重耳侄子的妻子，如果娶了她就是叔夺侄妻，更加于礼不合，因此不愿意接受这桩婚姻。

大夫胥臣劝他说："您到秦国来是打算寻求秦国的援助，回去将晋国从圉手中夺回来，今日夺了他的妻子又有何顾忌呢？况且今日我们为了回国而到秦国来，已经十分没有面子了，何必因为拘泥小节而放弃目标呢？"于是重耳便娶了怀嬴。

一次，秦穆公设宴款待重耳，狐偃说："我不如赵衰言辞敏捷，请带赵衰去赴宴吧。"席间，重耳吟诵了《诗经》中"河水洋洋，北流活活"的诗句，表示自己对秦穆公的仰慕之情。秦穆公则吟诵记叙周宣王当年北伐狁猃事迹的《诗经·六月》一诗，暗示自己愿意支持重耳回国继位，让他有机会辅佐天子、匡扶王室。赵衰听出了秦穆公的言外之意，立即以重耳的口吻说："重耳拜赐！"重耳降阶以稽首之大礼拜谢,秦穆公也降一阶回礼,赵衰又代重耳说:"国君以辅佐天子的大任勉励重耳,重耳岂敢不拜!"

秦穆公见重耳对自己如此恭敬,又懂得感恩,应该不会像晋惠公父子那样忘恩负义,便决定送重耳回国。而且晋怀公继位以后,在晋国很不得人心,他担心重耳在外会威胁自己的地位,便命令追随重耳在外的大臣们的家人将他们都召回来,否则就杀其全家。重耳的外祖父狐突不愿意召回狐毛、狐偃两个儿子,就被晋怀公杀害了。

狐突在晋国是地位颇高的老臣,公子申生、重耳和夷吾都是他的外孙。而且狐突是为大义而死,众大臣都十分悲愤,更加与晋怀公离心离德,希望重耳能够回国。

鲁僖公二十四年(公元前636年),秦穆公亲自率军护送重耳回国。到了黄河岸边,秦穆公分一半人马给重耳,自己留一半人马在黄河西岸接应。上船的时候,公子重耳的随从把流亡时用的物品全都搬到船上,一样也舍不得扔掉。重耳见了说:"我回去做国君,要什么有什么,还要这些破破烂烂的东西干什么?"说着吩咐人们把旧物都扔在岸上。

重耳的舅舅狐偃把这一切看在眼里,心中十分难过。他想,公子未得富贵,先忘贫贱,将来怎么会是个好君主?于是,他捧着自己的玉璧对重耳说:"如今公子过河,对岸就是晋国。你内有大臣,外有秦国,我就留在这里吧。"

重耳一听,十分诧异地说:"我全靠你们帮助,才有今日。大家在外面吃了十九年的苦,现在回去,有福同享,你怎能不回去?"

狐偃说:"我这么多年来追随您巡游天下,犯下的过错无数,我自己都知道,您更是看在眼里。以前公子在患难之中,我还有些用处，现在公子回去做国君，自然另有一批新人辅佐。我们就好比这些旧物，不仅破旧不得用，更会让您想起以前的苦日子，还带回去做什么？"

重耳听了，知道狐偃等人这么多年来为了督促自己四处求援，做了不少像强带自己离开齐国那样的事，他们这是担心自己继位以后因为之前的旧事施加报复。于是重耳诚恳地说："所不与舅氏同心者，有如白水！"然后将玉璧扔到了黄河之中，狐偃这才放心地随重耳过了河。

重耳带领秦国的军队进入晋国境内之后，晋怀公也慌忙派出了军队进行抵抗，然而大家都知道这是公子重耳回国了，谁也不真心抵抗。于是大军势如破竹，逼近国都，晋怀公见大势已去，便逃走了，后被重耳派去的人杀死。

晋怀公死后，重耳名正言顺地登上了国君之位，史称晋文公。此时重耳已经六十二岁了，他四十三岁逃离晋国，历经十九年艰辛的流亡生涯，终于再一次光明正大地踏上了故国的土地。

晋文公虽然已经继位，但还是有一些忠于晋惠公和晋怀公的势力遗留下来，其中就包括晋惠公和晋怀公当年的宠臣吕甥、郤芮。他们担心晋文公会清算他们这些旧臣，于是决定先下手为强，打算在晋文公的宫殿中放火，然后趁乱杀死晋文公。为了加大成功的把握，他们还找来了当年晋献公派去刺杀重耳的一位刺客寺人披一同商议此事。谁知寺人披并不看好他们的计划，随即就去求见晋文公，报告了此事。

这个寺人披当年奉命去刺杀重耳，晋献公命他三天到，他两天就到了，结果重耳来不及逃跑，被他追上，斩下了一只袖子。晋文公还记得这个仇，因此不愿意见他，还派人去骂他："当年献公命你去杀我，给了你三天时间，结果你两天就到了，虽然这是国君的命令，但你也太急不可耐了吧？你斩下的袖子还在呢，你还是赶紧走吧。"

寺人披笑了，他说："遵从国君的命令是自古有之的制度，除掉国君厌恶的人，身为臣子，唯当尽力而已。管仲当初辅佐公子纠与齐桓公争夺国君之位，并用箭射齐桓公，但齐桓公不计前嫌，任用管仲为相。如今您既已继位为君，臣自当全心全意侍奉您，如果您一味追究旧事，那么曾经对不起您的大臣太多了，又岂止我一个？"

晋文公听侍者传了寺人披的话，觉得非常有道理，便召见了他。于是寺人披将吕甥、郤芮的阴谋告知了晋文公。晋文公悄悄地找到秦穆公商议此事，二人计议已定，便依计行事。到了寺人披所说的日子，晋文公的宫殿果然起了大火，吕甥、郤芮趁乱进入宫殿寻找晋文公，可是怎么也找不到。他们一路追到黄河岸边，秦穆公早已设下埋伏，将他们一举擒杀。

此一役，晋文公清剿了晋惠公父子的残余势力，也震慑了心怀不轨的大臣们，稳固了自己的地位。事后，晋文公将五位嬴氏夫人迎回了国内，秦穆公还留下了三千卫士给晋文公，帮助他稳定国内局势。

退避三舍

晋文公继位以后，晋国局势稳定，经济得以发展，民生得以休息。同时晋文公也在王子带之乱中带兵勤王、安定王室，又积极与秦、齐加强联系。晋国的大国威势逐渐恢复，便有了争霸中原之心。

自从宋襄公图霸失败，惨败于楚国之手，宋国就只能依附于楚国。但是宋襄公的儿子宋成公与楚人有杀父之仇，而且宋襄公当年曾经对流亡中的晋文公极尽礼遇，因此晋国国力恢复之后，宋成公便决定背叛楚国，转而投靠有故交的晋国。此时晋楚两国正针锋相对，楚国自然不能容忍宋国这样公然的背叛行为，于是便联合了郑、许、陈、蔡等国一同进攻宋国，并包围了宋国的都城。宋成公派出公孙固来向晋国告急求援。

接到求援，晋文公召集群臣商议对策，大夫先轸说："报答宋国以前的恩惠，建立晋国如今的威信，奠定今后的霸业，就在此一举了！"狐偃则进一步出谋划策："楚国最近刚刚与曹国结盟，又与卫国结成姻亲，我们要救援宋国，不必与强大的楚军正面对抗。可以先去攻打曹国和卫国两个小国，楚国必定会放弃围攻宋国而去援救曹国、卫国。"

当初重耳在流亡中经过曹国，曹共公曾经无礼地去偷看他洗澡，重耳一直深以为辱，对曹共公耿耿于怀，如今就顺水推舟地同意了攻打曹国。为了筹备这场战争，晋国将原来的二军扩充为三军，又选定了元帅。晋文公在被庐大阅三军之后，带领大军出发了。

经过一番波折，还在路上攻克了卫国，晋军终于围困住了曹国的国都。但是曹国国都城坚池深，一时难以攻克，晋军士兵死伤无数。曹国人为了打击晋军士气，便将晋军士兵的尸体挂在城墙上示众。看到攻城的同袍死后都不得安宁，晋军之中果然人心惶惶，晋文公深以为患。有人建议说："他们这样对待我们的士兵，那我们就驻扎在他们的祖坟旁边，祸害他们的祖坟。"

于是晋文公就将大军迁到了曹国的祖坟附近，曹国人见了果然人人惊惧，民心不稳，只好将战死的晋军尸体用棺木收殓了，送还晋军。晋文公命令军队趁着曹国人心大乱之际进攻，果然攻克了曹国的都城。

晋军虽然攻克了曹国，但是楚国却没有按照预测的那样撤回围攻宋国的军队回来救援曹国，反而攻击得更加猛烈了。宋国抵挡不住，再次派人向晋国告急。晋文公对先轸说："宋人又来告急，如果不去救援，宋国就会与我们绝交，完全依附楚国；与楚国调解和谈，楚国又不答应；可是若要与楚国作战，齐国、秦国又不会支持我们，这如何是好？"

先轸说："不如让宋国使者送礼给齐国、秦国，请他们代为调解周旋。我们抓住曹国的国君，再将曹国、卫国的土地分给宋国。楚国与曹国、卫国是盟友，必定不会答应和解。到时候齐国、秦国收了宋国的礼物又被楚人的不给面子所激怒，能不与楚国开战吗？"晋文公觉得有理，便依计行事。

晋国联合了齐国和秦国，占了优势地位。看到形势越来越严峻，楚成王有意退兵，便派人告诉在前线领军的令尹子玉。但是子玉骄傲自负，因为曾经有人批评他无带兵之能，最多只可统帅三百乘战车。他便不肯听命撤军，只派人去向楚成王请战说："我不为立下战功，只为了用事实堵住小人之口。"楚成王见子玉不听命令，十分气愤，只给了子玉少量的军队和一百八十乘战车。

子玉并非无能之辈。在开战之前，他先派宛春到晋国军营去谈判："请贵军恢复卫国国君之位，将曹国的土地还给曹国，我就退军解宋国之围。"狐偃本想拒绝，但先轸却看出了其中的阴谋，他说："如果楚国说了一句话就能平定曹、卫、宋三国的危难，而我们却用一句话拒绝其请求，将三国推入亡国的险境，那就是我们不合礼制、不得人心了。我们不如私下与曹、卫谈判，给予他们好处，再将宛春抓起来激怒楚国，到时候挑起战端的罪名就是楚国的了。"晋文公采纳了先轸的建议，曹国和卫国果然与楚国绝交了。

子玉知道此事后十分愤怒，下令进攻晋国的军队，晋国的军队却不战反退。士兵们不明白国君为何不敢与楚国令尹正面作战，狐偃便站出来解释："师出有名、理直气壮的军队才有战斗力，如果没有楚国的帮助，国君不会有今日。当初在楚国，国君曾与楚王约定，如果兵戎相见则晋军退避三舍，现在正应当以此来报答楚国。如果我们退让了，楚军还是咄咄逼人，那么就是对方无理挑衅了。"

晋军一路退避，子玉引兵追击，一路到了城濮（今山东鄄城县临濮），宋成公、齐国将领国归父、秦国将领小子憖率领大军驻扎于此，楚国军队则背靠山驻扎。晋文公还顾及过去楚成王对自己的恩惠而犹豫不决，狐偃劝他说："作战吧！如果胜利，我们就可以称霸诸侯；即使战败，于我们晋国的江山也无损。"

这时子玉派人来下战书，晋文公则派使者送去回复，约定明日开战。

第二天，春秋时期最大的一次战争爆发了。晋文公下令晋国军队的七百乘战车在莘地以北列阵，派胥臣率领下军抵挡陈国和蔡国。子玉命令若敖氏的一百八十乘战车为中军，命子西率领左军，子上率领右军，并扬言要覆灭晋国。

战争开始以后，晋军首先发起攻击，胥臣用虎皮包裹战马，向陈国、蔡国的军队发起猛烈进攻。陈、蔡的军队很快败退而逃，楚国的右军也随之溃败。为了诱敌轻进，狐毛设下两面大旗伪装撤退，栾枝也命令战车拖着树枝伪装逃遁。子玉果然中计，率军追击。中军的先轸、郤溱率领军队横向冲击，而狐毛、狐偃父子同时率领上军夹击楚军的左翼，楚国左军不敌，很快就溃败了。只剩下子玉率领的中军主力收拾残卒，逃回了楚国。

城濮之战的失败，虽然并没有给楚国的主力造成严重损失，但是楚国北上中原与晋国争霸的计划遭受了严重打击，令尹子玉也引咎自杀。从此以后，楚国只能将精力集中在经营南方，而晋文公的霸主地位也由此奠定。

五张羊皮换一个大夫

经过几代国君的艰苦努力，秦国先后击败了诸戎人部落，灭掉了周边的小国家，将领土一路向东推进，并将国都迁到了雍邑（今陕西凤翔）。此时，秦国已经占领了关中的大片领土，成为新崛起的西方强国。

由于秦成公享国不久，去世时虽然有七个儿子，但都很年幼。为了避免主少国疑造成国内动乱，甚至遭受其他国家的攻伐，秦成公去世后，没有立他的儿子继位，而是命弟弟任好继位为君。这就是历史上著名的秦穆公。

秦穆公继位之后，为了加强秦国与中原强国的关系，增强秦国的影响力，便派人向晋献公请求联姻。晋献公见秦国发展得很快，国力蒸蒸日上，也想与这位强邻搞好关系，便将自己的嫡女、太子申生的姐姐嫁给了秦穆公。这段婚姻除了令秦穆公娶到了一位娇妻美眷，又与中原强国晋国结成了姻亲关系，更令秦穆公意外收获了一位辅佐他将秦国进一步推向顶峰的贤臣百里奚。

百里奚是虞国大夫，晋献公向虞国借道伐虢之后，回军灭掉了虞国。百里奚与国君一同被俘，于是百里奚就由一国大夫沦为了奴隶。晋献公答应了秦穆公的求婚之后，就按照当时的礼制为女儿准备了大量的陪嫁，其中不仅包括精美昂贵的各种珍宝器物，还包括很多男女奴隶，而百里奚就被充做陪嫁奴隶，随着出嫁的队伍被送往秦国。

百里奚不堪受辱，在路上悄悄逃走，但是此时百里奚已经年近古稀，行动不便，走到宛地（今河南南阳）就被楚国的农民抓住，又成了楚国的奴隶。楚成王也不知道这位年迈的奴隶竟然是一位胸中有大丘壑的贤臣，只是听说百里奚擅长养牛，就让他去为自己养牛。

晋献公的女儿嫁到秦国之后，秦穆公听说陪嫁奴隶中有一位百里奚，是从虞国俘虏来的贤臣，但是已经逃走，还被楚国人抓住，送去养牛，于是秦穆公便想重金为百里奚赎身。但是转念一想，楚国人现在不知道百里奚是个贤臣，所以才让他去养牛，如果自己花费重金去赎他，就会引起楚王的注意。如果楚王明白了百里奚是个千金难得的贤臣，恐怕就不会送他回秦国了。

于是秦穆公派人出使楚国，对楚成王说："我夫人的陪嫁奴隶百里奚逃到了贵国，请允许我用五张黑公羊皮来赎他。"五张黑公羊皮是当时买卖奴隶比较正常的价格，楚国人不疑有他，便将百里奚还给了秦国，当时百里奚已经七十多岁了。

为了蒙蔽楚国人，秦国的使者将百里奚像奴隶一样囚禁起来，待一行人抵达秦国，秦穆公才亲自为他解开束缚并谈论国事。百里奚一生大起大落，暮年还沦为了奴隶，已经心灰意冷，便说："臣是亡国之人，何足国君动问！"秦穆公坚定地说："虞国国君不听您的建议，这才会亡国，虞国的灭亡并非您的过错。"然后再三以国事相询，百里奚见秦穆公十分诚恳，并没有轻视自己，便滔滔不绝地将胸中韬略一一相告。

君臣二人得遇知音，一起倾谈了足足三天。秦穆公认为百里奚提出的治国之策很适合秦国，便将国家大政托付给他，并封他为大夫。由于百里奚是用五张黑公羊皮赎回来的，而黑公羊皮在当时被称为"羖"，因此百里奚在秦国就被称为"五羖大夫"。

百里奚对秦穆公说："臣的才能不及臣的朋友蹇叔，蹇叔的贤能当世无人知晓。我当年在各国之间游历求官，在齐国时遭遇困境，只能乞讨而行，是蹇叔收留了我。因此我就想留在齐国做官，侍奉齐国的国君无知，蹇叔劝住了我，这才没有在后来被无知牵累。后来我又为周王子颓养牛，以此得到王子颓的信任，将要得到重用的时候，又是蹇叔阻止了我，让我离开，我这才没有和王子颓一起被杀。

"后来我到了虞国，蹇叔又劝我离开，我虽然知道虞国国君不听劝告，但仍然为了爵禄地位留了下来。我两次听了蹇叔的话，就得以幸免于难，而这一次没有听他的话，就遭了劫难。因此我知道蹇叔是个难得的贤人。"秦穆公听了百里奚的话，果然派人带上厚礼去迎接蹇叔，封他为上大夫。

据说百里奚年轻时为了周游列国求官，不得不与自己的妻子杜氏分开。后来，百里奚在秦国得到了国君的信重和大展拳脚的机会，又找回了妻子和儿子，生活十分满足。从此以后，他竭尽所能为秦穆公出谋划策，帮助秦国增强国力，向中原扩展。在后来秦霸西戎的道路上，百里奚的建议起到了很大的作用。

秦军其实很胆小

鲁僖公二十九年（公元前631年），晋文公打算出兵攻打不服从晋国的郑国，于是派大夫狐偃会和周天子派来的王子虎、宋国大夫公孙固、齐国大夫归父、陈国大夫辕涛涂和秦国大夫小子慭在翟泉会盟，共同商议讨伐郑国之事。会上决定先由晋国军队于第二年单独出兵攻郑，试探情况。于是晋文公便派出军队驻扎在函陵，又邀请秦穆公一起出兵围攻郑国，秦穆公果然应邀派军，将秦军驻扎在氾南。

郑国朝野见秦晋两个大国陈兵城外，无不惊恐万分，以为郑国即将灭亡了。这时郑国的大夫佚之狐找到郑文公说："现在国家正处于危急存亡之时，请您起用烛之武去觐见秦君，必定可以解此危局。"郑文公此时已经六神无主了，听佚之狐这样说，便亲自去请烛之武出山。谁知烛之武却推辞说："臣年轻力壮之时尚且不如别人；现在年老力衰，已经做不了什么了。"

郑文公知道烛之武这是在埋怨自己没能早些重用他，便诚恳地道歉说："我没能及早任用您，现在形势危急才来请求您的帮助，这实在是寡人的过失。不过如果郑国灭亡，对您也是不好的，所以还是请您勉为其难，帮我一次吧。"烛之武见郑文公言辞恳切、神色焦虑，也不忍心看着郑国就被秦晋两国攻灭，便同意了郑文公的请求。

由于郑国正被围城不敢轻易开城门，于是烛之武只能选择在入夜之后，用绳子捆在腰上，慢慢地从城头上吊到城外，安全落地之后，就悄悄前往秦营求见秦穆公。

烛之武见到秦穆公以后，对他说："秦晋两国包围郑国，郑国的灭亡已经指日可待。如果灭亡郑国对您有好处的话，那贵军劳师动众一次也是值得的。可是您也明白，隔着其他国家占据远方的土地作为边邑是很不容易长久的，您此次出兵无非是在灭亡郑国来增加邻国的土地而已。邻国的势力得到增强，就相当于您的势力受到削弱，是为君子所不取。如果您愿意放过郑国，以后您的使者往来东方，郑国必定为您供应其一应所需，这样对您也没有什么害处。

"何况您曾经赐给过好处给晋国国君，当时他答应将焦、瑕两地赠给您，可是他早晨过河回国，晚上就加筑城墙防御您。像晋国国君这样的人哪里有满足的时候，如果成功地在东方攻下郑国，开疆拓土了，必定会要肆意扩大其西方的疆域。到时候如果不损害秦国，晋国还能到哪里去取得土地呢？要不要为了晋国的利益而做损害秦国的事，请您多加考虑。"

秦穆公听了烛之武的话，觉得从秦国的角度考虑，攻打郑国的确不是好主意，于是便放弃原来的作战计划，转而私下与郑国结盟。另外还留下了将领杞子、逢孙、杨孙帮郑国增强戍守，防御晋军的攻击，而秦穆公自己则带兵返回了秦国。

消息传到晋国军营，狐偃请求出兵追击秦军，晋文公拒绝了他的请求，说："如果没有秦国的力量，我们也不会有今天这个地位。依靠了别人的力量，反而倒戈相向，这是不仁；丧失了结盟的友邦，这是不智；用胡乱出击的行动取代整齐划一的行动，这是不武。我们还是撤军回国吧。"晋军撤退以后，为了缓和与晋国的关系，郑文公立奔晋的公子兰为太子来向晋国示好。经过此事，秦国与晋国的联盟关系开始有了间隙。

留守郑国的三位秦国将领听说郑国反而投靠了晋国，都十分气愤。于是杞子便派人回去告诉秦穆公："郑国国君让我掌管都城北门的钥匙，请您悄悄领兵前来。我会打开北门放秦军进去，这样一定可以占领他们的国都。"秦穆公觉得机不可失，便去询问老臣蹇叔的意见，但是蹇叔却对此持反对意见："郑国路途遥远，如果派军去攻打，军队到达以后就已疲惫不堪。而且行军千里，郑国一定会听说此事，早做防备，到时候我们劳师远征，费力气不讨好，士兵一定有抵触情绪。此事恐怕不行。"

但是秦穆公一心被攻入郑国国都的美好前景所迷惑，根本听不进蹇叔的意见，一意孤行地派孟明视、西乞术、白乙丙三人领军出征。

秦军一路向东进发，借道于晋国，然后从周朝都城北门经过，王孙满站在城楼上观察了秦国军队一会儿后说："秦军轻率冒进而又不懂礼仪，轻率冒进就会有勇无谋，不懂礼仪就会孤立无援，进入险境而孤立无援，自身又有勇无谋，这样的军队怎能不败！"

城楼上发生的这一幕，秦军的三位将领并不知晓，他们仍在一路进军，不久以后就进入了滑国。这时，郑国的商人弦高带着十二头牛准备去周朝都城卖，路上遇到了秦军。听说这样兵强马壮的大军即将去攻打郑国，弦高顿时十分担忧，经过反复思考，弦高终于想出了一个主意。

弦高带着自己的十二头牛来到秦军大营，自称是郑国国君的使者，秦国的三位将领一听，心下惊疑不定：秦军此次伐郑是要在郑国不知情的情况下潜入郑国国都，然后由杞子打开北门，放秦军入城，可是如果郑国已经知道秦国大军来攻，岂能再将北门的钥匙交给杞子？这样一来就只能无功而返了。

于是三位将领面面相觑，不知如何是好，只能先将弦高请进大营问问情况。弦高见了三位将领，不卑不亢地一一行礼如仪，然后说：

"敝国国君听说贵国不远千里前来讨伐，所以派我带了十二头牛来慰劳贵国士兵，敝国虽然人少国小，但也已经认真做了防守和抵御的准备。"

见过秦军将领之后，弦高又赶快派人回郑国报信。郑穆公得到消息，赶忙厉兵秣马，做好一切防御准备，并且将秦国之前留在郑国帮助防守的三位将领杞子、逢孙、扬孙赶出了郑国。孟明视知道以后，长叹一声说："郑国已经有了防备，我们如果按原计划攻打必定不能取胜，围而攻之又没有后援，还是撤军回去吧。"就这样，郑国商人弦高凭借自己过人的智慧和胆识，将郑国从亡国危机中解救了出来。

放虎归山

早在秦军出征之前，老臣蹇叔就劝谏秦穆公不要出兵，但是秦穆公听信留守郑国的秦将杞子之言，一意孤行地决定劳师远征郑国。受到秦穆公之命率领秦军出征的孟明视、西乞术和白乙丙三人中，西乞术和白乙丙兄弟是蹇叔的儿子，而孟明视则是秦国大夫百里奚之子。蹇叔与百里奚深知秦军此去犯了兵家大忌，必是凶多吉少，于是在送行之时各自挽着儿子的手哀恸不已，大哭着说："孩子呀，我看着你们的大军离开，却看不到你们回来了！"

秦穆公本来兴致勃勃地准备发出大军开拔的指令，却被这二位老臣的哭声弄得心烦意乱，于是很不高兴地说："我派大军出征，你们却拦着军队大哭动摇士气，这是干什么？"蹇叔与百里奚强忍悲痛，止住哭声回答："臣并不敢阻拦军队，动摇士气，只是大军开拔在即，我们二人各自的儿子也即将离开；我们年老力衰，活不了多久了，他们回来得晚了恐怕就再不能相见了，因此哀哭。"

蹇叔又私下里交代儿子说："你们的军队就要战败了，到时候晋国人一定会在殽山阻击你们，殽山有两座山陵。南边的山陵是夏朝后皋的坟墓；北边的山陵，是周文王曾经避风雨的地方。你们若战死，必定在两座山陵之间，那时我就到那里去为你们收尸。"

不管蹇叔和百里奚二人如何再三明示暗示秦军此去必败无疑，但是考虑到有杞子在郑国为秦军做内应，为秦军打开郑国都城的大门，秦穆公还是信心十足地命令大军出发了。后来秦军在路上遇到了郑国商人弦高，偷袭郑国的阴谋也被识破，秦军无法按原计划进攻郑国，只好悻悻回军秦国。为了不空手而归，他们灭掉了距离晋国很近的姬姓小国滑国，然后继续向回国必经的晋国进发。

当时晋文公刚刚去世不久，尚未下葬，继位的晋襄公得知秦军劳师远征无功而返的消息，认为这是打击秦军嚣张气焰、巩固晋国霸主地位的大好时机。甚至等不及过了服丧期，晋襄公便用墨将白色的丧服染黑之后，联合了姜戎的军队在殽山两座山陵之间设下埋伏。孟明视、西乞术和白乙丙三位将领没有将父亲的警告和嘱咐放在心上，经过这片极易遭到伏击的峡谷时竟然没有提高警惕，轻易地进入了晋军的伏击圈。在晋军与姜戎军队的伏击之下，很快就全军覆没，孟明视、西乞术、白乙丙三名将领被晋军俘获。这就是历史上著名的秦晋"殽之战"。

孟明视三人既是深得秦穆公信重的将帅，又分别是在秦国位高权重的大夫百里奚和蹇叔的儿子，晋国俘获了他们自然不能轻易放过。等待他们三人的命运有两种：一则他们身为敌军的将帅，既然不能为我所用，自然也不能放虎归山，留下他朝卷土重来的后患，那么就只能斩草除根，杀之而后快；二则他们身为秦穆公重视的将帅和在秦国手握大权的重臣之子，也可以利用这种价值来与秦国谈判，用他们来要求秦国将一些土地割让给晋国。

晋襄公父亲晋文公的夫人文嬴来自秦国，是秦穆公的女儿。她听说秦国最重要的三位大将在殽之战中战败被俘，心中十分担忧。她知道秦国虽然实力骤增，但是如果此三人被杀，对秦国的军事力量和国家实力都是很严重的打击，甚至有可能会造成内乱。便绞尽脑汁思索良策，想让三人能够安然回国。

文嬴求见晋襄公，并对他说："他们三人为了自己的功名利禄挑拨秦晋两国的关系，我父亲已经恨他们入骨。如果您放他们回国，我父亲一定会十分高兴并且将他们烹杀以泄愤，又何劳您去诛杀他们呢？"晋襄公想了想，不觉得有什么不好，便点头同意了。

后来，晋襄公后悔了，便派阳处父去追捕三人，但是此时孟明视等人已经到了黄河中的渡船上。阳处父灵机一动想出了一个办法。阳处父解下自己乘来的马车在左边驾车的马，冲着船上的孟明视等人大喊："三位请留步，这是国君赠给三位的马匹，请你们上岸来带它一起回秦国去！"

可是孟明视也非有勇无谋之辈，他看透了阳处父不过是想将自己三人引诱回岸上，便在船上行礼道："承蒙贵国国君的恩惠，没有杀死我们这些俘虏，允许我们回国领罪，如果国君遵照晋国国君的好意赦免了我们，三年之后我们再来拜谢今日的恩赐。"说完，小舟已飘然远去。

三人回到秦国都城时，秦穆公早已得到了消息，便穿着素服亲自到郊外迎接，孟明视、西乞术和白乙丙连忙跪下，以战败之事向秦穆公请罪。秦穆公将他们一一扶起，然后诚恳地说："当初是我没有听从蹇叔的良言，执意出兵，才使你们几位遭受战败之辱。这是我的罪过，你们三位有什么罪呢？而且我也不能用这一次的过错来抹杀三位以前的功绩和大德，以后还要请你们尽全力辅佐我，洗雪这个耻辱。"

说罢，秦穆公便下令恢复孟明视、西乞术和白乙丙三个人本来的官职俸禄，并且没有因为此次战败而疏远他们，反而比以前更加厚待。殽之战的惨败使秦穆公称霸中原的野心冷静了下来，认识到目前秦国的实力并不足以打败晋国，开辟东进之路。于是专心向西开拓，讨伐西戎，在西部边陲开辟了秦国的霸业。

不鸣则已，一鸣惊人

楚文王去世后，他的儿子熊恽继位为楚成王。在他的统治下，楚国吞并江汉流域的许多小国，成为南方大国。后来，楚穆公继位，进一步吞并南方小国，并把势力向中原地区延伸。楚穆公是害死父亲之后继位的，所以他在位期间，楚国内部分裂严重。楚穆公去世以后，楚庄王继位。

楚庄王继位之初，晋国趁着楚人国丧，与宋、鲁、陈、蔡等七个国家订立盟约，重新坐上了盟主的位置。面对这一情况，楚庄王并没有去与晋国一争高下，而是过起了骄奢淫逸的生活。连续三年不理政事，不出号令，整日寻欢作乐。他十分讨厌大臣入谏，下令："敢前来劝谏者，死！"

后来，有个叫伍举的大夫看不惯君王所为，冒死前来劝谏。据《史记》记载，伍举进谏时，宫廷乐队演奏，歌姬舞伎环绕。伍举沉住气，问庄王："有鸟在于阜，三年不飞不鸣，是何鸟也？"庄王听出他是来劝谏的，却并没有发作，只是告诉他："三年不飞，飞将冲天；三年不鸣，鸣将惊人。"

出人意料的是，接下来的几个月，楚庄王依然如故，没有做出丝毫改变，甚至更加过分地耽于逸乐。这时，另一个大夫苏从忍不住也前来劝谏。他做好了被处死的准备，只求"杀身以明君"。却没想到楚庄王这次听从了他的建议，马上着手开始整顿内政。他罢免了一批无能的营私之辈，提拔了一批忠君爱民的官吏，伍举、苏从也在提拔之列。

继位之初，楚庄王之所以不问政事，沉湎酒色，并不是一味淫乐，而是借酒色的外衣伪装自己，在静默中观察着周围的一切。帝王昏庸时，小人的丑恶面目更容易暴露出来。他借着淫乐辨明忠奸，为"一飞冲天"做足了准备。接着，这位雄心勃勃的国君就开始了他称霸的旅程，楚国很快就成为可以与晋国这样的大国相匹敌的国家。

平定了若敖族的叛乱以后，楚国令尹子越椒被杀。孙叔敖在这时候登上了楚国的政治舞台。孙叔敖为楚国制定了健全的典章制度和法令法规，但是他也不是一味地重刑罚、轻德教。健全的法律制度使楚国上下，军、民、农、商都有法可依，各司其职。在他的治理下，楚国人民生活安定，国势也越来越强大，楚庄王一步步成为一代霸主。

新一任霸主又出炉了

春秋时期，晋楚两国的争霸非常激烈，处在两个大国之间的许多小国如陈、郑、宋、蔡等，都经历了十分惨烈的战祸。这些小国作为两个大国的附属，没有能力自保，一般是争霸的两方哪方处于上风，就归附于哪个国家。作为晋楚争夺的重点，这些国家总是战火不断。

楚国陷于内乱时，原本归附于它的陈国在晋国的武力胁迫下背楚向晋。楚庄王平定叛乱之后，就带兵去陈国兴师问罪。陈国在楚国的威胁之下，又不得不背弃与晋国的盟约，重新与楚国结盟。陈国虽屈服于楚国，楚庄王却还是不放心，甚至想把陈国变成楚国的一个县，幸亏被楚大夫申叔时劝阻，陈国才保留下来。

郑国作为一个比陈国国土面积大的国家，在晋楚争霸中所受的战祸更为严重。从公元前608年到公元前596年，仅晋国就五次对其用兵，楚国更是七次讨伐郑国。十三年中，郑国几乎年年遭遇战祸，最严重的时候甚至遭到两个大国的夹攻。

鲁宣公三年（公元前606年），晋国因为郑国背晋向楚而对郑国进行讨伐，晋军一直打到郔地，郑国为求自保，无奈之下与其讲和。当年夏天，楚国就派兵前来问罪。鲁宣公十年（公元前599年），郑国在楚国的武力威胁下与楚国讲和。很快，晋国又联合宋国、卫国、曹国对其进行讨伐，郑国又只好背楚亲晋。当年冬天，楚国就又来讨伐。

夹在晋楚两个大国之间，郑国从楚会遭到晋国攻打，从晋会遭到楚国攻打。无奈之下，郑国大夫子良提出了"与其来者"的方针。这其实是一种顺风倒的政策，不死守与哪方的盟约，谁带兵来攻打就向谁献上一份礼物，表示服从。子良所提出的墙头草策略是郑国在那种形势下求生存的上策。

郑国这种巧妙的周旋政策得到了晋国的默许，然而楚国对此却表示十分不满。郑楚结盟之后，楚国看到郑国依然与晋国来往密切，就向郑国发起了进攻。鲁宣公十二年（公元前597年）春，楚军包围了郑国国都。被围困了三个月后，郑襄公见晋国还是不肯出手相救，就只好亲自到楚军中去讲和。最终，两国订立盟约，襄公的弟弟子良被送到楚国去做人质。

郑国已经兵败投降，晋国才派荀林父带三军前去救郑。晋军行至黄河，得知郑楚讲和的消息。荀林父准备回师，中军副帅先縠却坚决不同意。他认为要保持晋国霸业，就必须与楚国决战。先縠的行动得到赵括、赵同的支持，他带领自己所属的部队渡过黄河，准备去攻打楚军。荀林父意识到，如果先縠失败，他作为主帅要承担全部责任；而全军渡河，如果失败的话，责任也是众将分担，于是便也跟着渡了河。

楚庄王在攻下郑都之后，正打算班师回朝，却听到了晋军渡河的消息。楚国大臣伍参看出晋军内部不和，主将荀林父没有威望，觉得这是一次战胜晋军的好机会。楚庄王采纳了伍参的意见，便在管地安营扎寨，等待着晋军的到来。其实，楚庄王虽明白这是战胜晋军的绝佳机会，却不愿意与晋军交战，他两次派人与晋军讲和。荀林父同意与楚军讲和，无奈部下已被先縠扰乱，根本不肯听从他的指挥。

这场战争以晋国战败而告终。这是晋楚争霸以来，晋国所面临的最为惨重的一次失败。楚庄王这次出征的本来目的是讨伐郑国，却没想到会意外收获了一个如此大的惊喜。邲之战的胜利一雪三十五年前，楚国在城濮与晋国交战时，遭遇败兵的耻辱。

然而，邲之战中尽管遭遇失败，晋国的元气却并未受到挫伤，只是盟主的地位稍稍动摇。之后，晋国依然有能力与中原诸侯进行争夺。邲之战的失败暴露出晋国内部潜伏的重重矛盾，这次战役是晋楚争霸的一个转折点。自此之后的二十余年中，楚国在争霸中一直占据上风。

楚灵王血腥继位

公元前 560 年，楚共王逝世，他一共有五个儿子，他们分别是：公子招、公子围、子比、子皙、弃疾。由于这五个儿子都是嫔妃而不是王后所生，因而没有谁具有继承大统的先天权利。于是楚共王生前将一块祭祀山川神灵的玉璧埋在地下，让五个儿子依次下拜，看谁能够恰好位于玉璧之上的土地。结果有三位王子接触到了玉璧之上的地方。他们是：公子招、公子围以及幼子弃疾。于是，按长幼顺序，公子招被立为太子。

公子招继位之后，是为楚康王。楚康王在位十五年，薨，其子员继位，被称为郏敖。此时的公子围，以王叔身份摄政，位居令尹。

楚康王过世后，各路诸侯纷纷前来楚国凭吊，大家看到新王年幼，而身为令尹的公子围实力强大，都为郏敖感到不妙。

公子围的政治野心日益膨胀，开始培植自己的势力，打压异己。并且做出明显的谋逆姿态，预先释放政治信号。例如，出使国外时，公然使用国君的仪仗规格；而在国内王室组织的狩猎活动中，又打出了国君的旗号。举国上下人心惶惶，周边国家议论纷纷，公子围篡逆之心，路人皆知，唯独楚王视而不见。

在这样的情况下，公子围并没有有所收敛，反而变本加厉。郏敖二年（公元前 543 年），他利用权势构陷，处死了大司马苪掩，并将一批反对自己，或是对自己存在潜在威胁的人排挤出权力核心。

郏敖三年（公元前542年），卫国国君访问楚国。北宫文子看到公子围放肆的姿态，对卫国国君说道："公子围看来是要谋逆犯上了，以他的能力可以达到目的，但绝对不会善终的。"卫君问他从何得知，对曰："《诗》云'敬慎威仪，为民之则'，公子围没有威仪，不能给百姓提供准则，自然无法长居百姓之上。"

郏敖四年（公元前541年），公子围带领大队人马，远赴郑国娶亲，郑国对此人严加防备，不愿让其进入国都。公子围不肯，派人入城交涉，倚仗楚国强大，郑国弱小，态度软中有硬，十分倨傲。无奈对方有礼有节、滴水不漏，只好放低姿态，表明自己仅来迎亲，绝无二心。郑国这才勉强让其进城，算是保住了面子。

随后，公子围又奔赴虢池，参加诸侯会盟。会上公子围再度力搏出位，对晋国人说此次会盟无须有什么大的举措，按照上次会盟拟定的条文照本宣科一下就可以了。晋国人无奈答应。

不久后，诸国再度会盟，公子围愈加飞扬跋扈。他打着国君的仪仗，穿着国君的衣袍，随行带有侍卫，其用意昭然若揭。诸侯看了以后哭笑不得，暗中议论其猖獗行为。大夫伯州犁只得向众人解释说，这套排场是楚王特地借给公子围的，却被郑国公子羽一语道破，说公子围"借"到这些什物，就不准备还了。伯州犁尴尬之下只得转移话题，让公子羽多关心一下本国子晳的作乱图谋，尽显苍白无力。

会盟结束之后，公子围一行人回到本国，随即打发伯州犁、公子黑肱去往犫、栎、郏构筑城池。由于地处郑国边境，郑国人对此感到不安。子产却明察秋毫，说这是公子围即将起事，想要除掉黑肱、伯州犁二人，所以郑国不必感到担忧，隔岸观火即可。

不久，公子围的机会终于来了。公元前541年冬天，他和伍举一起出访郑国，走到边境的时候突然接报，说楚王病重。于是公子围迅速返程，只让伍举一人访郑。公子围回到国都，立即调遣心腹军队控制宫廷，随后入宫"探病"。见到楚王神志不清，羸弱不堪，便狠下心来，用自己帽子上的缨带勒死了楚王。随后又对楚王的两个儿子痛下杀手，第一时间登上了王位。紧接着派人奔赴各地，去除掉那些他事先派遣去"筑城"的大臣和弟弟们。伯州犁惨遭杀害，几个弟弟早就预料到事情不妙，纷纷奔赴各国避祸。

消息传到郑国，郑国派遣大夫游吉出使楚国，参加楚王的葬礼。游吉回国后，不无讥讽地建议郑国国君准备一下行装，好去参加不久以后公子围，也就是楚灵王的会盟。因为这位楚灵王骄横轻狂、目中无人、暴戾乖张，正处于人生得意之时，一定会借机确立自己在诸侯中的盟主地位。不过子产却认为楚灵王在几年之内做不到这一点。

楚灵王继位之后，非但没有收敛之前飞扬跋扈的姿态和刚愎自用的处事方式，反而变本加厉。无论是在个人的生活方式上还是在内政外交的处理上，愈发无所不为。他以及他治下的楚国，就像脱了缰的马儿一般，在一条不归之路上越跑越快、越跑越远。他在满怀幸福地坐上那高高的王座的同时，也为自己掘下了深深的坟墓。

用人才，既要开源更要节流

在楚国的宫廷之中，贤良之臣、忠勇之将，屡屡遭疑见弃，不得已为他国所用，进而反噬楚国。长此以往，楚国安能不败？

伍子胥可谓是这些人中最为惨痛的一个了。父兄被杀，只身逃往宋国，投奔为谗言所害、亦寄身宋国的楚太子建。然而，宋国彼时也是内乱频仍，政治环境极不安稳。本身就是客居此地的太子建、伍子胥自然难以长住，两人只好前往郑国。

郑国国君收留了他们，加以礼遇。无奈太子建贪心不足，为利益冲昏头脑，竟许诺晋国，答应为晋国伐郑充当内应。事情败露，招来杀身之祸。太子建如此无行，和他一起的伍子胥在郑国自然处境危险。伍子胥冒死带着太子建的儿子胜出逃。

伍子胥的目的地是吴国。他们来到昭关关隘，守军早已得令，奉命缉拿他。正当危急之时，伍子胥寻得一只渡船，将二人搭载过江。伍子胥随即解下佩剑相赠，艄公不受，作别而去。伍子胥来到吴国，这一时期的吴国处于一个高速上升期。经济、军事实力不断增长，广纳各国人才，对外野心勃勃。伍子胥在吴国自然受到了吴王僚的重视。他通过公子光的引荐结识了吴王僚，成为其袍下之臣。

当时，吴国作为新兴的大国，自然引起了楚国的警惕，况且两国接壤，更是冲突不断。公子光率军攻克了楚国的钟离、居巢之后，伍子胥趁机向吴王僚进言，建议他继续增兵，将楚国一举拿下。公子光却保持清醒，认为灭楚火候未到，伍子胥的建议不乏私人情感裹挟其中，因而不可取。吴王僚于是下令停战。

公子光与吴王僚并非铁板一块。吴王僚的爷爷吴王寿梦的三个儿子诸樊、余祭、余昧先后为王。余昧死后，他们的弟弟季礼不愿继位，因而让余昧的儿子，也就是吴王僚当了国君。公子光是寿梦长子诸樊的儿子，面对如此局面，心中自然难以平静，对吴王僚也是杀意暗起。伍子胥察言观色，对公子光的心思自然心知肚明。对于伍子胥本人而言，以一个寄身客的身份在吴王僚的朝中谋生计，肯定不如自己扶持一位新君，谋得一个功臣身份划算，也有助于他调动吴国的资源完成自己的复仇之志。

于是伍子胥暗中寻访，结识了后来成为历史上著名刺客的专诸，以恩义结纳，并将其推荐给公子光。自己则从吴王僚朝中抽身而退，隐居田间，静观其变。

公子光没让伍子胥等得太久。楚平王死后，楚昭王继位。吴王僚趁新君初立，楚国时局未稳的机会大举进犯，却遭遇失利，匆匆回军。公子光趁吴王僚心神不宁之际，设宴为其压惊。席间专诸出手，吴王僚毙命，公子光成功上位。

公子光就是吴王阖闾。他自然不会忘记伍子胥的功劳，随即请回伍子胥，倚为心腹，共商国是。彼时，楚国又开始了对功臣及其家族的清算活动，有一批良将贤臣及其后裔出逃国外。吴国收获了楚国名臣伯州犁的孙子伯嚭，不过当时谁也不会想到此人日后竟成为导致吴国覆灭的祸患。

吴王阖闾志在千里，而眼前楚国就是吴国走向天下的试金石兼绊脚石。阖闾三年（公元前512年），伍子胥、伯嚭、孙武三人奉命率军攻楚，取得了小规模胜利，攻下了一座边城，并生擒了吴国投降楚国的两位公子。吴王阖闾此时失去了当年他作为公子光时的冷静沉着，力主乘胜追击，进军楚国国都。孙武谏言说以吴国国力想要灭楚尚且不逮，国内百姓疲于战争。而灭楚必然要组织大规模会战，消耗大量物力，对吴国而言，也要承担很大风险，不如暂退以图后进。阖闾同意了。

吴国的脚步不会停止。南方的越国、西边的楚国，屡屡成为其练兵的对象。吴国也在一次次胜利中壮大国力、积累经验、提升自信。

终于，阖闾九年（公元前506年），吴王下定了和楚国决战的决心。而伍子胥，也等到了大仇得报的机会。此时，距离伍子胥出逃楚国已逾十六年。

伍子胥、孙武意见一致，认为应当联合此前深受令尹子常侮辱的唐、蔡二国，以为助力。唐成公、蔡昭侯欣然率军助拳，三国联军浩浩荡荡杀奔楚国。

作为主力的吴军在豫章与楚军夹汉水对峙。吴国方面自然是伍子胥、孙武领兵；楚国方面主要由令尹子常和左司马戌带队。左司马戌根据形势，建议楚军兵分两路，他本人率一军绕道敌军后方，令尹子常正面冲锋，两相夹击，令敌首尾不能相顾。

子常并没有依计行事，其性格的劣根性再度作祟。出于担忧左司马戌争功的猥琐心态，令尹子常在左司马戌尚未深入敌后之际便下令抢攻，连折三阵，惊惶之下想要逃跑。但手下提醒他只有奋力死战，才能躲过他因为贪图贿赂导致敌寇入侵的罪责，子常只好屡败屡战。

是年十一月，两军再会于柏举。阖闾之弟夫概请命，要求率先出阵，冲击敌军。他认为令尹子常军心已失，只需大胆进击，敌军就会彻底崩溃。吴王出于谨慎考虑，没有答应他的要求。夫概于是带领自己的亲兵在不知会吴王的情况下率先杀了过去，吴王见状只好挥军跟进，毁灭了楚国军队的主力。令尹子常从乱军中逃出，投奔郑国去了。随后，吴军又在清发围杀楚军余部，连战连胜。楚军又累又饿，疲于奔命。左司马戌率军拼死顽抗，部队渐渐凋零，独木难支。左司马戌本人身负重伤，不愿遭俘受辱，以自尽的方式结束了自己的生命。

吴军最终攻破了楚国都城郢。楚昭王只好踏上逃难的旅程，一路凄惶，在吴军的包围中穿梭横行。在云梦泽又遭到袭击，最终来到郧地。然而，楚平王与郧公有杀父之仇，此番楚昭王可谓自投罗网。郧公的弟弟急欲杀死楚昭王以告慰父亲的在天之灵。郧公害怕徒增事端，阻止了弟弟，并将楚昭王送到了随人的地盘。吴军尾随而至，提醒随人回忆起当年楚国剿灭汉水一带各个小国的暴行，随人于是也想杀死楚昭王。

楚昭王的哥哥子綦与昭王相貌相若，挺身而出，伪装成楚昭王的样子，要求随人将自己交给吴军，换取楚昭王的安全。随人对此犹豫不决，因为当年楚国虽然吞并了他们，但是实际上并没有彻底剿灭，反倒是颇多恩遇，令其自治至今。随人实际上与楚国没有深仇大恨。经过了一番占卜求问，随人认为就这样把楚昭王交出去会招致不祥。于是拒绝了吴人的要求，将楚昭王收留了下来。

伍子胥终于实现了自己的夙愿。再一次站在了郢城的高墙之上。让他颇感遗憾的事情有两点：一是楚平王已经死了，他无法享受到手刃仇人的快感；二是楚昭王逃跑，自己无法把满腔恨意发泄在平王的后人身上。不过对于伍子胥而言，这已经不再重要，重要的是他忍辱负重多年，终于等到了熬出头的这一天，成为最后的赢家。他把楚平王的尸体从其祖坟中挖出来，狠狠地鞭笞了三百下，算是告慰了父兄的在天之灵。

矮个子的大事业

春秋中期，战乱不断。曾为联盟盟主的晋国想要向齐国发起攻击。在此之前，晋国为了能够更详尽地掌握齐国的情况，派大夫范昭来到齐国都城。齐景公设宴款待范昭，酒过三巡，菜过五味，范昭借着醉意让齐景公为他敬一杯酒。齐景公命旁边的侍从将自己用过的杯子倒满酒，递给范昭，范昭接过一饮而尽。

这一幕被齐国大臣晏婴看在眼里。当范昭喝完酒，晏婴立马大声喊道："赶快将这个杯子扔了！君臣之间岂能互换杯子，这不合乎礼节，这是对我主极大的不敬！"范昭之所以这么做确实是为了试探齐国人的反应，没想到这点阴谋诡计还是让晏婴识破了。

范昭回国之后，向晋平公汇报，认为目前还不是攻打齐国的最好时机。齐国有晏婴这样聪慧的贤臣，如果贸然出兵，不会有必胜的把握。晋平公权衡再三，觉得范昭说得有道理，便放弃了进攻齐国的打算。这便是"折冲樽俎"的典故。

晏婴的外交智慧远不止这些。一次出访楚国，晏婴走进安排的馆驿之后，和前来迎接的楚国大臣展开了激烈的辩论。楚国下大夫率先向晏婴发难："我有一事不明，齐国建国以来兵甲数万，富甲一方，成为谁都不可小视的大国。但为何只有齐桓公的时候称霸中原一时，现如今却不能领导各路诸侯了呢？我觉得以晏相国您的才智，再让齐国崛起实在是绰绰有余。可是如今却反倒和我们楚国结盟，我实在是不理解。"

晏婴回答说："识时务者为俊杰。自从周朝天子被架空之后，各诸侯国连年征战，我齐国之所以能够称霸于中原地区，天意为主，人为因素次之。况且晋文公如此雄才大略之人也有过逃亡的经历；秦穆公在西戎称雄，国力盛极一时，可惜其后代没有文韬武略之人，国力也就日渐衰弱。

"你们楚国，楚庄王之后经常受到吴国和晋国的骚扰，常年被战争拖累。难道只有我们齐国积弱不成？今日与你们楚国结盟，只是出于邻国友好往来的目的。你作为楚国的大臣，怎么会问出如此没有水准的问题？"

楚国下大夫哑口无言。上大夫此时又不服气地质问道："齐国内乱不断，许多大臣为君而死。可是您作为堂堂的相国，既不讨伐乱臣贼子，也不为君王殉国明志。您难道就不觉得愧不可当吗？"

晏婴厉声反驳道："这些都是小节，成大事者不能拘泥于小节。为君主舍命，首先君主得是为国家社稷而死，如果君主是一个昏庸荒淫之人，做大臣的为何要为其而死？在我看来，那些死的人愚蠢之极。我之所以不动声色，并非因为我贪图权位，而是为了留下来迎接新君明主。如果每个人都离开了朝廷，谁来辅佐新君，谁来振兴国家？内乱任何国家都发生过，你们楚国难道没有吗？"

楚国上大夫无话可说，这时候又有人出来说道："自古经天纬地之人都是仪表堂堂，可是晏相国你的身材矮小瘦弱，只是一个耍嘴皮子的说客，没有真本事。这种欺世盗名的事情你不觉得可耻吗？"

"锤小而重千金，桨长而被水淹，商纣王仪表堂堂却是亡国之君。我虽然没有高于他们的本事，很惭愧职于相位，我也不是和你争口舌之利，你问我问题，难道让我闭不作声吗？"

晏婴接二连三的回答都令对方无所适从。晏婴头脑灵活、能言善辩，是一名出色的外交家。在朝廷之内，晏婴则是一位仁臣，他屡次向齐国国君进谏，辅佐君主管理朝政。齐灵公、齐庄公、齐景公都非常信任他。

晏婴生活简朴。饮食以粗茶淡饭为主，穿的都是"缁布之衣"，住所十分简陋，乃是"近市湫隘嚣尘，不可以居"之所。

晏婴生性乐观，淡泊名利，对死亡态度漠然。他认为人总是要死的，所以能在有限的时间里为国家社稷、黎民百姓多做一些事情，是非常有意义的。

报仇其实不难

吴王阖闾在征讨越国的战争中负伤而亡。他在临死前，特意嘱咐儿子夫差不要忘记这个屈辱，要替他报仇。后来，夫差继承了王位，成为新的吴王。他命人站在庭院中，自己每天路过庭院之时，就得向他喊话："夫差！尔忘越王之杀尔父乎？"吴王夫差听后便回答说："唯，不敢忘！"吴王夫差就是以这样的方式时刻提醒自己不能忘记杀父之仇。

当上了吴王的夫差，任用伍子胥为相国，命大夫伯嚭为太宰，积极发展国力，扩大生产，增强兵力。在吴王夫差继位两年后，越王勾践想要在吴国出兵攻打越国之前，率先出兵征讨吴国。但是，越王勾践手下的重臣范蠡劝谏说："国家有持盈、定倾、节事三件大事。"越王勾践便问范蠡说："这三者对国家有什么作用呢？"

于是范蠡继续说道："持盈者，在于天；定倾者，在于人；节事者，在于地。您如果不问，臣不敢随便说。天之道虽然盈满却不会溢出，虽然盛大却从不骄矜，运作繁忙而不会炫耀功劳。圣人随时准备采取行动，这就是守时；天时不到，就不能到别人那里去做客。人事没有机缘，就不要开始做事。

"现在君王你未盈而溢，未盛而骄，不劳而矜其功，时机不到却要先进攻其他国家，机缘未生却要挑起事端，这是天时不利、人事不合。您这样做，会不利于国家的发展和您自己的命运。"然而越王勾践并不听劝。范蠡只好再苦谏说："勇猛，是不好的道德；兵器，是不祥的器物；争斗，乃是解决事情的最下策略。暗中策划，争勇好斗，是由人引起，最后人也因此而亡。这种事情是违背天意的，谁先行此事就对谁最为不利。"越王勾践则坚决地说："不用再多说了，我的主意已定。"

于是，越王勾践率先发兵伐吴。吴王夫差则抓住时机，派出所有精兵，与越军大战。吴越双方在水上进行大战，越军被打败。越王勾践带领残兵败将五千人，逃到了会稽山，被吴军团团包围。在此种状况之下，越王勾践召见范蠡问道："当初我没有听从你的意见，以至于落到今天这种下场，现在还有什么办法吗？"范蠡回答说："君王忘了我说过的话了吗？持盈者，在于天；定倾者，在于人；节事者，在于地。"

越王勾践赶紧又问道："那么对于人该怎么做呢？"范蠡则说："卑身请降，献上厚礼。将子女玉帛一切珍宝都献给吴王。如此还不行，就请您亲身为质，亲自侍奉吴王。"越王勾践说："好吧。"于是越王派大夫文种去吴国求和。

文种到了吴军大帐之后，毕恭毕敬地请求说："越国愿意把士大夫女儿嫁于吴国，并附送上奇珍异宝，请求两国讲和。"吴王当即否决。文种随后又用非常谦恭的语气说："陛下的亡国之臣勾践请求做您的奴仆，妻子做您的奴婢，并将国家献给您。"吴王夫差听后准备答应，而伍子胥则急忙劝阻道："大王不能答应，如今上天已经将越国赐给了您，不可养痈遗患。"

文种回到会稽山上，向越王勾践说明了事情的经过。越王勾践盛怒之下，准备杀掉妻子，烧掉宝物，与吴军拼死一战。文种则急忙劝阻道："我听说吴国的太宰伯嚭是个贪婪爱财之人，不妨送给他美女和宝物来收买，让他帮我们在吴王面前多说说好话。"越王勾践无奈之下也只有此法，于是让文种带着美女和财宝去送给了伯嚭。伯嚭见到了文种带来的礼物后，非常高兴，并欣然接受。随后，伯嚭就带领文种去见了吴王夫差。

文种见到吴王后，立即下跪，并说道："请大王饶恕勾践吧，勾践愿意向您称臣，把国家和一切财富都献给您。如果您不同意，勾践只有杀掉妻子、毁掉所有的财宝，与您死战。那样大王您不仅得不到好处，反而还会损兵折将。"正在夫差犹豫之际，伯嚭则插嘴说："既然勾践投降称臣了，不如就赦免了他，这对您也有好处。"

吴王正准备答应的时候，伍子胥又进言说："大王还记得少康中兴的故事吗？现在吴国不如当时的过氏那样强大，而勾践却比少康更有野心，有作为，如果现在不趁着大胜之威一举消灭越国，以后一定会后悔。何况勾践手下还有文种、范蠡这样的贤能之臣，如果让他们返回越国，将来也必定生乱。"可是，吴王最终还是没有听信伍子胥的话。贪财的伯嚭还因为妒忌伍子胥的功劳，于是竭力怂恿吴王夫差接受越国的请降。最后，吴国接受了越国的降服，越国也成为吴国的附属国。

接受了越国降服的吴王夫差对勾践并不放心。于是，吴王夫差便把勾践和范蠡留在了身边当作奴役。时间久了，吴王夫差看到他们甘心做奴役，而且也看不出有反抗之心，同时又在伯嚭的劝说之下，便将勾践和范蠡放回了越国。吴国在吴王夫差的经营之下，国力逐渐强盛，而在吴国降服了越国之后，吴国的实力更是达到了鼎盛。吴王夫差因此逐渐骄横起来，放松了对越国的警惕，开始一心专注于争霸中原的伟业。

卧薪尝胆，十年生聚

　　越王勾践回到越国重执王政之后，小心翼翼，如履薄冰，生活上也简单朴素，从不奢侈。越王勾践想着要向吴国复仇，但又不是一朝一夕可以完成的。所以勾践苦心劳身，夜以继日。眼睛累了就用蓼激它，脚冷就再浸上冷水；冬天抱着冰，夏天则握着火。勾践愁心苦志，还在屋中悬了苦胆，进出都要尝尝这苦胆的滋味，其苦味一直不绝于口。

　　勾践除了"卧薪尝胆"外，还亲自耕种，夫人纺织，食不加肉，衣不饰文，生活极其俭朴，如同普通百姓一般生活。同时，他还节约越国的各项开支，着力采用富国强兵的政策。

　　首先，发展生产，繁殖人口。勾践提倡人们努力劳作，并减轻赋税，逐渐做到了"民俱有三年之食"。同时，鼓励适龄男女结婚，违者受罚。这种政策极大地刺激了越国的人口增长。此外，越王勾践还对鳏寡孤独者给予特别的照顾。同时放宽了刑罚，收揽人心，使越国逐渐变得社会安定，人民富足。

　　其次，越王积极整顿内政，引进人才。勾践在手下两个重要谋臣文种和范蠡的辅助下，建立了招贤纳士的新机制，招揽来四方能人，并因材而用。使得越国的政治、经济和文化等领域都可以高效运转，为越国的强盛提供了一个有利的政治环境。

　　最后，越王勾践加强了越国的军事建设与军队训练。此一时期，越国施行了安闾里这样的行政组织为单位征兵，并利用越国特有的冶金技术，锻造了大量的强弓利剑，为战争做准备。此外，越国还训练出"习流"水军，并且一方面对士兵严刑教育，另一方面又重赏勇于听命和乐于建功的士卒。同时，越王还重建了城郭，增强了国防。

以上这些，就是历史上有名的"十年生聚，十年教训"。越国正是在勾践的励精图治下，逐渐走出低谷，开始复兴。然而，越国以这样的实力还不足以战胜吴国，越国卓有成效的外交战略也应该是这二十年中，越国复兴的重要原因。

面对吴国，越国采取了以退为进的策略。

一方面，在国内养精蓄锐，对吴示弱，不露声色。越王勾践曾想趁吴国北上连年征战、士兵伤亡较多、国力疲乏之机，进攻吴国，以报亡国之耻。越国大夫逢同规劝越王说："越国刚刚有点殷实富裕，如果我们现在整顿军备进攻吴国的话，还不一定能一举攻下吴国，反而使吴国看到了我们的实力。吴国害怕之余，一定又会把注意力放到越国，那时越国就要遭殃了。

"况且，凶猛的飞鸟在攻袭目标之前，一定要隐藏好它的形体，然后抓住机会突然进攻。现在吴国正准备伐齐与晋，同时又和楚国、越国结下了很深的仇怨，吴国的名声也妨害了周王室的威信。道德少而武功多，一定会骄傲自大。对越国而言，不如结交齐国，亲近楚国，依附晋国，厚待吴国。吴国必然轻易发动战争，那时我们就联络这些国家，让它们一同进攻吴国，然后我们再趁吴国的疲惫之机，一举消灭吴国。"越王勾践听了逢同的话，表示赞同，于是放缓了伐吴的计划。

另一方面，越国开始依照逢同的战略开始不断贿赂吴国，助长吴王的骄奢淫逸。越国给吴王送去了玉帛珍馐、贵材大木、美女西施与郑旦，并设法不断消耗吴国的民力与财力，加深吴王手下重臣伯嚭与伍子胥的矛盾。同时，越国还积极联络齐、楚、晋三国，力求三国能够联合伐吴。由于文种、范蠡等越国臣子都是来自楚国，因而越国与楚国的关系则更加密切。

越王勾践甚至在吴王伐齐时，率群臣入吴朝贺，这更助长了吴王称霸的野心。吴国的国力在这种争霸中不断消耗，几近殆尽，于是越国大夫文种看准时机，向越王勾践提议，向吴国借粮，以探吴王对越国的态度。吴王夫差不听伍子胥的劝告，把粮食借给了越国，足见吴王的自满与骄纵。在这种情形下，越国更是大胆地谋划灭吴方略，随时准备给吴国致命一击。

越王勾践凭借二十年的苦心经营，使越国逐渐强盛起来。其正确的治国之道，让越国国富民强，可用之兵取之无数。越王勾践之所以能够取得这样的成就，一方面是受其坚定的意志影响，立志复仇使他可以接受任何有价值的建议；另一方面，跟随勾践左右的范蠡、文种等重要谋臣为其出谋划策，使得越王勾践可以做出正确的决策。可以说，越王勾践的成功主要就是基于以上两点，最终成就了"勾践灭吴"的伟业，成为春秋时期最后一个霸主。

范蠡与文种的结局

越王勾践灭掉了吴国之后，在文台之上置备酒宴，大宴群臣，共庆灭吴之功。乐师们也作曲高歌，颂扬勾践灭吴的功德。然而，在欢愉的气氛之中，勾践却毫无喜色。范蠡了解勾践，他这个人只爱土地财物，不吝惜臣民百姓的死活，即使现在亡国之恨已报、国家富强安定，他依然不会满足。

果然，越王勾践杀死了吴国的奸臣伯嚭，稳定了越国的朝局之后，便要求范蠡、文种继续帮他完成称霸中原的伟业。范蠡早已看出越王勾践可以共患难，却难以共安乐，于是给勾践写了一封辞信说："我听闻主上心忧，臣子就应该替主分忧；主上受到屈辱，臣子就该死难。从前在会稽之时，君王受辱，而臣之所以不死，是为了替主报仇雪恨。现在君王已经雪耻，我请求治臣使君王当年在会稽受辱之罪。"

越王勾践看到范蠡的信后，就立即召见他，问道："现在你功高位尊，无所忧患，正是尽享富贵的时候，为何轻言放弃呢？"范蠡则搪塞掩饰，不肯正面回答。勾践则先是泣涕挽留，不成又加以威胁，说："你要是真走了，我就杀了你的妻子！"范蠡早已坚定离开越王之心，软硬不吃，于是对勾践说："君子应该适应形势，有计划而不急于成功，死了也不怕别人猜疑，内心也不觉自欺。我辞退而去，我的妻子又有什么罪过呢？"于是，范蠡毅然而去，泛舟于三江五湖之上。据说，越王勾践在范蠡走后，封给他妻子土地，还铸了他的金像，立于座右，以显示不忘旧故，并早晚相与论政。

范蠡只对其家人说出了离开越王的真正原因。他说："盛名之下，其实难久；人不知止，其祸必生。勾践可与共患难，难与同安乐，这样的君主岂能轻信？"他的家人因为不想放弃眼前的荣华，便说道："富贵得来不易，眼下正是再进一步的时候，机不可失啊。"

范蠡长叹一句道："人的一念之差往往决定着生死福祸。若为贪念所系，就悔之不及了。"他带着家人从海路逃到齐国，改名换姓，再创家业。范蠡头脑聪明无比，他经营有方，不长时间，便富甲一方。齐王听说了他的才能，便任他为相。范蠡的想法出乎所有人的预料，他忧心地说："治家能积累千金，居官能升至将相。若不思退，凶险马上就会降临。"

范蠡退回了相印,决定散尽家财远走。他的家人苦劝不止,便说:"这是我们辛劳所得,不贪不占,为何要白白送给别人呢?"范蠡说:"人贫我富,人无我有,若只取不施,恃富不仁,何不放弃呢?"他把家财分给好友,来到陶邑过着隐居生活。

初到陶邑,范蠡不顾家人的埋怨,自觉无比快乐。时间一长,范蠡又思治业大计。他的家人带有怨气地说:"人人思富,个个求财,你富不珍惜,口言钱财无用,今日何必再言此事?钱财有那么好赚吗?"

范蠡轻松一笑说:"穷富之别,在乎心也。只要有心,钱财取之何难?"范蠡认为陶邑位于天下的中心,四通八达,正是交易的好地方,他于是以经商为业,求取利润。范蠡的经商谋略也是超群的,没用多久就又积聚了巨万资财,成了当地首富,号称"陶朱公"。

范蠡在将要离开越国之前,曾经找过文种。范蠡对文种说:"越王将来是会诛杀你的,你也应该随我一样,及时退隐。"但是文种不以为然,不相信越王会杀他。后来,范蠡还写信给文种,跟他讲:"飞鸟射杀完了,好弓就要被收起来;狡猾的兔子猎杀光了,猎狗也就要被烹杀了。越王的脖子很长,嘴尖得跟鸟嘴一样,如此相貌只能够共患难,而不可以共享乐,你为什么还不离开呢?"范蠡不管如何苦口婆心、忠言逆耳,文种却怎样都不相信。

自从范蠡辞别以后,一批以前的越国旧臣也纷纷离开朝堂,留下的大多渐渐疏远勾践。文种见形势不好,便常常称病不朝,怠慢朝政。果然,有人向勾践进谗言,说大夫文种功高盖主、傲慢无礼,背后又暗地里结党营私、意图谋反等。

尽管文种向勾践百般解释，但是勾践却一直不信任文种。终于有一天，越王勾践将一把宝剑赐给文种，命令道："你曾经教给寡人七种打败吴国的计策，寡人只用了其中三种就攻下了吴国，你就带着剩下的四种计策去替死去的先王出谋划策吧。"文种此时方才醒悟范蠡的劝告，但为时已晚。文种只能对天哀叹道："身为楚国南阳之宰，终为越王之罪囚。后世忠良，定要以我为鉴啊！"说完，愤然持剑自尽。

范蠡能够急流勇退，果断舍弃那些不能长期拥有的身外之物，从而保住了性命。而大夫文种不听范蠡的劝告，贪恋权位，对越王勾践的残忍和胸怀认识不足，最后落得赐剑自刎。

一骑青牛翩然游世

老子是我国古代春秋时期思想家、道家学派的创始人，有关他的生平事迹已难详考。

根据《史记》的记载，老子姓李，名耳，字聃，是楚国苦县厉乡曲仁里（今河南鹿邑）人。而且他曾经在周朝做过"守藏室之史"，即主管王室藏书的史官。据说老子年幼时聪颖好学，曾经师从精通礼乐的商容大夫，后来在老师的推荐下来到东周的首都洛邑求学，并进入周天子保存典籍文献的守藏室工作。守藏室中保存着天下各国进献给周天子的图书典籍。在这里，老子博览群书、用功学习，学问越来越渊博，见解也越来越深刻。

经过多年的学习和工作，老子不仅熟谙典章制度，对政治上的兴亡治乱也多有见闻。慢慢地，老子的名声传扬在外，连来洛邑游学的孔子也打算向他请教关于礼制的知识。

孔子非常看重礼制，讲究克己复礼，因此想到周朝都城洛邑去"观先王之制"，到礼乐制度的源头去进行实地考察。正好孔子的弟子南宫敬叔是鲁国的贵族，于是孔子便托南宫敬叔向鲁君报告此事，并申请经费和车马人手。见南宫敬叔亲自来求，鲁君很爽快地答应了。为孔子的周都之行提供一车二马一童一御，孔子便在南宫敬叔的陪同下来到了周朝的都城洛邑。

在洛邑，孔子见到了自己仰慕已久的学者老子。并在他的带领下拜访了大夫苌弘，又参观了祭祀神明的明堂和祭祀先王的宗庙，还将守藏室中保存的几种珍本、孤本展示给孔子看。

老子引导孔子在洛邑游历了一番以后，孔子便带着随行的弟子专程去拜访老子，诚恳地向他请教"礼"的学问。老子听了孔子的问题之后微笑不语，只是张开了嘴巴问："你看我这些牙齿如何？"孔子师徒莫名其妙地看了看老子七零八落的牙齿，不知何意。随后，老子又伸出舌头问："那么，我这舌头呢？"孔子又仔细看了看老子的舌头，灵光乍现，醍醐灌顶。孔子顿悟，微笑着答道："先生学识渊博，果然名不虚传！"然后告辞离去。

弟子子路却疑云重重，不得释然。颜回问其何故，子路说："我们大老远跑到洛阳，原本想求学于老子，没想到他什么也不肯教给我们，只让看了看他的嘴巴，这也太无礼了吧？"颜回答道："我们这次来不枉此行，老子先生传授了我们别处学不来的大智慧。他张开嘴让我们看他的牙齿，意在告诉我们：牙齿虽硬，但是上下碰磨久了，也难免残缺不全；他又让我们看他的舌头，意思是说：舌头虽软，但能以柔克刚，所以至今完整无缺。"子路听后恍然大悟。

颜回继续说道："这恰如征途中的流水，虽然柔软，但面对挡道的山石，它却能穿山破石，最终把山石都抛在身后；穿行的风虽然虚无，但它发起脾气来，也能撼倒大树，把它连根拔起……"孔子听后称赞说："颜回果然窥一斑而知全豹，闻一言而通万里呀！"

孔子准备离开洛邑的时候，老子前来送行。他对孔子说："吾闻之，富贵者送人以财，仁义者送人以言。吾不富不贵，无财以送汝，愿以数言相送。当今之世，聪明而深察者，大多难以保全性命，原因就在于他们好讥讽别人的缺点和过失；善辩而通达者，之所以常常招来祸端，是因为他们好张扬别人的罪恶。为人之子，勿以己为高；为人之臣，勿以己为上，望汝切记。"孔子听了连声称是，谨记于心。

回到鲁国以后，孔子的学生们请他讲解从老子那里学到的知识，孔子面露欣羡之色，动情地说："老子博古通今，通礼乐之源，明道德之归，确实是我的好老师。"见弟子们注视着自己等待下文，孔子又说："鸟，吾知其能飞；鱼，吾知其能游；兽，吾知其能走。走者可以为罔，游者可以为纶，飞者可以为矰。至于龙，吾不能知其乘风云而上天。吾今日见老子，其犹龙邪！"

周敬王三年（公元前517年），周王室发生内乱。老子早已预见周大势已去，决定离宫归隐。他骑着一头青牛，只身前往西域。要到西域去，必须经过一个关口，即函谷关。两座高耸入云的山峰对峙，中间有一条深险波折的羊肠小道。

一日，守关的长官尹喜到城头瞭望，见辽阔碧空中一团紫气自东冉冉而来，便料定今日必会有圣人到来。尹喜是个好学之人，希望能问道于圣人，于是派人清扫道路四十里，夹道焚香，以迎圣人。果然，没过多久，他在关上远望，看见一个人骑着青牛缓缓而来，风度非凡，细看原来是老子。

尹喜亲自打开城楼上的大厅，请老子坐下，端茶倒水，忙个不停。老子不卑不亢地坐下，朝窗外一望，只见黄土高原延伸到天际，苍苍茫茫，没有尽头。函谷关地势险要，路上人来车往，一目了然。

尹喜恭敬地对老子说："我仰慕您的道德学问，想拜您老为师。"老子说道："我已老了，腹中空空，没有什么学问，怎么好意思开口教人呢？"尹喜见他推脱，便很客气地告诉老子，要想出关，必须出示官方的通关文书。老子本是辞官归隐之人，自然没有什么通关文书，顿时十分为难。

尹喜见状，忙殷勤地说："如果您能将您的学问道理著录下来传给我，弟子自然放老师出关。"老子无法，只好接过尹喜递上的笔，一口气在竹简上洋洋洒洒写下了约五千个字，这就是后世称为《老子》的一部书。因为这部书上篇开卷谈"道"，下篇首章谈"德"，所以又称《道德经》。尹喜拿起老子写好的书稿，认真拜读，最后决定放弃官职，与老子一同出走西域。从此以后，老子飘然远去，不知所踪，消失于历史茫茫的烟尘之中。

《道德经》是老子的代表作，分《道经》和《德经》两篇，是我国现存的第一部完整的哲学著作。这部书在春秋时期被称作《老子》，道教兴起以后被尊为经典，故而被称为《道德经》。因为这本书只有约五千字，所以又被称为《五千言》或《老子五千文》。这本书共八十一章，字数虽少，却蕴涵了丰富的哲学内容，有朴素的辩证法思想，成为道家哲学思想的重要来源。

《道德经》中蕴含着老子的政治理想，他提出的"无为而治"观点是历代道家学说的主要内容。"无为而治"主要是针对政治上的"有为"而言的。在老子看来，"有为"政治带来的祸害非常严重。防禁越多，人民越陷入贫困；法令越森严，盗贼越增加。统治者征收大量赋税，造成人民饥饿；统治者越是强作妄为，人民越是难以心服口服。

尽管老子一生没有带兵打过仗，《老子》一书中也没有明确提及任何作战理论，但是《道德经》中阐述了宇宙中万事万物的基本原理，它的哲学思想适用于任何领域中。

"仁"字为先

孔子名丘，字仲尼，鲁国陬邑（今山东曲阜）人，生活在春秋晚期。当时中原各国的政权被卿大夫占据，进而又落入大夫的家臣手中。各国因权力争夺而爆发的内乱此起彼伏。晋国在卿大夫的把持下，常常向东方挑起战端，而南方又有残暴好杀的楚灵王屡次北侵。鲁国是既小又弱的国家，而且又靠近大国齐国，地位十分尴尬：如果依附楚国，则会得罪晋国；如果依附晋国，楚国就会前来讨伐；如果稍稍放松对齐国的防备，齐国就会侵犯鲁国的领土。

就是在这种情况下，孔子踏入了仕途。孔子的第一份职位是委吏，也就是主管仓库的小吏，后来又做过主管畜牧的小吏。可以说孔子官场生涯的起点并不高。不过，机会在他三十岁的时候悄然到来。

鲁昭公二十年（公元前522年），齐景公与晏婴到鲁国来访问。此时孔子在鲁国已经颇有声望，还收了不少弟子。齐景公听说了孔子之名，便特地向孔子询问治国之道，并举出秦国的例子问："昔秦穆公国小处辟，其霸何也？"孔子说："秦国虽然是小国，但国君胸怀大志，虽然地处偏僻，但行事方正，善用人才。秦穆公与百里奚倾谈三日，听取为政的道理。有了这样的国君，取天下也不是不可以，称霸只是太小的成果了。"齐景公听了觉得很有道理，便对这个颇有见地、思想深远的鲁国年轻人留下了很好的印象。

几年以后，鲁国掌握大权的三家卿大夫联合起来攻打鲁昭公。鲁昭公溃败，于是逃到了齐国，齐景公便将鲁昭公安置在乾侯邑。此时鲁国政局一片混乱，孔子也逃到齐国避难，并且投奔在齐国大夫高昭子门下做家臣，希望能通过他面见曾经赞赏自己的齐景公。

不久之后，齐景公果然召见了孔子，并且向他询问如何为政。孔子很爽快地回答："君君，臣臣，父父，子子。"当时齐国大权正被大夫田常所把持，齐景公正苦恼于这种君不君臣不臣的情况，听了孔子此言十分赞同："您说得是，如果君不君，臣不臣，父不父，子不子，就算有食物，我也吃不到啊！"

过了几天，齐景公又向孔子问政。孔子说："为政之道关键在于节财。"齐景公便想以尼溪田封孔子，却被晏婴劝阻了。晏婴认为儒家学说华而不实，既不能教导别人为臣下的道理，也不适合教化风俗，更不应该用以治国。于是齐景公之后会见孔子，就不再询问孔子擅长的礼制学问了。

过了几天，齐景公对孔子说："我没办法给予你像季氏在鲁国那样尊崇的地位，不过我可以给你像鲁国的孟氏那样的地位。"鲁国有三卿，其中季氏是上卿，地位最为尊贵，而孟氏是下卿，没有实权。即便如此，孔子身为初来乍到的异国人，竟然能在齐国得到下卿的地位，还是引起了齐国大夫的嫉妒。他们打算联合起来陷害孔子，孔子听说了此事，便向齐景公求助。齐景公叹息了一声说："我老了，不能任用您的大才了。"孔子听了这话，只好离开齐国，返回鲁国去了。

由于孔子在齐国很受齐景公的器重，因此他在各国间的名声越来越响，鲁国的当权者也逐渐注意到了他。几年以后，鲁定公将孔子任命为中都宰。孔子的工作很有成效。一年以后，各国都来效法他的做法。因此，不久以后孔子就升任了司空，后来又升为大司寇。此时的孔子已过知天命之年。

当时南方的吴国实力强盛，有北伐中原、称霸诸侯之意。为了抵御吴国的威胁，齐国联络诸侯，并邀请鲁定公到齐鲁交界的夹谷进行会盟。齐国大夫黎鉏对齐景公说："鲁国重用孔丘，恐怕将要大发展了，到时候一定会威胁到齐国。"于是齐景公便打算在这次会盟上试探鲁国的态度。

会盟时间临近，鲁定公打算乘车前往，并且带孔子一同与会。孔子说："臣听说有文事者必有武备，有武事者必有文备。古代诸侯离开自己的国土，必定带着官员随从。请您带上左右司马，保护您的安全。"鲁定公觉得有理，便带上了左右司马，让他们各自率领五百乘战车远远跟随护卫，同时还让大夫兹无还率领三百乘战车埋伏在夹谷附近候命。

鲁定公一行到达齐国以后，双方依礼相见，共同登上盟台。齐国的司仪上前奏报："请奏四方之乐。"于是便有齐国的莱人舞者佩戴羽毛饰品，手执兵刃，敲着鼓，大声喊叫而来。这时齐国大夫黎鉏对齐景公说："孔丘知礼而无勇。如果命莱人趁乐舞之机劫持鲁定公，就可以使鲁国对我们有求必应了。"齐景公便悄悄命令舞者趁乱劫持鲁定公。

孔子见事态不对，急忙护着鲁定公后退，并召来鲁国的兵士护卫，然后质问齐国方面说："如今不是当年齐国称霸诸侯的时代了。齐鲁两国的国君在此友好会盟，为什么奏这样的夷狄之乐，还派俘虏的夷人携兵刃乱舞？这样做于神为不祥，于德为愆义，于人为失礼。这样做贵国也不能认同吧？"

齐景公见孔子防护严密，舞者不能得手，便命令他们退下。不一会儿，齐国司仪又上前请示："请奏宫中之乐。"于是又命一群侏儒和倡优出来演出。孔子愤怒地指责齐国人："这些人来惑乱视听、侮辱诸侯，其罪当诛！"于是便命人将一众表演者处死。齐景公十分害怕，知道自己做事没有鲁国那样光明磊落。回国以后便责备群臣："鲁国的大夫以君子之道辅佐国君，而你们却用夷狄之道来教我，导致我得罪了鲁国国君，现在如何是好？"有大臣建议将以前齐国从鲁国侵夺的郓、汶阳、龟阴三处土地还给鲁国，作为赔罪。鲁国收回了这些失地之后特地在此建城，来表彰孔子的功劳。

出外游学不容易

后来，鲁国内部三家专权，为抑制其势力，孔子向鲁定公提出"堕三都"的主张，未果。这一失败给孔子带来沉重的打击。此时的鲁国，鲁君怠政、季氏干政，孔子意识到其政治理想已无法在鲁国实现。无奈之下，他不得不离开鲁国，开始了长达十四年周游列国的生涯。

孔子和其弟子们到达的第一站是卫国。此时正是卫灵公在位期间，由于治理得当，卫国颇有些太平景象。

在卫国，孔子得到了很高的礼遇。然而好景不长，卫灵公听信他人挑拨，派公孙余假去监视孔子，孔子"恐获罪焉"。于是在卫国居住十个月后，黯然离开，这是他第一次离开卫国。

从卫国出来后，孔子带着弟子们到达匡地，没想到在此遇到了麻烦。匡人曾被阳虎侵略过，因为孔子与阳虎长得有些相似，所以匡人把他当成阳虎围了起来。被围困整整五天后，孔子一行人才得以离开。之后，孔子等人到达蒲地。一个多月后，他们再次回到卫国。

这时，卫灵公宠爱的南子夫人派人来转告孔子，要求他一定要去见见南子夫人。虽然孔子十分不情愿，但还是去拜见她了。这一次的见面并不愉快，孔子对南子夫人的印象就更差了。并且，此时的卫灵公贪于享乐，过分宠溺南子夫人，这些都令孔子感到厌恶。因而在卫国待了一个多月后，孔子再次离开，动身前往曹国，这一年恰逢鲁定公去世。

孔子等人并未在曹国过多停留。之后他们来到宋国。在这里，孔子遇到了一个不小的麻烦。他们刚在一棵大树下演习礼仪，宋国的司马桓魋就因旧怨而把树砍掉了。为免遭迫害，孔子只好逃往郑国。

到达郑国后，孔子不慎与弟子们走散，他只好站在城东门发呆。与此同时，子贡等人正在心急火燎地寻找着孔子。一个郑国人告诉子贡："东门有一个人，他的额头像尧，他的脖子像皋陶，他的肩膀像子产，然而自腰以下还不到禹的三寸。憔悴颓废的样子好像一条丧家之犬。"子贡到东门一看，果然是自己的老师。子贡将郑国人的话如实告诉了孔子。孔子欣然笑道："外形上的描写不一定正确，然而说我像丧家之犬，是这样的！是这样的！"

从郑国离开后，孔子等人来到了陈国，一住就是三年。陈国君王非常赞赏博学多识的孔子，并向他请教了许多典故。然而此时陈国兵力微弱，时不时就遭到吴、楚等大国的骚扰和进攻，孔子所宣扬的

"仁""礼"并不能起到扭转局势的作用。因而，孔子只好带着弟子们离开风雨飘摇的陈国，前往蔡国。

楚王听说孔子是个有智慧、有德行的人，在听说他已经到了陈、蔡交界处后，便决定派人去聘请孔子。当时的楚国是个大国，孔子觉得如果能借着楚国的影响将自己的学说发扬光大，无疑是件好事。于是，他欣然答应了楚王的邀请。

就在孔子收拾停当，准备和弟子踏上去楚国的道路之际，陈、蔡两国的大夫们聚在一起动起了歪脑筋。他们说："孔子是贤能的人。他在这里已经住了三年，我们的所作所为都不合他宣扬的思想。现在楚这样的大国来聘请他，如果他在楚国得到重用，我们这些大夫就危险了。"

于是这些人派兵把孔子和他的弟子们围困在了前不靠村后不靠店的山野之中。几天以后，孔子一行人所带的粮食都已吃完，一些体弱的弟子相继倒下。面对凄凉的场景，孔子并没有改变自己的志向，依然弦歌不辍。大家都劝孔子不要再去楚国了，早点打道回府就不会挨饿受冻。子路语带嘲讽地对孔子说："君子也有穷厄的时候吗？"

孔子说："君子穷厄是很正常的事情。难道我们因为穷厄就放弃我们的理想，就不去推行我们的道吗？君子能修其道，却不一定能为世俗所容。看来你的志向并不远大呀！"

孔子又问颜回："诗云'匪兕匪虎，率彼旷野'。难道我的道不对吗？为什么我会到这个地步呢？"颜回说："夫子推行您的道就是了，天下不容，又有什么关系呢？道不修而遇穷途就放弃，就是我的耻辱。"

孔子为了宣扬自己的道德理想，虽在陈、蔡之间被困多日，但依然不改其志，没有放弃去楚国的打算。后来，楚昭王兴师来迎孔子，结束了陈蔡之厄。

孔子到了楚国后，本以为这回终于能好好宣扬自己的政治主张了，并且楚王也"欲以书社之地封孔子"。没想到却因令尹子西的反对而搁浅了。受挫后的孔子无奈之下只好再次回到卫国。过了几年，在其弟子冉求的努力下，孔子被迎回鲁国，也由此结束了他为期十四年的羁旅生涯。

孔子周游列国，行程数千里，历尽艰难，四处碰壁，但他始终能保持自信，不动摇其政治主张。

回到鲁国后的孔子，仍是被执政者敬而不用。孔子也意识到自己年事已高，已无法在政治上有大作为。因而他在教育学生之余，还进行古代文献的整理和删定。相传，《诗》《书》《礼》《易》《春秋》等都是由孔子整理而成的。

战神秘籍

《孙子兵法》是中国历史上一部经典的、影响深远的军事著作。也是世界上现存最古老的兵书，书中充满了很多睿智的战略思想。

《孙子兵法》全文共五千余言，分十三篇。《始计》讲的是庙算，是全书的纲领，即出兵前要比较敌我条件，估算胜负的可能性，并制订作战计划。《作战》主要是战前动员。《谋攻》则强调智取，不能蛮用武力，而要采用各种手段降敌。《军形》《兵势》是讲决定战争胜负的客观因素和主观因素。《虚实》讲的是如何通过分散集结、包围迂回的策略，造成我强敌劣的局面，最后以多胜少。《军争》讲的是如何夺取会战的先机之利。《九变》讲的是将领要随机应变，制订不同的战略战术。《行军》是讲如何在行军中宿营和观察敌情。《地形》则是关于六种不同的作战地形及相应的战术要求。《九地》讲的是"主客"形势下的九种作战环境及其战术要求。《火攻》讲的是进攻中如何巧妙用火。《用间》则是战争过程中间谍的配合使用。

《孙子兵法》是我国古代军事思想和作战经验相结合的天才产物,是古代兵学理论的集大成者。它是我国古代流传下来的最早、最完整、最著名的军事著作,在中国乃至世界军事史上都占有重要的地位。

然而《孙子兵法》的作者是谁,到底是不是吴国将军孙武。这个问题却一直困扰着历史学家。

古籍《商君书》《韩非子》都提到"孙吴之书"是指《孙子兵法》和《吴子兵法》,但没有说明其作者就是孙武。直到《史记》问世,司马迁才明确提出《孙子兵法》为孙武所著。

由于司马迁写作严谨,后世对"《孙子兵法》为孙武所著"的说法深信不疑。但是宋代学者陈振孙、叶适却对此提出质疑:《孙子》真是孙武撰著的吗?历史上是否真有孙武其人?清人姚际恒亦赞同其说,认为《孙子兵法》为伪书。然而《汉书·艺文志》载古兵法有《膑孙子》(孙膑)和《吴孙子》(孙武),将孙膑与孙武其人其著区别清楚,实无可疑。明代宋濂的《诸子辨》、清代的《四库全书总目》等著作认为:太史公是严肃认真的史家,其记事立言,翔实可靠。

此外,史学界还存有一种意见,认为《孙子兵法》是由孙武与其门徒们共同撰著的。这与《论语》的创作方式如出一辙,即孙武讲学授徒,传授军事学术,由其门徒耳受笔录,世代相传,最后在春秋战国期间逐渐地形成了这部丰富的、有比较完整的体系的兵法著作。

孙子与孔子出生在同一个时代,但是面对诸侯纷争,一个选择从内提高自身的修养,用思想教化民众;一个选择从外增强自身的实力，用谋略战胜敌手。因此，后人说，为人学孔子，处世学孙子。

孙子的处世智慧，主要表现在用谋上："运筹帷幄之中，决胜千里之外"，教人掌握未来的不可知；"不战而屈人之兵，善之善者也"，教人用最小的代价取得最大的成果；"故善战者，致人而不致于人"，教人随时把握主动……

由于其深远的影响力，《孙子兵法》迄今已被译成英、法、德、俄等十几种文字，在世界各地广为流传。如今，《孙子兵法》中军事家孙子处理战争的智慧已经被广泛运用于军事、政治、外交等方面，甚至被很多企业家用于企业管理和商场竞争。

思无邪，史上最清纯的诗

《诗经》也称为"诗"或"诗三百"。它是我国第一部诗歌总集，共收录了自西周初期至春秋中叶约五百年的诗歌三百零五篇。它开创了我国古代诗歌创作的现实主义风格，展现了中国周代时期的社会生活，将中国奴隶社会从兴盛到衰败时期的历史面貌呈现在读者面前。

《诗经》"六艺"指的是风、雅、颂、赋、比、兴。

"风"即不同地区的地方音乐。"风"共一百六十篇，主要包括周南、召南、邶风、卫风、王风、魏风、秦风、豳风等，也称为十五国风，大部分是黄河流域的民歌。"风"是《诗经》中文学成就最高的部分，它源于百姓的生活。其中有对美好或哀戚爱情的吟唱，也有表达游子征人对故土、家人的怀恋，更有对剥削压迫的怨叹与愤怒。

"雅"即周王朝直辖地区的音乐。"雅"包括小雅和大雅，共一百零五篇。除《小雅》中有少量民歌外，大部分是贵族文人为祭祀、饮宴等典礼所作的诗歌，内容主要是歌颂先代懿德、祈愿来年丰收等。

"颂"即宗庙祭祀时歌功颂德的舞曲歌辞。《颂》诗又分为《周颂》三十一篇，《鲁颂》四篇，《商颂》五篇，共四十篇。全部都是贵族文人的作品。

所谓赋、比、兴，是《诗经》主要的表现手法。"赋"是对事物直接铺陈叙述，是《诗经》中最基本的表现手法。"比"就是"以彼物比此物"，包括明喻、暗喻等不同手法。"兴"，就是联想，触景生情，因物起兴。这种表现手法在《诗经》乃至大多数中国诗歌中都是比较独特的手法。

在赋、比、兴的交迭作用之下，《诗经》将春秋先民们的生活鲜活地展示在读者面前。在那个天地初立、民心尚未开化的时代，无论下地耕作、上山砍樵，还是虔诚祭祀、合众狩猎，或是远行出征、淇水游玩，都是先民生活的一部分。先民们从不在自恋和自怜中将爱隔绝于现实，而是在原野、山川、河流边，在采摘、砍伐、游乐之中，尽情去享受爱情中的美丽，同时也尽力去承接爱情中的苦恼与伤害。

坚持就是胜利

山西又被人称为"晋"，因为这里在春秋时是晋国的主要领土，是春秋五霸之一晋文公重耳的故乡。然而随着"私门"的壮大，晋君也如同周天子一般，被手下依托家族势力的几个大夫架空，地位江河日下。

最初，晋国内部有六股势力，分别为智氏、韩氏、赵氏、魏氏、范氏、中行氏。六家将晋君排挤得只能缩手缩脚度日，然而由于各自膨胀，边界相抵、摩擦不断，他们之间的矛盾也越发激烈。后来，智、韩、赵、魏四家合力将范氏、中行氏击垮，并瓜分其土地。这其中，以智氏家族最为强大。

既然历史留下的是"三家分晋"的言说，并非"四家分晋"，所以智、韩、赵、魏四家必去其一。照理说，弱肉强食，从历史上"抹去"的应该是韩、赵、魏三家中的一家。若是这样，那么强者益强、弱者益弱，最后的结果不应该是"三家分晋"，而是"智氏篡晋"。然而，最终被人从地图上抹去的正是最强大的"智氏"。

要打倒智氏这个最强者并非简单的事。因为，即使知道强者会打破势力的均衡，最终会将"局中"的所有人都吃掉，但仍会有些人愿意在强者麾下听令，做他的副手，为之清除路上的障碍。弱者的互通款曲和集结联合需要时间，也需要成本；强者会利用这个"时间差"，威逼利诱，将之各个击破。

所以，面临强者切身威胁的弱者通常只有两个选择：一个是成为其手中的棋子，虽然最后鸟尽弓藏，但总归是推迟了败亡的时间，而且这个过程中或许会有意外的转机；第二个就是立刻败亡。因为有了这个中的奥妙，所以韩、赵、魏灭"智氏"的历程，可以说是峰回路转、惊心动魄。韩、魏两家扮演了棋子的角色，赵氏成了执棋人。而智氏是一个强大却不认真的对弈者，因其屡犯大错，给了赵、魏、韩不可多得的机会，最终自取灭亡。

关于三家分晋，还需细细描摹，由赵谈起。

赵氏原本并不姓赵，而姓"嬴"，与秦人是同一个祖先，"赵"是其氏。嬴姓人原属东夷，西迁后为殷、周两朝天子赶车牧马，渐渐安定下来。

　　嬴姓子孙中有一个叫造父的，曾侍奉周穆王。造父善于养马，不断向周穆王献上宝马，深得穆王的宠幸和信任，所以周穆王特许造父为他赶车。徐偃王叛乱时，周穆王乘坐造父驱赶的马车，日行千里，迅速平定叛乱。论功行赏时，周穆王将赵地分封给造父，于是造父以赵为氏。

　　赵氏传到赵鞅这一代，枝叶繁衍，家族鼎盛。赵鞅更做了晋国的正卿，权倾天下，史书说他"名为晋卿，实专晋权"。

　　然而，水满则溢，月满则亏。赵家的根基是晋阳城。赵鞅费尽心思气力修成晋阳城后，发现城内行人稀少，空荡荡的。这样一座空城如果遇到围攻，当然不足以凭借据守。于是赵氏族长赵鞅向住在邯郸的族人赵午伸臂摊掌，向他要自己打败卫国时赚取的五百户人质。

　　按说赵午身为赵氏族人，应该听从族长赵鞅的命令，可是赵午也有自己的难处。因为若失掉手上这五百户的卫国人质，暴露在卫国人嘴边的邯郸城极可能遭受到毁灭性的打击。权衡之下，赵午决定攻打齐国，想从齐国那里俘虏五百户人口，将之转赠给赵鞅。

　　然而，赵午的想法未免太简单了。齐国地广千里，资源丰富，又得海利，富庶甲于天下。自桓公得管仲辅佐称霸以来，一直以超级大国的形象立于天下诸侯国之林，号称"强齐"。攻打齐国，无论是正面进攻，还是背后偷袭，都不是那么容易得手的。况且，就算侥幸得手，愤怒的齐国人也必然不肯咽下这口恶气，最后的结果必然是晋、齐两国兵戎相见。

　　得知此事的赵鞅大为光火，一怒之下派人将赵午诛杀。没想到就此引发了一场政治风波。

赵午一族家住邯郸，与赵鞅那一脉嫡系说远不远说近不近，但却与范氏和中行氏素有姻亲往来。在范氏和中行氏的支持下，赵午的儿子赵稷起兵发难，矢志为父报仇。

本来，晋国国君是站在赵鞅这一边的，无奈说话是要实力做支撑的，他的声音太过微弱了，微弱到可以忽略不计。手持刀兵的范氏、中行氏不过用眼狠狠斜了晋君几下，他就迅速将赵鞅定为始祸者，而按照晋律，始祸者只有一个下场，那就是死。

双拳难敌四手，在范氏和中行氏的合力围攻下，赵鞅很快不敌，退守到晋阳城。倾注了赵鞅心血的晋阳城，经受住了考验，在纷飞的矢石和流血的浸泡之下，在尸体的包围中屹立一年而不倒。

城外的范氏和中行氏正承受着久攻不下的焦急和等待中的无聊，没想到这时变数突显。智、韩、魏三家看"火候"差不多了，急急上场。

二比三，"人数上"已经处于劣势，况且一年下来，范氏和中行氏的"内囊却也尽上来了"，外加赵氏自城内冲出反攻。战场上的范、中行联军兵败如山倒，身死名灭，其土地也迅速为四家瓜分。

奇怪的是，智、韩、魏三家并没有进而消灭赵氏并瓜分其土地，很可能是惧于晋阳城的威慑。

齐国怎么了

战国时代来临的标志主要有两个，一个是三家分晋，另一个便是田氏代齐。

田氏能够真正实现代齐的计划，首先自然是因为田氏的权力已经渐渐地超过了姜姓君主；其次则是因为田氏在齐国有深厚的群众基础。前者已经成为事实，后者还需要田氏贵族精心的经营。所以田氏采取了这样的策略：饥荒和春耕时，用大斗给百姓借粮食和种子；秋收的时候，则用小斗去征收赋税。

如此，百姓人人信服，对于姜姓时代的远去，几乎没有任何的留念。齐国其他贵族自然不会眼睁睁地看着田氏逐渐强大，为此，他们多次打击田氏。那些贵族为了维护自己的权力，早在田成子之时，就建议齐平公施行德政，但他们却将百姓不喜欢的刑罚一事交给田氏去办。如此一来，田氏反而借机将齐国境内的反对贵族基本清除或者打压，还为自己划分了一个比齐平公的管辖区域还大的封邑。齐君成了有名无实的摆设。

到了田和时代，姜姓国君这个摆设终于成了他们的眼中钉肉中刺，而且时机已经成熟。所以田和将齐康公贬谪到了海边的一座小城之中，从此以钓鱼为生。

此后，齐国便正式归入田氏的治下，齐国也借此重新组合。公元前379年，田氏齐威王登上了齐国的历史舞台。同年，姜氏齐康公去世，死后无子。田氏从事实和名义上，实现了齐国的完全统一。

经历了祖辈和父辈的励精图治，齐国不断强大。但是到了齐威王这里，却似乎没有了当初的豪情万丈。当时齐威王刚刚继位，和赵国的赵烈侯、魏国的魏文侯一样，沉迷于音乐。所以在齐国朝臣的眼中，齐威王不过是一个不务正业的君主。

齐国由于君主不理政事，韩国、魏国、赵国这三个新兴的国家纷纷踌躇满志地来侵略齐国。连一向安分的鲁国也以齐国田氏擅权为理由，前来侵略。一时之间，整个齐国呈现出"诸侯并伐，国人不治"

的局面。

齐威王元年（公元前378年），三晋因齐丧，群龙无首，遂挥师前往灵丘伐齐。六年之后，鲁国也不甘寂寞，前来伐齐，大军一路打入阳关。又过了一年，卫伐齐，取薛陵。再过了两年，赵伐齐，取甄。眼看齐国就像一块砧板上的肥肉，不断地被瓜分蚕食。齐威王痛定思痛，决定改变齐国的现状。

邹忌在齐威王尚未登基大宝之位时，便担任了齐国的大臣。此时的齐威王立志改革，可谓思贤若渴。邹忌听说了这件事情，便鼓琴自荐，齐威王很高兴，遂任命他为齐国相国，封于下邳（今江苏邳县西南），称成侯。邹忌刚刚接手相印，淳于髡便前去拜会他，并向他提出了自己治国的五点建议。如"大车不经过校正，就不能托载规定的重量；琴瑟不经过校正，就不能成就五音"等。淳于髡解释说，大车运转、琴瑟弹奏和弦与一个国家的政治一样，必须要有制度上的约束，才能够井井有条。于是邹忌决定向齐威王建议，颁布法律，建立成熟的管理考核与赏罚制度。在邹忌的劝谏下，齐威王决定，奖励群臣官吏甚至是百姓进谏。其次则是要修订严明法纪，整顿官吏制度，赏善罚恶。

一场轰轰烈烈的、决定齐国命运的改革就此拉开了序幕。只是，谁也不知道，这赏善罚恶的对象会是谁。有的人经常遭到弹劾，齐威王也能经常听说他的坏事，于是，这种人在明白了自己的处境之后，惶惶不可终日。反之，有的人就是个老好人，在朝野上下可谓左右逢源，人人皆言其优点。所以这种人则洋洋自得，以为自己即将平步青云。

第一种人，就以即墨（今山东平度东南）大夫为代表。此人为人正直，不懂得太多的为官之道，不懂得如何行贿受贿，笼络君主身边的人，所以屡屡有人向齐威王进献谗言。但是在他的用心经营下，即墨一带大举开荒，得到了千亩良田，人民富足殷实；第二种人，则以阿城（今山东阳谷东北）大夫为代表。此人百无一用，使得当地田地荒芜、仓库空虚、民不聊生。但是他却有一个长处，善于和中央朝廷打交道，在齐威王耳边，经常能够听到关于阿城大夫的好话。

齐威王决定，整顿吏治的变法就从这两个人身上开始。为此，齐王做了充分的调查，在获取了实情之后，遂做了两手准备。第一手便是万户土地的封赏；第二手则是烧满开水的、热气腾腾的大锅。当然，前者是看不见的，只有后者让群臣思考，这齐王的葫芦里到底卖的是什么药？

这一次，齐威王没有丝毫犹豫，在即墨和阿城两位大夫都上得朝堂之时，他果断地将万户土地封赏给了即墨大夫。直到这时候，阿城大夫才感到不妙，可是一切都来不及了。

自此之后，齐国不断的强大。齐威王也生出了雄霸天下的野心，甚至还铸造了象征最高权力的鼎，向天下宣称："皇考孝武桓公、恭哉大谟克诚。其唯因齐，扬皇考昭统，高祖黄帝，迩嗣桓文，朝问诸侯，答扬厥德。"（《战国策·齐策一》）

由此而观之，齐威王已经下定了决心，要以黄帝、齐桓公、晋文公等千古明君的功业来发扬乃父桓公的令名令德。在这种思想的指导下，齐威王努力加强边防。使田盼在高唐拒赵、黔夫守徐州拒燕、檀子守南城拒楚。用种首为司寇以安境内；拜田忌和孙膑分别为司马和军师，教兵习战，以谋征伐。在他看来，任何国家至宝也比不上这些人才重要。

骗人的理由

齐威王曾经是个十分爱好弹琴的人。由于齐威王整日沉迷其中，朝中文武皆以为他是一个不务正业之人，在声色犬马之中荒废了朝政。而他却通过琴这一媒介得以辨识良才。这个良才，指的就是邹忌。

邹忌通过鼓琴自荐，得到了齐威王的器重。所谓高山流水遇知音，就是在一把古琴之中，齐威王得到了邹忌。但是他并没有打算让邹忌担当大任，而是把他留在身边，以便于在闲暇之余，和他切磋一二。

这日，齐威王照例拿出了自己心爱的琴，沉醉不已地自娱自乐起来。恰在这个时候，邹忌竟然不经传告，直接走了进来。同时双手拍掌，大声叫好。

齐威王直接拔出了宝剑，不悦地问邹忌："我的琴艺好在哪里？"

邹忌是个琴技高手，很容易便将齐威王琴声的优美之处说出，齐威王终于将宝剑放了下来。

见齐威王怒色已消，邹忌接着说道："一个国家的国君，就如同一把琴的大弦一样，而小弦便如同一个国家的相国一般。只有大弦和小弦错落有致，琴音才能完美地衔接；也只有国君和相国和睦共处、勠力同心，国家才能井然有序。所谓琴音调而天下治，说的就是这个道理。"

齐威王顿时明白了，这位自称"琴师"的邹忌其实是个具有治国平天下的能人。于是他请邹忌做齐国的相国，主持齐国的改革大业。

邹忌身高八尺，是个美男子。一日，邹忌穿戴好衣冠，照着镜子，问他的妻子："城北的徐公号称齐国第一美男子，我与徐公相比，谁更漂亮？"

妻子不假思索地回答："当然是你更加漂亮。"

城北的徐公，是齐国公认最美的男子。邹忌不相信他会比徐公更漂亮，所以就又向他的妾问道："你觉得我跟徐公比起来，谁更漂亮？"

妾想了想说："徐公比不上你。"

第二天，有位客人前来拜访，邹忌坐着跟他聊天时，又想起这个问题，于是又向他问道："在你眼里，我和徐公两个人，谁更漂亮？"

客人说道："徐公比不上你漂亮。"

又过了一天，城北的徐公来了，邹忌上上下下仔细地打量他，顿时觉得徐公的美在自己之上。再照镜子后发现，自己远远比不上徐公。

晚上躺在床上的邹忌，翻来覆去地想这件事情。最后恍然大悟："妻子认为我漂亮，是因为偏爱我；妾认为我漂亮，则是因为害怕我；而客人认为我漂亮，不过是因有求于我。"

于是，邹忌前去面见齐威王，并将这件事情告诉了齐威王。并且就坡下驴地说及齐威王和他一样，在治理国家上，也受到了蒙蔽："如今的齐国，广有方圆千里的土地，大小城池差不多120座。如此一来，妃子和近臣因为爱齐王，所以会在某些事情上蒙蔽他；一般大臣因为畏惧齐王的威严，是故欺骗齐王也在情理之中；整个齐国都依靠齐王过活，为了生存，说点假话也是在所难免的。"

齐威王在听取了邹忌的论述之后，顿生醍醐灌顶之感。接着向整个齐国下了一个诏令：只要谁能够当面指责他的过错，受上等赏；如果有人用书面形式给他进言，也会有中等的赏赐；即使不敢直言相谏，甚至连书信都不敢写，而在私下议论者，只要他知道了，也会有一定的赏赐。

一时之间，整个齐国境内，许多人都来进谏，齐王大殿更是门庭若市。齐威王通过这种方式得到了极大的教益，齐国的政治愈加清明。在这种风气的指引下，越加清正廉洁，由此而开辟了齐国历史上的新局面。

列国见状，忐忑不安。因曾经占据过齐国的土地，如今见齐国富强，未免担心自己的国家遭到齐国报复，遂将所占土地还给了齐国。

危险的师兄

庞涓是魏国人，孙膑（原名已失传，因为受了膑刑，所以世称其为孙膑）是齐国人。传说两人曾一同拜在鬼谷子门下做学生。

鬼谷子是卫国人，是一位隐逸的高人。隐居清溪鬼谷，自号鬼谷先生。据传，有人曾看见他出入云梦山修道采药，说他已经达到了辟谷（即不需吃东西也能长生）的境界，更有人说他早已打破轮回，可以隐形入云，又可以撒豆成兵。这些当然都是好事浮夸者的不实传言，不过从中至少可以看出两点：第一，他有高深莫测的本领；第二，他平日深居简出。正是这样，他给人造成神秘的印象，引来众多的猜测和传说。

孙膑、庞涓两人一道学兵法。每日吃饭、读书都在一处，又时常谈及学习心得和未来梦想，感情日笃。不久，庞涓收到消息，说魏王正在四处纳贤，所以就决定去魏国看看能否得到魏王的赏识，一展所长。临别时，庞涓对孙膑说："若我在魏国得势，必定请奏魏王，邀师弟下山，一展抱负。"孙膑被庞涓的情谊感动了，洒泪与之话别。

几年过去了，庞涓凭借所学在魏国立稳脚跟，当上了上将军，统领当时战斗力最为强悍的魏武卒。庞涓从来都以吴起作为自己的榜样，希望能够建立吴起那样的军功。他也确有为将之才，在他的带领下，魏武卒打得魏国周围的小国全无还手之力。不多时，宋、卫、鲁、郑相继来魏国朝贡。

庞涓没有吴起的深谋远虑，出兵打仗时的意图自然也不一样。吴起取得西河之地对于魏国抵挡秦国是有战略意义的，而庞涓出兵却只为成就个人功名。

胜利的喜悦很容易叫人头脑发热，所以打了几个胜仗的庞涓在魏国资望飙升。上至国君，下至黎民，没有一个不把他视为魏国未来的希望所在。庞涓这时想起了还在深山跟随师父学艺的师弟孙膑，于是向魏王举荐，又差人把消息告诉孙膑，让他来魏国投奔自己。

接到消息的孙膑一下子踌躇起来。久居深山，整日对着的是山间的日升月落，听的是溪唱虫鸣，数的是花草枯荣，他当然想要下山看看外面的世界到底变成了什么样子。可是他与庞涓不同，他对俗世功名并不那么热衷，而且自觉师父鬼谷子的学问手段还未能学全。所以突然要走，竟有些不舍。

经过一番思考，孙膑最终决定出山。怀着对新生活的渴望，孙膑来到了师兄庞涓所在的魏国。几年不见的师兄弟两个都显得非常激动，少不了谈及过去几年彼此的生活，更少不了在暗中考校彼此的学问有无长进。庞涓惊奇地发现，师弟的学问成就竟然远远地将自己甩在后面了。庞涓越想越害怕，不仅是因为自己学问的停滞不前，更害怕孙膑将凭其才学获得魏王的宠信，取代自己在魏国的地位。那么他多年以来的奋斗就要化为乌有了。

孙膑的出现，就像是一桶自天而降的冷水，将庞涓从沉浸已久的千秋大梦中浇醒。他发现，他这个"魏国第一将"的位子远非自己想象得那么安稳。

夜凉如水，庞涓在床上辗转反侧。可是不久，庞涓就一脸幸福，平静地合上了眼睛，渐渐地，还发出了有节奏的鼾声。

不久，还在幻想着拜官封爵、决战沙场的孙膑就被人抓进了大牢。在他被带走的那一刻，完全不知道到底发生了什么事。耳朵里嗡嗡直响，只能隐隐约约、断断续续地听到什么"通敌卖国"。"我没有卖国，更没有通敌。我刚刚下山，到哪里去卖国？到哪里去通敌？庞师兄呢？他为什么不来见我？"所有的疑问都没有答案。回答孙膑的只是绳索、皮鞭、针、烙铁，还有一把锋利的小刀。孙膑久居深山、未经世事的白净脸上被刺上了屈辱的字迹，他的双腿则被剜去了膝盖骨。

"膑至，庞涓恐其贤于己，疾之，则以法刑断其两足而黥之，欲隐勿见。"这是《史记·孙吴列传》的说法。司马迁没有说明庞涓到底给孙膑安了什么罪名，但一般都认为是通敌之罪。通哪国的敌呢？孙膑是齐国人，所以应该是私通齐国。这本是子虚乌有，凭空杜撰，血口喷人，但最后孙膑真的去了齐国，或者这是天命？

按说，庞涓应该杀了孙膑，以绝后患，为什么只是施之以刖刑，让他成为残废呢？有人说，按照魏国法律，孙膑罪不至死。这种说法并不可靠，因为在那个征伐无度、人人自危的战国时代，通敌是何等重大的罪名？既然已经通了敌，那么魏王的心里一定是想杀孙膑的，他之所以未能如愿，是因为有人替孙膑求情。

可是，孙膑在魏国人生地不熟，谁会为他求情呢？庞涓！有人说，庞涓之所以会为孙膑求情，是因为想从他的口中套出孙家家传的

《孙子兵法》。不过阅读它应该不是少数人的专利，因为吴起的《吴子》就受到了《孙子兵法》的影响——既然吴起看得，庞涓又为什么看不得？所以，这种说法并不能叫人满意。唯一合理的解释就是，庞涓已经被嫉妒折磨得有些心理变态了。庞涓不想让孙膑风风光光地活，也不能忍受他痛痛快快地死。他要让孙膑像一只狗一样满身污泥地活，看看日前那个侃侃而谈的翩翩佳公子还如何纵论天下大势！

假若孙膑就此自杀，那么死去的不过是一个"有罪"之人，不会留下任何痕迹。孙膑当然也曾想过一死了之，可是想通了这一层，他就决定要活下去，不光是要复仇，还要让世人知道他孙膑曾在人间存在过。于是孙膑在牢里装疯卖傻，在猪圈里翻滚跌爬，甚至故意在庞涓面前吃下猪粪，让他觉得自己真的受不住打击而彻底疯狂。

庞涓以为孙膑真的疯了，便放松了警惕，不再管他了。孙膑终于抓住机会，随着来魏国出使的齐国使节一同逃往齐国。

赛马场上的机会

孙膑来到齐国后，见到了大将军田忌。几番交谈，田忌对孙膑早已佩服得五体投地。于是拜之为上宾，将孙膑留在身边。

孙膑发现，齐国的贵族有一个共同的爱好，那就是赛马。大将军田忌是一个狂热的赛马迷，而与他"马战"的往往就是齐威王。齐威王是齐国的君主，所以他的马厩里养着的宝马是千挑万选出来的。余下的贵族公子、王公大臣所养之马也是千里挑一，但总是捡齐威王的"漏儿"，所以他们的马的素质没法与齐威王的宝驹相提并论。

经过仔细观察，孙膑发现，齐国的赛马有着特定的规则。那就是参加比赛的双方要连赛三场，最后胜出场数多的那位为最后的胜者。心里一番筹算，孙膑鼓动田忌再去与齐威王赛一场，并声称自己有办法确保田忌胜利。田忌对孙膑自然是信心十足，于是摆明车马，邀齐威王再战。

田忌与齐威王各出上中下三个档次的三匹马一较高下。在以往的较量中，田忌的上等马对阵齐威王的上等马，中等马对阵对方的中等马，下等马对阵对方的下等马。可以想见，上等对上等、中等对中等、下等对下等这样硬拼实力的办法总叫田忌乖乖地将金子送进齐威王的腰包。

孙膑的办法是先用田忌的下等马来对阵齐威王的上等马。不用说，这场田忌输了。不过接下来的情况就是，田忌的上等马对阵齐威王的中等马，而其中等马则对阵齐威王的下等马。最终田忌连扳两局，以总分二比一取胜。

齐威王没想到自己竟然输了，于是召田忌过来问个清楚。这一问，就把孙膑问了出来。和田忌一样，齐威王很快就被孙膑的才学所倾倒。

而对于此时的孙膑来说，最重要最迫切的事并不是帮着齐国称霸，而是向庞涓复仇，一雪前耻。不久，他就等到了一个机会。

围魏救赵

公元前 354 年，庞涓率领魏武卒攻打赵国。赵国形势危急，于是向齐国求救。此前，虽未经过会盟，但魏国已隐隐有了霸主的地位。若任由庞涓这么打下去，万一将赵国吞灭，再整顿兵马收服韩国，重复当年三晋合一的盛况，那么齐国也就不用再做统一天下的大梦了。

所以齐国这次必须出兵救赵，问题在于该选谁作为此次出征的主将。齐威王想到了孙膑，以小观大，已知其才。更何况他是兵圣孙武的嫡脉子孙，家学渊源，相信由他出战，定然能够狠狠地教训魏国人。

不过孙膑却推掉了主将一职，他说："我是受过刑的废人，如何能做主帅？"齐威王无奈，只好命田忌挂帅出征，而孙膑就做了田忌的军师。由于被剜去膝盖骨，孙膑没法像其他将领那样立在战车之上，更不能骑马，只好安坐于辎车之上。

主帅田忌想要驱兵入赵，与庞涓率领的魏武卒主力一决雌雄。但是他的想法被孙膑否定了："丝线缠作一团，想要解开它，就不能不顾起止头尾胡乱撕扯；两伙人打起架来，想要止戈劝和，就不能跃上战场亲身搏斗，这只会使事情越来越乱。假如能够找到纷繁乱象背后的要旨，再认清和控制形势，自然而然就能将矛盾解除，达到我们的目的。如今庞涓率魏军的精锐苦战在外，那么留在魏国的大梁城戍守的必然都是些老弱病残。我们不如批亢捣虚，迅速挺进大梁，同时派人北上，将大梁被围的消息放给庞涓，那么他必然放弃攻打赵国而回兵自救，如此岂非解了赵国之围？"

孙膑的做法不仅是聪明的，还是唯一能够取胜的做法。若按着田忌所想，驱兵入赵，那么齐军长途奔袭，到达邯郸城外时必定已是疲惫不堪。而赵军由于困城日久，也不是生力之军。这时候，齐、赵虽能够夹击魏军于城下，但他们要面对的可是吴起一手训练出来的几十年未尝败绩的魏武卒，那时鹿死谁手也就难以知晓了。

进军大梁则不然，"攻守之势易也"，变成了齐军以逸待劳，而魏军则是劳师远征。有心算无心，有准备对没准备或少准备，魏军定然会吃败仗。

果然，这一切全让孙膑给算中了。风风火火赶回来的魏军，在通往大梁城的必经之路桂陵遭遇了齐军的伏击，全军覆没。只有庞涓一个人逃出生天，衣衫不整、落魄如丧家之犬地回了大梁城。

一棵树的预言

失败的阴影始终笼罩着上将军庞涓，就算他在战场上取得再多的胜利，人们都只会把他当作孙膑的手下败将。

庞涓在等，等着再次与孙膑在战场相遇，然后将他击败，用他的鲜血来洗刷那个刻在他心里的"败"字。只可惜孙膑并不是庞涓，他不会为了自己的利益、为了个人的私仇而四处征战，让那些年轻的兵士为了他而死在空旷、冰冷的战场。事实上，即使孙膑有这个心思，最终也未必能够举兵伐魏。他在齐国的影响力也远远比不上庞涓在魏国的影响力，因为聪敏有决断的齐威王并非那个糊里糊涂、毫无主见的魏惠王可比。所以庞涓这一等就等了13年。

这世上没有永远的朋友，也没有永远的敌人，只有永远的利益。所以，13年前尚为死敌的赵、魏两家现在和好了，而且还会兵一处，一起进攻韩国。赵魏联军兵强马壮，他们齐声在韩国都城新郑外面叫骂。

此时，秦国正处于历史关头，商鞅正在秦地主持变法，根本无暇插手三晋内部的争斗；楚国人没有心思来管那些向来视他们为蛮夷的中原人之间的恶斗和杀戮；燕国是一个小国，与三晋和强国齐国各有摩擦，多次被对方攻入都城，就算想劝架也没有人肯听他的。不消说，剩下的只有一个齐国了。果然，韩国人重新走了13年前赵国走过的路：向齐国求救。

关于救还是不救的问题，齐国朝堂分为三种意见。其一以相国邹忌为代表，他们认为多一事不如少一事，不必蹚三晋这浑水。其二以邹忌丞相的政敌、大将军田忌为代表，这一派多是热血蓬勃、渴望立功的军官，他们主张立刻发兵救韩，彰显国威。持第三种意见的人只有一个，那就是"军师"孙膑。孙膑既不同意邹忌等人见死不救的短视行为，因为这样做等同于向天下宣告，齐国已经"放弃"了三晋；他也不同意田忌等人立刻发兵的意见。"救是一定要救的，只不过我们不需着急，让他们先互相耗着，最终占得便宜的肯定是我们！"这大概就是孙膑当时心中的想法。

就这样，韩使在新郑和临淄两城往返数次之后，齐国终于答应出兵。因为韩国国君已经做出了决定：击退赵、魏联军后，韩国会做齐国的附属国。

齐国于是出兵，主将仍为田忌，而孙膑仍任军师。这一次，孙膑已经下定决心，要彻底解决他和庞涓之间的恩怨。

孙膑的办法和13年前一样，还是趁着魏国精锐纠缠于韩国之际，驱兵"直走大梁"。不过庞涓这次已经吸取了上次的教训，他早就盯着这边的情形，所以齐军刚刚越过魏国的边境，他就率着统御多年的魏武卒急行军，往回赶。

包括田忌在内，所有人心里都有一个疑问——庞涓这次还会上当吗？孙膑却充满信心。

一路追来，庞涓发现了一个奇怪的现象，那就是齐军留在身后的起火的土灶越来越少：第一天还有十万个土灶，到了第二天就只剩下五万个了，而第三天，庞涓只发现了少得可怜的三万个土灶。

"胆小的齐军终于开始溃逃了吗？吃不得苦的齐国人啊。孙膑，你这次就要毁在你的这帮老乡手里！"于是庞涓舍弃步履缓慢的重甲步兵，只带着数量有限——当然高于齐军的"两万人"——的轻装精锐继续穷追。黄昏时分，当他们走到马陵道，庞涓突然意识到事情不妙。马陵道是一个狭窄的山谷，两旁是危岩险隘，"难道齐军会在此处埋伏？"正踌躇间，有兵士报告在前面道上发现一段巨木，好像还给剥了树皮，非常奇怪。

庞涓举起火把，一步步走到那段巨木之前，隐隐约约感觉剥下树皮的那一块地方好像刻有字迹，移近火把一照："庞涓死于此树……"还未读完，耳朵里一下灌满了箭矢破弦之声，那些跟着他南征北战的兵士一个个倒下去了。眼见败局已定的庞涓，最后愤愧自杀。

过去的一切都随着庞涓的那一剑结束了。孙膑也不再是过去的孙膑，对这一切都感觉厌倦。后来终于因为不想再参与田忌与邹忌的内斗，而退居世外，著写兵书。

庞涓战死，随他而来的魏武卒精锐也所剩无几，魏国这个战国初期唯一的超级大国就此衰颓下去。而战胜魏国的齐国也并未能长久地保持住霸主的地位，魏、齐的光芒黯淡下去。

孟子的失败面试

公元前 370 年，魏惠王继位。为了争夺国君之位，魏惠王与他的兄弟展开了一场惊心动魄的角逐。

战国纷乱的一个原因，是各个国家总是趁别国出现内乱时横加干预，妄图彻底摧毁他国争雄天下的实力。在魏惠王争夺国君之位期间，韩、赵等国曾试图分裂魏国。终因意见不合，计划破灭。

还没当上国君，国家就遭遇内忧外患。魏惠王在争夺大战中得到历练，继位后他能够在错综复杂的国际环境中站稳脚跟，险中求安，败中取胜，与此不无关系。

掌握国家大权后，魏惠王依仗国家实力和军中大将，多次打败秦国。而秦献公坚持抗击魏国，尽管败多胜少，还是打了几场漂亮的胜仗。秦献公死后，接替他掌管秦国大政的是秦孝公。

秦国经商鞅变法后，日益民富国强，并且多次将魏国打败，秦孝公很欣慰。

接连被秦国打败几次后，魏惠王知道魏国的国力已经逐渐衰弱，其他国家在魏国衰弱的时候却越来越强，形势不容乐观。既然秦国变法后国力越来越强，魏国也不妨照此方法。于是魏惠王积极发布求贤令，以卑辞厚礼招纳贤才。

魏国招纳贤才之时，秦孝公已经死了。失去了秦孝公的保护，变法中一再触犯贵族利益的商鞅顿时成为众矢之的。新任国君就是曾经被商鞅羞辱的太子，其对商鞅早已恨之入骨，因此他继位后立马要将商鞅治罪，以报昔日羞辱之仇。商鞅只好逃到魏国，魏人却因恼恨商鞅奸诈，不肯收留。

因为不敢破除常规，魏惠王招纳的都是深受传统思想影响的人才，例如邹衍、淳于髡和孟子等。

孟子，名轲，字子舆，邹国（今山东邹城东南）人。孟子是儒学大师，儒学强调的是仁政，缺乏攻击力，其在治世可以稳定人心，乱世却无法成就大业。

战国时期，各国兼并战争不断，这时最能发挥作用的是法家思想。秦孝公重用法家人物商鞅，短短十多年就使疲弱的秦国一跃而成强横的大国，令诸国国君心生艳羡。

召见孟子时，魏惠王先诉说了一通屈辱的历史，接着回想昔日的魏国与现在的差距。魏惠王的意思是，他无德无能，到了晚年军队屡次受挫，结果太子被俘，主将战死，国家一蹶不振。

魏惠王接着问道："老先生不远千里而来，不知能给我的国家带来什么利益？"

孟子听魏惠王如此说，便说道："大王您为何张口就要利益，有足够的仁义不就够了吗？如果一国的君主只说为国家谋求利益，士大夫只说为自己家谋利益，而士民百姓所说的也只是怎样让自己获得利益，如果一个国家的人们上上下下都追逐利益，这个国家就会面临危险。懂得仁爱之人就不会抛弃亲人，忠义之人自然会将国君放在心里。"

魏惠王点头称是。

战国是讲求实力的时代。如果一个国家不能抵抗外来威胁，进行自我保护，无论将儒学做得多好，也不会获得长久的发展。遭遇多位国君拒绝后的孟子说话不再咄咄逼人，而是会给国君留一点情面。孟子说，身为国君，不应该一味追求利益，而要讲求仁义道德。因为国君是国民的表率，如果国君是追名逐利之辈，士大夫必然是；如果士大夫只管追求利益，百姓学习士大夫，也只以自我利益为中心。如果人人都以自我利益为中心，只为自己，不管他人死活，社会秩序一定会失调，国家必然大乱。如果国家发生暴乱，国君之位就无法保存。

孟子的话并不合魏惠王的心意，所以魏惠王没有接受孟子的建议。

"劳苦功高"的法家

春秋战国是百家争鸣的时代。这个时代人才辈出，其中法家的崛起速度发人深省。作为法家的杰出代表，商鞅通过改革，使弱小的秦国一跃成为能与齐、楚抗衡，争雄于天下的大国，可谓劳苦功高。

商鞅渴望使尽平生所学，立名于当世，立功于后世。所以，当他听说秦孝公为重振秦穆公的霸业而下令遍寻天下贤才时，商鞅毅然离开让他感到绝望的魏国，只身赴往当时弱小的秦国。

商鞅本姓公孙，名鞅。他是卫国国君某姬妾所生之子。后来之所以被称为商鞅是因其在秦国封地的缘故。

秦国虽然弱小，地处偏远，但像商鞅这种名不见经传的小人物想见秦孝公一面是很难的。为了理想抱负，商鞅俯身低就，求秦孝公的宠臣景监引见自己。

第一次见到秦孝公，商鞅言辞恳恳，秦孝公却昏昏欲睡，没听进商鞅的一言半语。事后，秦孝公责备景监，说他推荐之人乃迂腐呆滞之徒。景监很无奈。

不久，商鞅再次求景监引见。景监对商鞅还抱有一线希望，所以再次答应了商鞅的请求。第二次召见，秦孝公懵懵懂懂，觉得商鞅说得有理，但不合他的心意。景监被秦孝公责备后，将商鞅当作出气筒。商鞅说，他用称王之道开导秦孝公，但是秦孝公急于求成。

事不过三，经过两次交谈，商鞅已经完全探知秦孝公的心愿，请求景监第三次引见。秦孝公第三次召见商鞅，果如商鞅所料，他很信服商鞅的话。

原来秦孝公复业心急，复仇的心更加殷切，渴望在有生之年称霸中原，重振秦穆公的雄风。古语云：欲速则不达。欲成大事，而又想在短时间内办成，唯有施行霸道。

后来，秦孝公召见了商鞅几次。商鞅都用称霸之道开导秦孝公。秦孝公对霸道很痴迷，所以与商鞅交谈时，他会不知不觉移席靠近商鞅，不厌其烦地听其讲解。

法家注重的是刑罚之学。商鞅知道法家的弱点，即威严过重，缺少恩德。但诸侯国争战不断，商鞅久不得志，加之秦孝公诚心重用，他只能赌上一把，利用严刑峻法，在最短的时间内增强秦国国力。

面对疲弱的秦国，商鞅要辅助秦孝公称霸，力图一改旧貌只能施行变法。但商鞅变革遭到了保守派甘龙和杜挚的反对。

商鞅告诉秦孝公，心思犹豫不决则必然拖累行动，如果行动不果敢，则必然劳而无功。见解高远的人不会拘泥于俗见，而见解独到的人也未必会得到众人的认可。愚昧的人不会事先谋划，即使事情成功了，他们也不明所以；相反，聪明的人谋事于未萌，料事于未发，对前因后果清楚明了。

这一席话的意思是，拘泥于俗见的人并不值得与他们商议变革大事，因为他们只会遵循过去的礼法，不懂创造。

甘龙等老臣过于尊崇过去的礼法，认为流传下来的老规矩才是治理国家的良策。

杜挚的意思是，如果没有百倍的利益，最好不要贸然变更礼法；如果没有十倍的功效，最好不要更换国家旧器。坚守祖上礼法不会有过错，让百姓安于俗见不会出现偏漏。如果当冒失鬼，肆意妄为，难免扰乱天下。

面对这两个顽固派，商鞅说道："治世不一道，便（变）国不法古（《史记·商君列传》）。"这句话的意思是，治理国家并没有亘古不变的礼法，只要有利于国家，旧的礼法是可以被超越的。

两千年前的"真人秀"

商鞅意识到颁布新法如果得不到老百姓的信任和支持，贯彻执行起来势必困难重重。在农耕社会，百姓是决定一个国家实力的重要因素。商鞅虽不相信人民的智慧，却相信人民的力量。为了保证新法在百姓中顺利地进行，商鞅认为必须取信于民。

为了取信于民，商鞅在秦国国都城南门立了一根三丈长的木头。下令说，只要有人搬木头到北门，国家赏赐十金作为报酬。

搬动一根三丈长的木头，赏赐十金，做这么小的一件事情却付如此高的酬劳，百姓初时并不相信。很多人站在城门外观望，不知商鞅葫芦里卖的什么药。观望者越来越多，却仍无人向前搬动木头，商鞅增加赏金到五十金。

作为智识超凡的大才，商鞅不仅对刑罚深有钻研，对人性更有一套独特的见解。大概而论，儒家信奉人性本善，要求朝廷不要肆意干预百姓，相信百姓会朝善的一面发展。与儒家不同，法家觉得人性本恶，认为百姓需要朝廷严加管理，否则人必趋向坏的一面。

当时，人皆趋利避害，很少有孟子所谓的"杀身成仁，舍生取义"（《孟子》）。首先，经过多年战乱，作为人们行为准则的周礼已经彻底崩溃了。社会上层将周礼当作实现目的的幌子，社会下层直接视周礼如无物。为了生存，很多人都是苟且偷生，内在的道德观已经崩溃。

商鞅将赏金从十金增加到五十金，就是想以重利诱导百姓。重赏之下必有勇夫，赏金加到五十金后，只见人头攒动，三三五五，交头低声商议。人人跃跃欲试，但仍无人敢出来搬木头。就在大家议论纷纷的时候，人群里终于走出一个人，他说："让我来试试。"说着他就把木头扛起来，将其搬到了北门。商鞅果真派人赏给那个扛木头的人五十两黄金。

这件事传开后，在秦国引起了轰动。老百姓都相信左庶长商鞅是个言而有信的人。

城门立木，只为取信于民。商鞅通过此事就是想告诉百姓，让他们相信朝廷。凡是朝廷颁发的诏令，一定言而有信，不问身份尊卑，对有功者必赏，对违法者必罚。

经过城门立木一事，百姓记住了五十金，记住了改革家商鞅，更记住朝廷一定言而有信。在信誉沦丧的战国，取信于民是众诸侯国最想做却最难做的事。商鞅在城门立木，一举赢得百姓的信任，破除了百姓对朝廷的猜疑，为变法赢得了民众信任的基础。

太子犯法，老师顶罪

得到民众的支持后，商鞅开始正式主持变法。秦孝公五年（公元前 356 年），商鞅开始进行第一次变法。第一次变法主要包含以下内容：

第一，整理户籍。命令百姓十家编为一什，五家编为一伍，各家互相监视检举；如果有一家人犯法，十家连带治罪。

在农耕社会，百姓的多寡影响土地的开发程度。商鞅整理户籍，有助于管理秦国的人口。商鞅施行连坐法，让百姓互相监督，大大减少了犯罪行为。

第二，如果发现奸恶之人，隐瞒不报的人将被腰斩。告发之人受到的赏赐与上阵斩杀敌首同等，窝藏奸恶之人受到的惩处与投降敌人的人同等。通过第二条法令，秦国彻底灭除了奸恶之人生长的土壤。如果国家没有奸恶之人，百姓自然相安无事，努力发展生产。

第三，如果一户人家有两个壮丁不分家，他们家的赋税将要翻倍。商鞅强迫成年男子分家，目的就要他们自食其力，共同为发展秦国的生产奋斗。

经济实力是战争的支柱，战斗装备和战时后勤的补给全取决于经济实力。如果没有强大的经济实力，军事的发展就得不到有力的支持，国家自然无法扩张。

法令还规定，凡是致力于农业生产，增收粮食和增加布帛的，可以免除自身的劳役或者赋税；如果因从事工商业或者自身懒惰而导致贫穷的，他们的妻子都要被收为官奴。这条法令，将百姓的努力方向引向农耕，有利于促进农业发展。

第四，有军功的各按标准升爵受赏，没有军功的王族不能列入家族名册。如果私下斗殴，将按性质的恶劣程度受到不同程度的处罚。这条规定，将百姓的暴力引向战争，同时解除了王族的一部分特权，为百姓开辟了一条向上层社会升迁的道路。商鞅强调按军功授爵，激发了下层有才之人的斗志，为秦孝公招揽了大量人才。

第五，明确爵位尊卑。官吏按等级差别占有土地、房产，甚至家奴的衣裳和服饰也要按爵位尊卑穿戴。军功是百姓获得爵位的主要途径，为了鼓励百姓积极参军奋勇杀敌，商鞅仍然强调爵位的尊贵，这有利于提升有军功者的社会身份。

法令还特别规定，只有立下军功的人才能够享受社会的显赫荣耀，没有军功的人即使极富也不能享受社会荣耀。

第一次变法有三大作用：第一，强调发展生产，增强国力，这体现在鼓励农耕政策上；第二，强调建立军功，提升军人的社会地位，这是战争方略；第三，强调维持社会稳定，杜绝犯罪，这是以严刑峻法的方式稳定社会秩序。

从变法的内容来看，变法很单调，处罚严苛，过于冒进，容易引起百姓不满。百姓懒散惯了，突然实施整理户籍和连坐法，他们深感不适应。虽然如此，但慑于商鞅的严刑峻法，不敢多言议论，只能将不满往肚子里吞。

新法实施了一年多，百姓怨声载道，仅是国都就有一千多人非议新法。商鞅声威凛然，但也不敢轻易触动众怒。正当商鞅为新法的推行而焦虑时，太子触犯了新法。

变法缺乏威信，正需要树立威信，正想杀鸡儆猴，有人偏偏在这个时候撞到刀口上，真是天助商鞅。商鞅告诉秦孝公，新法难以推行，因为上层随意冒犯，下层接连效仿，致使新法丧失威信。

城门立木树立了改革的信誉，商鞅需要再次惩罚高官，树立新法的威信。

触犯新法的是太子，太子是未来的国君，不能轻易施加刑罚。但是，如果不惩罚太子，就不能树立新法的威信。两难之际，商鞅采取了一个折中的办法——处罚太子的监督官和老师，于是太子的老师公孙贾被处以墨刑。

墨刑就是用刀刺刻脸部，然后涂上墨汁。太子的老师遭到商鞅如此羞辱，太子自然痛恨商鞅，同时下层也因此事见识了商鞅的威严。

处罚了太子的监督官和老师后，再没人敢非议和敢阻碍新法。反对的言论被压制后，新法顺利地推行开来。新法推行7年后，收到了明显的效果：户户家给人足，夜不闭户，道不拾遗，占山为王或者拦路抢劫的现象变得少之又少。

变法之后的秦国经济发展迅速，有足够的经济实力应对战争的消耗。更为重要的是百姓勇敢作战，以私斗为耻。全国的暴力都藏在军队里，指向其他诸侯国。秦国国内则社会秩序安定，没有违法乱纪的事。经过第一次变法，秦国走上了富强之路。

第二次变法

秦孝公十年（公元前352年），商鞅被提拔为大良造。大良造是秦国二十个等级爵位中的第十六级，可见秦孝公很倚重商鞅。

秦孝公十二年（公元前350年），秦国迁都咸阳。咸阳在旧国都雍地的东面，此地占据山川之险的同时更加接近魏国。

此时的魏国仍然以强国自居，还未把秦国放在眼里。但变法后的秦国早已不是当年时常败于魏国的秦国了。秦国用十年的功夫积蓄力量，已经能够和魏国匹敌。

迁都咸阳后，为了火速超越并战胜魏国，商鞅开始施行第二次变法。

第二次变法是第一次变法的补充。变法仍然围绕国家利益，以打击落后王族，提升新兴势力为主。主要内容如下：

第一，禁止父子兄弟同室而居，男子都要自食其力。商鞅在第一次变法中规定，凡是成年男子不分家的，可以通过缴纳双倍赋税的方式弥补。在第二次变法中，秦国百姓的天伦之乐已经被彻底践踏了，商鞅彻底断绝了秦国百姓不分家的后路。至此，商鞅将百姓当作实现秦国富强的工具已经是不言而喻。商鞅禁止言论，百姓敢怒不敢言。

第二，合并乡镇，统一以县为单位编制全国的行政区域。编制后的秦国共有 31 个县，每个县都有县令和县丞。县令是主要责任人，县丞是县令的副手。第一次变法时，商鞅统一编制户籍，便于管理百姓；而在第二次变法中，商鞅编制县制，以地域为单位管理全国。

经过两次变法，秦国百姓受到户籍和地域的双重限制，个人自由被约束。商鞅屡次约束百姓，目的只有一个，让百姓以"耕、战"为本，杜绝经商、学习、游说和私斗等不利于中央集权的活动。

第三，整治全国土地，以统一尺度划分土地，鼓励开垦。作为法家的杰出代表，商鞅力求实现一套标准尺度。如果以全国统一的尺度划分土地，国家的赋税征收就有严格且统一的标准。赋税是国家财力的主要来源，一旦赋税有保证，秦国作战就有经济实力保障。

第四，统一度量衡，为国家经济的发展创造条件。商鞅改革前，秦国的测量尺度有斗、桶、权衡和尺等，名目繁多，不利于市场交易和国家税收。经过改革，全国都用一套标准，更便于交易。

第一次改革，秦国走向富强的道路；第二次改革，秦国走向中央集权的道路。秦国由弱国变成强国，商鞅功不可没。经过两次改革，秦国已经像一匹能征善战的千里马。商鞅希望自己的千里马能够踏平其他诸侯国，实现全国的统一就像实现秦国度量衡的统一。

新法刚刚使秦国走向称霸的大道，又有人居心不良触犯新法。商鞅有改革家的大无畏精神，不为太子留情面，更不会为其他人留情面。

上次太子触犯新法，他的监督官公子虔被罚，公子虔恨商鞅入骨。第二次变法施行 4 年后，公子虔再度犯法。商鞅毅然决然地处公子虔以劓刑。劓刑，就是割掉鼻子。为了变法，商鞅整得公子虔面目全非，这更加深了公子虔的怨毒之心。

公子虔是太子的监督官，负责太子的道德品行。如果太子行为不合道德要求，他有权责指正。商鞅削公子虔的鼻子，在太子的道德监督官上动刀，就是削道德监督官的脸面。

商鞅两度惩治太子的人，毫不顾忌太子的颜面，使太子对商鞅心存忌恨，这也为商鞅埋下了祸根。

改革法令颁布后，商鞅宣布：以法为教。按新法行事的温顺百姓，商鞅大赏特赏。被赏赐的人多是耕田种地优秀、出军作战勇敢者。

在商鞅变法的时期，如果想获得升迁，必须有实际的功劳，比如耕田种地优秀，又比如作战勇猛。有赏便有罚，遵循新法可以获得赏赐，触犯新法便要遭受处罚。

成功的改革，失败的改革家

秦孝公死后，太子惠文君顺利登基，人称秦惠王。商鞅曾经处罚过太子的监督官公子虔和老师公孙贾。公子虔记仇心重，他依仗新国君，纠集了一帮党羽诬告商鞅造反。商鞅改革得罪了很多权贵，甚至差点问太子的罪，所以没人站出来为他说话。

曾经被触犯利益的权贵对商鞅深恶痛绝，秦惠王对商鞅也无好感。既然公子虔等人状告商鞅，秦惠王便顺水推舟还公子虔和公孙贾代他受罚的情，下令逮捕商鞅。

无奈之下，商鞅决定逃亡。他逃到边境时，已经是傍晚。疲惫不堪的商鞅打算在旅店住一夜，明日再赶路。虽然商鞅在秦国的名气很大，但普通百姓都只知其名不识其人，就更别提边境的百姓了。

店主人问商鞅有户籍等相关证件没有，商鞅傻眼了。他第一次变法时严格管理户籍，以"伍"和"什"为单位编制户籍，目的是让人民落地生根地在本地勤耕苦种、练习战斗。经过变法，秦国人口的流动性很小，百姓不得不安分守己。逃亡匆忙，商鞅没带相关证件。店主人说，商鞅严格规定，如果接收没有证件的人住店，店家要被惩处。

法令十分严苛，就算店主胆子极大，敢让商鞅住店，他的邻居也不敢不告发，因为不告发将被惩处。经过商鞅变法，秦国百姓人人自危，不敢犯法，也不敢容许与自己同"什"的人犯法，因为要受牵连。

面对严格遵守法令的店主人，商鞅没有感受到改革成功的欣喜，而是举目视天，慨然长叹："嗟乎，为法之敝一至此哉！"(《史记·商君列传》)商鞅终于知道他的变法过于严苛，完全剔除了人性和人情。

商鞅见事已至此，后悔无用，知道最关键的是逃命。西边是秦国的地盘，如果往西逃，还没逃出秦国就被抓捕了。天地茫茫，何其广阔，然而没有商鞅的立锥之地。

秦国背恩忘义，商鞅又气又急，慌不择路，竟然逃向魏国。就地理位置而言，魏国离秦国很近，逃入魏国最方便。然而，为了秦孝公的帝王大业，商鞅屡次领兵攻打魏国，甚至用奸诈的手段骗捕公子卬，害得魏国割河西之地求和。

魏人厌恶商鞅奸诈，闭门不纳。后有追兵，前路被断，商鞅转头逃向其他小国。商鞅前脚刚走，魏国突发奇想，认为商鞅是秦国的逃犯，不遣回，会得罪强秦，于是强行遣送商鞅回秦国。

魏国这么做，首先是怕秦国借此生事，再次挑起战争。经过商鞅变法，魏国远非强秦的对手，不敢招惹，只求极力讨好。其次，商鞅不是普通人，他逃往其他国家后，倘若受到重用再次推行新变法，魏国的强敌就又多一个。

被强行遣送回秦国后，商鞅知道逃亡行不通。他当机立断跑回商邑，起兵造反。秦国的军队是商鞅训练的，战斗力很强。商鞅不敢贸然攻击，而是率领商邑的部属北上攻击郑国。郑国是一个小国，朝中无人，军中无将，很容易攻取。

然而，秦国死死紧追商鞅不放。商鞅攻打郑国，秦军赶上后，攻击商军。商邑的部属本就不多，面对秦军的狂攻猛打，队伍难以抵敌，商鞅战死。

为了泄恨，权贵车裂商鞅的尸体示众。车裂之刑，就是将受刑者的头颅和四肢分别拴在一辆马车上。时刻一到，行刑官一声令下，马车夫同时扬鞭策马，五辆马车朝五个不同的方向飞奔，人的身体当即被撕裂。

连坐法害苦了秦国百姓，商鞅也深受其害。秦惠王依照商鞅的逻辑行事，诛灭商鞅全家。改革家死了，但改革的成果仍在，秦国在改革成果中继续向前发展着。

合纵连横

随着各家兼并战争的持续，诸侯国的数量锐减，到战国初期仅有二十几家。这二十几家中，有七家实力最为强大，便是秦国、齐国、赵国、魏国、韩国、楚国、燕国。史称"战国七雄"。

战国初期，齐国是东方大国，而秦国经历了商鞅变法以后，迅速崛起，成为一个独当一面的西方大国。其余五国均无法与秦国、齐国抗衡。所谓唇亡齿寒，这几个弱国联合起来，共同对抗齐国、秦国，以防止被兼并反倒是明智之举。

到了战国中期，随着形势的日新月异，合纵的针对性也在不断变化。随着商鞅变法的持续进行，秦国一国独大的局面渐渐形成，成为六国共同的威胁。面临这种新局面，其他六国调整战略，逐渐走入一个阵营，此时的秦国成为众矢之的。

这一时期，合纵连横局势便成为六国联合共抗秦国，是为合纵；秦国拉拢弱国，各个击破，是为连横。

苏秦与张仪师从鬼谷子，成为纵横学的倡导者。苏秦曾凭借其三寸不烂之舌游说六国，联合攻打秦国，是为合纵战术。张仪则恰恰与之相反，他凭借其谋略游说，利诱兼具威胁，将六国同盟打破，才使得秦国各个击破，终成一统大势。尽管苏秦与张仪处在政敌的位置，但是，与张仪演对手戏的主要是公孙衍。

河西之地与秦国仅仅一河之隔，是秦国通往中原的门户，其战略性可想而知。而河西重镇阴晋更是重中之重，秦国要想实现入主中原的野心，必须占据阴晋，乃至河西之地。

公孙衍本是魏人，秦惠文王将其任命为大良造，与其一同谋划攻打魏国、夺取河西之地事宜。公元前 333 年，秦军整装待发，秦惠文王命公孙衍领兵，大举进攻魏国。

作为昔日大国的魏国，多年的战争，已经让其筋疲力尽了。魏军不能抵挡秦军的强大攻势，只好投降。在割地等条件的威逼利诱下，秦魏修好。

公元前 330 年，公孙衍再次领兵攻打魏国，魏国倾其兵力，不过八万余士卒。在与秦军作战中，竟有一半被杀，主帅龙贾被俘。魏军群龙无首，一击即溃，秦军顷刻便取得了胜利。

没有招架之力的魏国再次求和，代价是全部的河西之地，至此，河西之地终于再回秦国，秦国打开了通往中原的门户，距离梦想越来越近。

张仪上场

公孙衍在短短时间内，取得了秦惠文王的信任，帮助秦国夺取了河西之地，这是秦国人多少年的梦想。此时的他可谓是意气风发，秦国内外对公孙衍莫不是刮目相看。

魏惠王一想到那个本是魏国人的公孙衍满心的怨恨，恨不能杀之而后快，只是苦于鞭长莫及。正当魏惠王一筹莫展之时，魏国中有深知公孙衍品行者进言：公孙衍贪婪爱财，却也是腹有才华，若能够以重金贿赂，收为己用，可谓是一举两得。

魏惠王一听此言，便依计而行。公孙衍终于成功被说动，因为在他的潜意识里仍有为魏国效力的热情与愿望。

秦惠文王对公孙衍信任有加，哪里会想到公孙衍包藏祸心。一心沉浸在建功立业之中的秦惠文王自然也希望能够扩张领地，对于公孙衍的建议他有点心动。但是，这个时候，有个人站出来，敲醒了头脑发热的秦惠文王，并拆穿了魏惠王与公孙衍的阴谋诡计。这个人便是张仪。张仪因为家境贫寒，更没有结识达官贵人，根本没有办法入仕为官，一展宏图。

张仪见在秦国谋职不成，便去了楚国，前去投奔楚相昭阳。这日，楚相昭阳宴请宾客，张仪也在其中。昭阳有一国宝，乃是众所周知的"和氏之璧"，这宝贝怎么在昭阳手中？原来，昭阳领兵获胜，楚威王心花怒放，便将"和氏之璧"赏赐给了他。

有了这份荣幸，昭阳不免要在席间拿出这"和氏之璧"炫耀一番。"和氏之璧"在众宾客手中传来传去，众人皆赞不绝口。怎知，就在这传送的过程中，这"和氏之璧"竟然不翼而飞了。

这东西必然会在在座的各位囊中，那么是谁拿了呢？在没有证据的情况下，众人将怀疑的目光转向了张仪。在座各位中，只有张仪家境最为贫穷，最有可能贪恋这价值不菲的宝贝。在一番威逼利诱之后，张仪仍旧一口咬定没有拿"和氏之璧"。

愤怒的昭阳便以大刑伺候，张仪被打得遍体鳞伤，却仍是咬紧牙关，不肯屈打成招。昭阳见张仪如此决绝，敬重张仪是条好汉，又恐闹出人命，便放了张仪。

张仪回到家中，并没有因为伤痕累累而有好的待遇，家人对他冷眼相看，就连他的妻子也讥笑他。对于妻子的讥讽，张仪并不在乎，反倒问妻子道："视吾舌尚在不？"他的妻子一脸苦笑，答："舌在也。"张仪大叹一口气道："足矣。"

张仪在家休整了半年，身上的伤大愈。这半年里，无论家人怎样难听的讥讽，都没有让张仪丧失斗志，一蹶不振下去。相反，这半年成了张仪养精蓄锐的大好时机。

张仪的同门师兄苏秦，此时正值发迹，在赵国颇有威信。苏秦主张合纵抗秦，意图在秦国安插一个内应，知张仪有奇才，便想让张仪入秦，但唯恐张仪不乐意，便安排了一场以张仪为主角的好戏。

这日，一个友人来到张仪家，对张仪道："子始与苏秦善，今秦已当路，子何不往游，以求通子之愿？"穷途末路的张仪找到了一根救命稻草，便想拼命抓住，他也不迟疑，翌日启程，前往赵国投奔苏秦去了。

只是，张仪来了以后，苏秦不好生接待不说，还将其晾在一边。让其吃仆人吃的饭菜，还百般侮辱他。

张仪收拾行囊，再次前往秦国。这一路上竟然有人将其照顾得无微不至。原来，苏秦所为就是要激起张仪的斗志，张仪对苏秦的苦心感激涕零，心中有了报答的决心。

这一次来到秦国，恰逢秦惠文王招纳贤才，张仪在众多贤士中脱颖而出。秦惠文王拜张仪为客卿，让其参与朝政大事。张仪也不负所望，初入秦国，便拆穿了公孙衍进攻西戎的计谋。

张仪认为，秦国与魏国虽然修好，但是果真要寄托于这样的关系必然是要吃大亏的。魏国四面受敌，内忧外患，正是秦国攻打他的好时机。相反，若是向西攻打西戎，魏国稍得喘息，难免会乘人之危，这样的话就是得不偿失了。

听完张仪的一番高论，秦惠文王如梦初醒。此事之后，秦惠文王对张仪更加亲近，而公孙衍则备受冷落。张仪的时代来临了。

担任秦国客卿以后，张仪的韬略慢慢展现出来。秦惠文王对他也愈加信任，让其直接参与朝政。此时的张仪却饱受着内心的煎熬，他自然知道苏秦将自己送来秦国的目的，然而，转念一想便是秦惠文王那满是期待的眼神。这种进退维谷的境地真是让张仪左右为难。

苏秦一向主张合纵，联合各国共同对抗不断强大的秦国。将张仪送往秦国是他的一步棋，待张仪取得秦惠文王的信任，便可里应外合。但是，饱受煎熬的张仪必然会选择一条利己的道路。报恩只在一时，不可能一世。苏秦的恩情，张仪只是以暂时不去算计赵国来报答。除此之外，张仪的心思便留在了秦国。

张仪用现实渲染，融入秦国的现状，拿出了一个帮助秦国破坏六国合纵的连横战略。这个策略正好是针对苏秦的合纵。

公元前328年，张仪在做足了准备之后，领兵攻打魏国蒲阳。蒲阳被攻下，张仪却做了一个让众人大跌眼镜的决定。张仪向秦惠文王进言，将蒲阳归还魏国，以此为诱饵，获取更大的利益。这样的决定在当时朝中犹如巨石一般激起了层层波浪，更多的是不解与鄙夷。

秦惠文王将此事交给张仪全权处理，并未过多干涉。可以想象，秦惠文王的这份信任，只会让张仪更加卖力为其效力。

魏国战败，魏王正为丧失蒲阳而心痛时，却又听闻秦国将蒲阳归还了。魏王首先的反应便是惊喜，但是惊喜过后，紧接而来的却是一股不祥的预感。

魏王所想很快得到了证实。这日，魏王正在与群臣设宴，却听人来报，张仪带着公子繇来到了魏国。这犹如一声霹雳，正击中了魏王的要害。互换质子，这看似的交好仍然不能掩盖表面之下的尖锐矛盾，而一旦沦为质子的人，便是生死未卜的结局。

张仪背负任务而来，自然不肯懈怠，见到魏王一番寒暄过后，便切入正题。张仪滔滔不绝，魏王被张仪牵着鼻子走却不自知。

张仪的自信让魏王不得不正视现实。秦国是一个劲敌，要与秦国对抗不是一朝一夕的事情，而听张仪言下之意乃是两国交好。

张仪娓娓道来，秦王喜好土地，投其所好，给予一部分土地，秦王定然会喜不自禁。

魏王心中七上八下，对于土地他同样也是吝啬的。但是若真能如张仪所说，与强秦结好，共夺其他诸侯国的土地，那时候所得的土地，恐怕是难以丈量了。魏王这样想着，心中便释然了许多，慷慨地将上郡与少梁两地献给了秦国。

魏国献上郡与少梁的消息传到秦国，秦惠文王惊喜万分，对张仪更加赏识了。张仪从魏国归来，秦惠文王亲自迎接，并将其提拔为丞相。

公孙衍的合纵

张仪屡立大功，成为秦惠文王的新宠，可谓是春风得意。

备受冷落的公孙衍离开了秦国。他来到魏国，魏惠王便任其为相。公孙衍受到如此礼遇，很快便提出了合纵的外交战略。

公孙衍试图拉拢别国，共同对抗秦国。秦国一统天下的野心已经初露端倪。对于其他的诸侯国来说，但凡眼光长远者，必然会懂得团结自保的道理。

在公孙衍的倡导下，东方各国的合纵联盟最终形成。此次联盟有六个国家：楚国、齐国、赵国、韩国、燕国、义渠。

公孙衍能够将义渠拉入六国阵营，这是走得非常有战略意义的一步棋。义渠在秦国后方，秦国东进不得不有所顾忌，而东方各国又可与义渠形成东西夹击之势，对秦国是一个重大的威胁。

六国同盟以楚怀王为纵长，初具规模。公孙衍的合纵政策小有成就。但是这一看似强大的联盟实质上矛盾丛生。

由于各国君主都有各自的打算，人心涣散，联军组织混乱，六国合纵联盟以失败告终。

六国合纵失败以后，魏国境内的形势变化对公孙衍非常不利。魏襄王将魏国大权转交田需，公孙衍失势，不得不为自己谋求出路。

公孙衍抱着合纵的梦想，来到韩国之后，依旧开始策划新一轮的合纵计划。公孙衍以最快的速度投入合纵运动中，其决心之大，让秦国倍感不安。作为韩国丞相，公孙衍担起了顶梁柱的重担，领兵与秦军相抗。

两军相持一年多，韩军再也没有余力支撑。狼狈不堪，步步退让，终以失败告终。

无情的失败让公孙衍再也没有颜面在韩国待下去了。公孙衍再次回到魏国。

公孙衍与大臣陈寿积怨甚深，田需为置公孙衍于死地，便命人将陈寿杀死嫁祸给公孙衍。公孙衍无力反驳，只能蒙受不白之冤，后被处死。公孙衍死了，合纵战略终以失败告终。

屈原忧思而作《离骚》

楚国不仅地大物博，发展潜力甚大，还是一个根基深厚的国家。

周王室衰微后，楚国利用地理优势飞速发展。随着国力的强大，楚国国君变得逐渐骄横。

楚怀王没有遗传祖先离经叛道的虎狼特性，而是将所有温顺懦弱的缺点都集于一身。他不仅放了张仪，还答应连横依附秦国。

这时，三闾大夫屈原刚由齐国回国，听说楚怀王轻易释放张仪，万分心痛。他火速求见楚怀王，劝说楚怀王杀掉张仪。屈原好言相劝，楚怀王幡然悔悟，命人缉拿张仪。然而，张仪已经逃离楚国。

屈原此次进谏可以说是冒杀头之罪，因为他早已被昏君楚怀王疏远。作为被疏远的臣子，屈原能够劝说楚怀王杀张仪，其忠心可见一斑。更令人敬佩的是屈原为了国家不顾个人安危敢于冒死进谏，爱楚国之心可想而知。

屈原熟悉外交，待人接物礼貌周到，辞藻表达更令他国使者折服。楚怀王很倚重屈原，大事小事都交由屈原处理，甚至让屈原制定法令。

制定法令是国家大事，上官大夫不甘心由屈原完全把控，为了自己的利益，上官大夫决定盗窃屈原的才华。所以在屈原草拟完政府法令后，上官大夫使阴谋诡计，想占为己有。但行动的结果却一点儿都不理想。一计不成又生一计。他对楚怀王说，屈原自恃才华，在外不断张扬，说只有他能制定楚国的法令。

楚怀王是个嫉妒贤能之人，听上官大夫如此说，嫉妒心大起，渐渐疏远了屈原。

那个时候，诸侯国恰好刮起一阵禅让的旋风。屈原既是王族又有才能，楚怀王担心如果屈原获得民心，自己的国君之位就会有危险，所以心怀忧虑。屈原被疑，心生怨愤，又无知己可诉，不禁写下《离骚》这等千古美文。

《离骚》留给后人的，有人生的坚持不懈，如"路漫漫其修远兮，吾将上下而求索";有对人民生活艰难的怜惜,如"长太息以掩涕兮,哀民生之多艰";有对祖国、宗庙的忠诚,如"指九天以为证兮,夫唯灵修之故也"。简言之,文如其人,从《离骚》能够窥探屈原的品行。

九鼎的诱惑

秦武王心向九鼎,一心渴望将其占有。

这九只鼎据说是大禹打造的,打造材料来自九州交纳的贡品,因而象征九州。谁拥有这九只大鼎,就表示他拥有九州的统治权。

凡是有野心的国君,都希望拥有这九只大鼎,因为它是权力的象征。为了能够获得九鼎,秦武王先进行了人事改革,将丞相一分为二,由樗里疾和甘茂担任。经过两年的人才培养,秦武王身边聚集了一批力大无穷的人物,例如任鄙、乌获和孟说。

公元前308年,秦武王调动大军,准备攻取韩国的宜阳。从秦国的军事实力来看,开进周朝首都绰绰有余,最大的麻烦反而是宜阳城。宜阳是韩国阻挡秦国东进的关键屏障,如果宜阳被攻陷,韩国就有亡国的危险,因而韩国十分重视宜阳城。

负责攻取宜阳的主将是甘茂和向寿,甘茂是主要负责人。对甘茂而言,宜阳城池坚固只是第二难题,真正的难题是如何获得秦武王的信任。因为在秦国内部,以樗里疾和公孙郝为首的一派一直反对攻取宜阳,理由很简单:宜阳城墙高河深,驻守的兵将多,强攻不合算。

甘茂和樗里疾都是丞相,身份不相上下。如果攻城一事稍有差池,在秦武王身边的樗里疾肯定会趁机进谗,甘茂的日子必然不好过。那时，甘茂领军在外，驻扎在息壤。游说秦武王，获取最高信任的任务就落在向寿身上。向寿对秦武王说，宜阳城很难拿下，还是不攻取为上。

秦武王听后，火速前往息壤向甘茂问明缘由。甘茂没有直接回答，而是给秦武王讲了一个故事。

鲁国有一个与曾参同名的人，他杀了人。外人将曾参杀人的事告诉曾参的母亲，起初曾参的母亲不相信，仍旧安安心心地织布。第二波人来告知，曾参的母亲仍旧不相信。但是，当第三波人说同样的话时，曾参的老母亲立刻扔下机杼，拔腿就跑。

通过"曾参杀人"这个小故事，甘茂想表明的意思是宜阳城非常坚固，并非一朝一夕就能攻下。如果时间拖得久了，或者秦军一旦出现失利的情况，一定会有人在背后进谗中伤他。

既然甘茂的品德没有曾参高尚，秦武王对甘茂的信任也比不上曾参的母亲对曾参的信任。到那时，进谗中伤的人不会只有三波。如果秦武王不能抵挡谗言，而是像曾参的母亲抛弃曾参一样抛弃甘茂，甘茂必然深受其害。

讲完曾参的故事，甘茂又举乐羊攻取中山国的事实为例。当年，乐羊领军攻打中山国，足足打了三年才胜利。大军回国后，魏文侯交给乐羊一大批告发他的信。乐羊深受感动，跪倒拜谢，说攻取中山国不是他的功劳而是魏文侯对他的信任。

秦武王终于明白甘茂话里的意思，不是宜阳城不能攻，也不是秦军不够勇敢，而是甘茂对他的信任不放心。于是秦武王保证，无论攻取宜阳的战事如何，他一定不会听信樗里疾和公孙郝等人的谗言。甘茂与秦武王订立的这个盟约，被称为"息壤之盟"。

为配合大军进军宜阳，大臣冯章建议先归还汉中给楚国。冯章认为，如果不拉拢楚国，楚国一定会趁秦国主力攻取宜阳时侵犯秦国。楚王贪爱利益，如果送汉中给楚国，楚国就不会干预。秦武王同意，派冯章出使楚国。

冯章来到楚国，发现此时齐国也在拉拢楚国。宜阳城要打仗，秦国为了宜阳拉拢楚国，齐国也是为了宜阳拉拢楚国。楚王看此情形后，既没有站向齐国一边，也没有站在秦国一边，而是派大将景翠以救助韩国的旗号领军北上。

宜阳之战打了五个多月，秦、韩伤亡都很大，但是依然没分出胜败。转眼就到了冬天，天寒地冻，秦军屯兵城下十分凄惨。

这时，果如甘茂所料，樗里疾和公孙郝等人都向秦武王进谗言，中伤甘茂。打了大半年，只有伤亡数字，没有胜利果实，秦武王就想撤军。但是，甘茂提醒秦武王，不能忘记君臣之间的息壤之盟。想起息壤之盟，秦武王幡然醒悟，再次征召军队，收集粮草，打造军械，源源不断地送往前线。

内部的敌人解决了，外部的敌人还在虎视眈眈，例如楚将景翠。秦武王对此很担心。

甘茂告诉秦武王，楚国出军名义上是救助韩国，实际是为了趁火打劫。楚军绝对不会与韩军联合，秦武王可以高枕无忧。

次年春天临近，秦军再次发动大规模的攻击。但是，宜阳城十分坚固，城墙是被加厚加固过的，护城河又很深。秦兵打得精疲力竭，尽管军鼓擂了几通，还是没人冲锋，全部躺在地上喘气。

宜阳之战对甘茂关系重大。为了未来，甘茂搬出个人家产，全部分发给出死力的兵将。动员工作结束后，甘茂下令秦军再一次向宜阳进攻。

宜阳城终于被攻破，秦军大举抢进，与韩兵展开巷战。一战告捷，仅是在巷战中韩军就被斩首 6 万。守卫宜阳城的韩军共有十几万，也不知有多少人存活。这一年是公元前 307 年。

活着的理由

公元前 285 年，为了联合进攻齐国，秦昭襄王和楚顷襄王见了一面。以秦军为主，以楚军为辅，在秦国大将蒙骜的率领下，联军穿越韩、魏国境，侵犯齐国的河东地区，抢夺了九座城池。

连盟友韩、魏都不帮助齐国，可见齐国已经陷入众叛亲离的绝境，于是燕昭王命令乐毅攻打齐国。

燕昭王心意已决，乐毅不忍心违背他的意思，答应出军。但是，他提出一个条件：联合其他诸侯国。

乐毅的意思是，尽管齐国衰败了，但"百足之虫，死而不僵"，它的根基还很深厚。仅凭燕国的力量不一定能够彻底占领齐国。

燕昭王觉得有理，于是派人联合楚国和魏国。乐毅曾经是赵国的名将，很得赵国器重。赵惠王不仅答应将军队交给乐毅，还用占领齐国之后的利益诱劝秦国出兵。

经过一番努力，公元前 284 年，乐毅佩戴燕、赵两国的相印，率领燕、赵、秦、韩、魏五国军队，浩浩荡荡地向齐国进发。

为吸引齐国的主力，秦国大将蒙骜从河东地区进攻。齐国果然上当，倾全国主力，火速开往河东地区抵抗蒙骜大军。

就在这个时候，乐毅指挥燕、赵主力，从赵国的东南方出击，一鼓攻陷齐国西北边的边境屏障——灵丘（今山东高唐南）。

灵丘失陷，齐国就暴露在联军的刀剑之下，全国一片慌乱。齐湣王急忙任触子为大将，达子为副将，命他们火速前往济西迎战乐毅。

两军沿济水安营扎寨。触子认为联军势大且锐气当头，应该先避开他们的锐气，凭河坚守，拖一段时间，等联军疲倦后再出击。

但是，齐湣王却认为敌人都打到家门口了，如果不全力出击，岂不颜面尽失？他威胁触子，如果不出军作战，触子的全家将会被斩，甚至连祖坟都要被刨。

触子心地仁厚，他既忍受不了全家被杀、祖坟被刨，也忍受不了驱赶自己的士兵去送死。所以在两军列阵相持，即将开战之际，触子突然鸣金收兵，悄悄地逃得不知所踪。

想当初，齐、楚展开垂沙大战时，齐国之所以能胜利，在于大将匡章能够抵挡得住国君的威胁。触子却抵挡不住国君的威胁，临阵脱逃。乐毅见齐军群龙无首，遂大驱军马杀得齐国军队片甲不留。

联军乘胜追击，势如破竹，锐不可当。齐军副将达子收编残兵败将，退守都城临淄的西大门秦周。如果秦周被攻陷，临淄就很危险。

为了激发士兵的斗志，达子建议齐湣王犒劳军士。此时的齐国，已经陷入崩溃的边缘，没有多余的积蓄赏赐。如果真要赏赐，只能从国君的私库中提取。让齐湣王动用私库，令他十分恼火，他不仅不发放，还大骂达子，说达子与触子是一丘之貉。

国君无道，军士灰心绝望，毫无斗志，不堪一击。秦周被攻陷，达子战死，临淄城突兀地矗立在乐毅眼前。

齐国已经惨败。诸侯国从中捞了不少好处，于是见好就收，纷纷撤军。只有燕军笔直地朝临淄进发。

乐毅的速度之快，令临淄城民众措手不及。于是都城很快被攻陷，当时齐湣王已经逃跑。

燕昭王听说临淄被攻陷的大好消息后，火速来到济水岸边，封乐毅为昌平君。并举行了一场声势浩大的授勋仪式，任命乐毅为驻扎齐国的全权代表。

逃离国都后，齐湣王如丧家之犬，一路南奔来到卫国。曾经，齐国对卫国有恩。卫王感恩戴德，所以让出自己的宫殿给齐湣王住，让出自己的生活用具给齐湣王用。总之，齐湣王在卫国所受到的待遇，就像他在齐国受到的一样。

但是，齐湣王并没有吸取亡国的教训，还把自己当成以前的齐湣王。他竟然在卫国耍国君的脾气，对卫国君臣颐指气使，毫不尊重。卫国一怒之下，断绝了对齐湣王的供给。

齐湣王只能再次逃亡，他来到邹国和鲁国。结果这两个国家都不接纳他。不被其他国家接纳，无处可去的齐湣王只能逃回自己的国家，栖身在南部小城镇莒。

正当齐湣王走投无路之时，楚国向他伸出了援手，派大将淖齿率领一万多人保护齐湣王。楚国之所以出军帮助齐国，只不过想牵制乐毅，使他不能完全占领齐国。

尽管遭遇了这些战乱，齐湣王自高自大的性格还是没有改变，一贯轻慢侮辱他人。淖齿忍无可忍，于是起兵反抗。

齐湣王手无缚鸡之力，很容易就被淖齿控制了。

一位身材魁梧、手段高明的大汉走到齐湣王身边，突然抽出一把刀，但不是干净利落地砍杀，而是把他的筋抽了出来。紧接着，齐湣王被放进一面大鼓之中，大鼓就成了齐湣王的最后归宿。

赵武灵王胡服骑射

赵武灵王向北方发展并不是心甘情愿，而是为情势所迫。因为赵国如果不向北方发展，就会遭受秦国的威胁。

公元前317年，赵国联合韩、魏一起攻打秦国。结果秦国大败三国军队，一口气杀了赵国八万多有生力量。第二年，秦国再次出军，一举攻取赵国的中都和西阳。

秦国咄咄逼人，如果不是燕国发生因燕王哙禅让而起的内乱，赵国会遭受更大的打击。借燕国内乱，赵国迎立正在韩国当人质的太子职，同时秦国出兵为燕国平叛，太子职成功继位。太子职继位后，燕国与韩国解除盟约关系，同赵国交好。

尽管燕国是秦国的姻亲之国，秦国还是不会放过燕国的盟友赵国。公元前313年，秦国再次出动大军攻打赵国。此次秦、赵大战，赵国再次大败。秦国攻陷赵国的蔺城，俘虏赵国大将赵庄。

面对如此强悍的秦国，如果赵国再不进行改革，调整战略，一定会败亡给秦国。

公元前309年，赵武灵王来到九门，修筑了野台，作为瞭望齐国和中山国的工事。齐国的军队与赵国的没有太大区别，而中山国的军队却与二者不同。

中山国的军队主要由健壮的战马和彪悍的骑兵组成。他们的战马是北方特产的高头大马，力量很大，奔驰迅速。骑兵头戴皮帽，上身穿紧身的短衣，下身是瘦削的裤子。他们也穿铠甲，但是铠甲很轻，不累人也不累马。

跟中山国士兵的装饰搭配，他们的武器是弓箭。每当偷袭时，无数骑兵一队一队地冲向敌方战阵，马蹄踏地，声如雷响，气势十分骇人。令对方无法还击的是，他们并不冲入战阵，而是骑在飞驰的马上射箭。

中山国士兵的攻击速度迅猛，他们的飞箭所向，赵国军士无不应声而倒，有七八成人伤亡在飞箭下。紧接着，中山国士兵骑着战马会径直冲向赵军的战阵。赵军剩下的十分之二三的人根本无力抗击，能逃的被战马撞伤，不能逃的被战马踏成肉泥。

尽管中山国的胜利是小规模的，但他们的作战方式对赵国的威胁很大，因为赵军压根儿不懂这种打法。当然，吸取无数次的教训后，赵军也会用盾牌保护自己，并且用战车反击。但是，盾牌和战车都是笨重的东西，运转不灵活。中山国军队利用速度和灵活优势，团团围住赵军，飞箭又密如蝗虫似的扑向赵军。

既然敌军有速度和灵活上的优势，赵武灵王决定取长补短，着手进行一场改革。他要求士兵穿便于骑马射箭的胡装，训练军队骑马射箭。一场胡服骑射的改革拉开了序幕。

然而，赵国深受中原文化的熏陶，如果只让军队穿胡装，会引发很多非议，甚至挫败改革。

为了赢得全面的胜利，需要在全国推行穿胡装。赵武灵王第一个开展思想动员的人是胡人楼缓。

在赵国有着明显的胡汉之分。汉人自恃文化先进，瞧不起胡人。所以赵武灵王第一个开展楼缓的思想动员工作。

他说道：回想往昔，赵氏祖上何等神武，连接了漳水和滏水的天险，修筑长城防御少数民族，还夺取了蔺城和郭狼等战略要地，并且打败猖獗一时的林胡人。现在，国家遭遇内忧外患，并且屡次进犯的中山国是最大的祸患。如果连小小的中山国都对付不了，赵国的灭亡就指日可待了。究其缘由，赵国之所以会败，是因为军队的战斗力不足。

最后，赵武灵王强调，"有高世之名，必有遗俗之累"（司马迁《史记·赵世家》）。意思是，想要取得高出世人的功名，必定要受到背离习俗的牵累。

尽管赵武灵王很坚决，国内反对派的声音还是很大，他只得再次开展思想动员工作。这次动员的对象是顾命大臣肥义，如果肥义同意，改革的阻力将会大大减少。

听了赵武灵王渴望继承赵简子和赵襄子的大业，所以实施变革后，肥义支持赵武灵王的决定。

于是，赵武灵王第一个穿上胡装，同时派人转告公子成，希望他也穿着胡装上朝。

公子成姓赵，名成，是赵武灵王的叔叔。赵武灵王没做公子成的思想工作，因为觉得自己人会帮自己人。殊不知，改革的最大阻力就是以公子成为代表的宗室势力。

听了使者一番改革动员的话后，公子成不但自称有病，不能穿着胡装上朝，还说："中国者，盖聪明徇智之所居也，万物财用之所聚也，贤圣之所教也。"

公子成摆出一副天国上朝的大姿态，赵武灵王不得不登门拜访，亲自做思想工作。赵武灵王还是强调，"圣人果可以利其国，不一其用；果可以便其事，不同其礼"。

经过一番发人深省的开导，又考虑到国家屡次遭受中山国的侵犯，公子成终于放下大架子和高姿态，抛弃俗见，穿着胡装上朝。

重要人物都同意变革，并且穿上胡装作为表率，赵武灵王即刻颁布变革法令。一场以改变着装为主要形式的变革在赵国轰轰烈烈地展开了。

完璧归赵

蔺相如（约公元前 329—前 259 年），曾是赵国宦官头目缪贤的家臣。因为在缪贤准备逃去燕国时，对缪贤进行过合情合理的劝诫，遂甚得缪贤的信任。

当时，蔺相如已经年过不惑之年，却还是宦官手下一名名不见经传的门客。尽管他得到了缪贤的礼遇，但对于才高八斗、志比天高的蔺相如而言，仍是远远不够的。

而他之所以甘心一直在缪贤的门下做事，一方面是因为缪贤胸怀宽广，有容人之量；另一方面则是因为缪贤是赵国都城内最大的宦官，很得赵王的信任。在战国那个大争之世，必须存有大争之心。只有闻达于诸侯才不负苟全性命于乱世的艰难。蔺相如相信，只有通过缪贤的举荐，自己才能够实现自己的功名大业。

在蔺相如的苦心经营之下，这一天终于来了。

赵王在听到缪贤的举贤之后，大喜过望，当即便命人前去缪贤府上，通传蔺相如前来晋见。一见面，赵王上下打量了一番蔺相如后，便迫不及待地向他问道："秦王在信中说，用十五座城请求交换本王的和氏璧，你认为能不能给他？"蔺相如在来之前就已经想好了这个问题的关键，于是胸有成竹地说道："秦国强，赵国弱，没有办法，只能答应他。"赵王听闻蔺相如的说辞，并没有失望，而是将自己的担忧说了出来："世人皆知秦王贪婪。本王料想，秦王得了和氏璧，是断断不会给本王城邑的，本王又该怎么办呢？"

蔺相如明白，秦国此举是一石二鸟之计，秦王请求用城换璧，赵国如不答应，则赵国理亏，秦国就有了攻击赵国的理由；反之，如果赵国给了秦国和氏璧，而秦国不给赵国城邑，则是秦国理亏。他将两种对策加以衡量，便有了定议：宁可答应秦国的请求，也不要让自己在政治上处于被动地位。

赵王心中大喜，一方面他看到了蔺相如果然有才能，另一方面则是因为他通过蔺相如的分析，看到了此事的关键：献出和氏璧，谋取政治上的主动。他料定秦王绝不会将15座城池给赵国，只要取得了主动，到时说不定还能够保全和氏璧。

赵王试探性地问道："只是这出使秦国的使者，应该派遣谁去才合适呢？"蔺相如自然明白赵王的心思，他知道展示自己忠心和决心的时刻到了，于是大胆地向赵王说道："大王如果急切地需要一个使者，而都城之中一时之间又确实无人可派，臣不才，愿捧护和氏璧前往秦国出使。在此，臣向大王保证：如果秦国将城池给予赵国，履行承诺，则臣顺势就把和氏璧留给秦国；但是，如果秦国虚与委蛇，意在和氏璧，而不履行承诺，则臣势必将和氏璧完好无损地带回赵国。"听蔺相如这么说，赵王心怀大畅，于是命令蔺相如为使者，代表赵国西行入秦。

数十日之后，蔺相如便到达秦国境内。为了防止沿途出现变故，保全好和氏璧，蔺相如想尽了办法，一刻也没有松懈。

到达咸阳之后，秦王便急不可耐地将蔺相如传到章台宫觐见。秦王看到蔺相如后，并没有为这个陌生的面孔而诧异，因为他的全部心思都放到了和氏璧上。在一番寒暄之后，秦昭襄王连忙要求，让蔺相如献上和氏璧观看。

久负盛名的和氏璧，终于在蔺相如的"小心呵护"下，到了秦昭襄王的手中。秦昭襄王为了和氏璧可谓费尽心机，宝物在手，秦昭襄王笑逐颜开。此时此刻，秦国王宫之内，一片欢呼。秦王高兴之余，将和氏璧传给大臣们一一鉴赏，大臣们一饱眼福之后，又将其传给秦昭襄王的妃子们看，只留下蔺相如一个人，在那里干等着。许久之后，蔺相如知道，秦王并没有以十五座城池换取和氏璧的诚意。

只是此刻和氏璧在秦王手中，蔺相如既拿不回，也要不到秦王许诺的城池。但蔺相如是个坚毅且有智谋之人，他知道唯有不动声色，才能够寻求转机。否则不仅和氏璧会保不住，城池也得不到，就连自己的性命也难免会受到威胁，赵国和秦国的关系也会再次崩坏到战争的边缘。

于是，蔺相如心生一计，他走上前去对秦王说道："启禀大王，和氏璧并不是完美无瑕的，上面还有一处瑕疵，请允许臣下为大王指明。"

秦王其实心中也在想，该怎么夺取和氏璧，而又不需要履行先前的承诺。秦王正在徐图拖延之时，蔺相如突然说玉璧上有瑕疵，他没有多想，便将和氏璧交到了蔺相如的手中。

蔺相如手捧着和氏璧，向后退了几步，直到退到殿中柱子处，背靠着柱子"怒发冲冠"，义正辞严地对秦王说道："大王想要得到和氏璧，派人马不停蹄地将信送到赵国，交到赵王手中。赵王一时之间，难以决断，便召集文武百官一起商议，是否应该将和氏璧献给秦国，换取秦王所许诺的那十五座城池。然而朝中大臣都说：'众所周知，秦国本性贪婪，依仗它军事力量的强大，不把赵国放在眼中。为了诈取和氏璧，可谓无所不用其极，竟然连空话和谎言都用上了，因而那用于交换的城池，也定然难以兑现。'赵国境内，上至君王，下到百姓，都能够洞悉秦王的心思，因此我赵国举国上下，都不赞成给秦国和氏璧。但是我认为，纵使是平民之间的交流和往来，都能做到言而有信，何况是秦、赵这两个一东一西的大国之间的交往呢！一块和氏璧，玩物而已，如果因为它而惹得强大的秦国不高兴，不是因小失大吗？在我的力劝之下，赵国终于决意答应秦王的要求。赵王为了此事，还斋戒了五天，派我捧着和氏璧，在朝堂上行过叩拜大礼，亲自拜送国书。大王以为，这是为何？难道是彰显我赵国是礼仪之邦吗？我赵国之所以如此，是为了尊重秦国，表示对秦王的敬意。如今我幸不辱命，一路辛苦跋涉，将和氏璧带到这里，却看不到秦国和秦王的半点礼仪。一者，大王接见大国使者，将其放在一般的宫殿，不免显得礼节怠慢；二者，大王得到璧之后，又将其传给大臣和妃嫔们看，大臣倒罢了，都是知书达理之人，可是后宫的嫔妃是何等样人，大王是知道的。此举难道不是在戏弄我吗？依照我的愚见，恐怕大王是无意补偿给赵国十五座城，想要空手套白狼，对和氏璧巧取豪夺吧？无奈之下，我只能把和氏璧取回来。如果大王一定要逼迫我，我的头现在就与和氏璧一起撞碎在柱子上，誓死保全赵国的尊严！"

秦王闻言，心中一惊，依然存在侥幸心理，以为蔺相如只是吓唬吓唬他。哪知蔺相如竟然真的拿着和氏璧，斜视着柱子，眼看就要撞了上去。蔺相如一死，死不足惜，但是和氏璧可是传了数百年的重宝，秦王费了好大的心思才将其骗到赵国，万万不能叫蔺相如一怒之下，玉石俱焚。

于是，秦王立马向蔺相如妥协，一面说是因为自己考虑失当，才让蔺相如受到怠慢；另一面，则将负责国土查核的官吏宣来，并会同文武百官，一起察看地图。秦王还不时地在地图上指点一二，意思是打算将地图所示的十五座城划归赵国。其实这是对蔺相如施以缓兵之计，意图先稳定蔺相如，再徐图谋取和氏璧。

蔺相如也非等闲之辈，自然明白秦王的用意。但他并不想和氏璧有丝毫的损坏，之前他的言辞行动，不过是为了彰显自己的决心。蔺相如将计就计，说道："和氏璧为绝世重宝，这是世所共知的事情。赵王出于对大王的敬意，毫不犹豫地就将和氏璧献了出来，并且在和氏璧即将离开赵国之前，赵王还斋戒了五天。所谓'来而不往非礼也'，赵王都这样做了，足见赵国的诚意，现在秦国是否也应该表示一下？秦王也斋戒五天，并在朝堂上设'九宾'的礼节。这样，才能够符合赵、秦两国的身份，我也才敢献和氏璧于大王。"

听闻蔺相如的一番言辞，秦王知道蔺相如是个足智多谋的人，想要巧取豪夺和氏璧是不可能的。秦王别无他法，只能暂时答应蔺相如斋戒五天。蔺相如便被秦王安置在咸阳城的广成宾馆里。蔺相如到了广成宾馆，并没有闲着，反而更加迅速地行动起来，企图保全和氏璧。他知道，秦王所谓的斋戒，也不过是托词而已，要得到他所许诺的城池，可谓难比登天。为今之计，只有一面稳住秦王，一面将和氏璧悄悄地送回赵国，到时木已成舟，自己再想办法脱身。

翌日，蔺相如让随从换上粗布衣服，怀揣和氏璧，从小道溜走，把它送回赵王的手中。

秦王斋戒五天之后，按照蔺相如的要求，在朝堂上设了"九宾"的礼仪，请蔺相如参加。这一次，秦王已经下定决心，无论如何，也要夺取和氏璧，哪怕背负不义的名声，也不能让自己"得入宝山，空手而归"。岂料蔺相如虽然没有爽约，却并没有将和氏璧献上，只听蔺相如对秦王说道："历史可鉴，秦国自从秦穆公以来，已经经历了20多个国君，何曾有人听说，有一个国君是坚守信约的？没有！我蔺相如不过是赵国官吏手下的一个门客，却得到赵王的信任，担当护送和氏璧、出使秦国的重任。死尚且不惧怕，唯独害怕受大王蒙骗，而有负赵王的重托。无奈之下，我只能出此下策，将和氏璧秘密送回赵国，相信此时它已经到达赵国国君的手中了。当今天下，秦国强而赵国弱，大王如果有诚意，大可以派一个小小的使臣到赵国，将十五座城池交给赵国，赵国定然不敢违逆大王的意思，将和氏璧如约送上。试想依照秦国的强大，天下还有敌手吗？赵国又怎么敢留着璧而得罪大王，成为秦国的敌人呢？然而欺君之罪，万死难辞其咎，我感到无颜以对秦王，请求受汤镬之刑。大王英明、公卿贤达，还希望你们仔细思考，以决定此事的处理方法。"

秦王和大臣们闻言，顿时面面相觑。事已至此，秦王无论怎么奸猾，也难以重新夺得和氏璧，环顾朝中大臣，秦王叹了一声，说道："蔺相如说的，也不无道理。现在杀了蔺相如，只能出得一时之气，和氏璧还是得不到。失去和氏璧不说，还会断绝秦、赵两国的'友好'邦交，甚至会导致战争，此乃不明智的行为。"其实，秦王何曾会惧怕战争呢？他害怕的是，秦国理亏，对战事有损。而且他知道，就在蔺相如的随从返回赵国之时，赵国老将廉颇已经率领数万大军，驻守在赵国的边境上，厉兵秣马，枕戈待旦，防备秦国的入侵。

秦王见大臣们已经安静下来，于是建议道："蔺相如既然是赵国的使节，我国理应好好地招待他，并送他回赵国去，以免落人口实。料想赵王不是迂腐之人，赵国也没有那么强大，会为了和氏璧而欺骗我大秦。"

至此，和氏璧之事终于告一段落，秦王还将接见蔺相如的地方转到了正殿，以示对赵国的尊重。蔺相如圆满地完成了出使秦国的重任，载着满身的荣誉回到赵国。

赵王感念蔺相如的功劳和才德，于是任命他做上大夫。此后，秦国没有给赵国城池，赵国也没有把和氏璧给秦国。

国君的必修课：音乐

周赧王三十六年（公元前 279 年），秦王派使者到赵国约赵王在西河外的渑池（今河南渑池县境内）相会，商议两国的修好事宜。

渑池相会之事令赵惠文王分外担心，因为昔日楚怀王之事，犹历历在目。前人之事，后人之师，秦国历来是一个不讲信义的国家。赵王担心此次若去赴约，也会被秦国扣留，重蹈楚怀王的覆辙，落得个客死异乡的下场。因此，赵惠文王不得不慎重地考虑此事。

其实，赵王的担心是多余的。一来，秦国此时是主动言和，断然不会在渑池之会上妄动刀兵，招致赵国的嫉恨；二来，赵国只要做好准备，军事上加强防御，政治上加强统战，赵国就处于有备无患的境地。以上两点便可让秦国不敢妄自动兵。

很多朝中的文武百官也看清了这一点，于是有人向赵王进言道："秦王约您相会渑池，大王去，则可保国威不失；大王不去，就显得赵国弱小而胆怯。还是去好。"蔺相如也请命于赵王，请求与他一同相会秦王。此时的赵国，文有蔺相如，武有廉颇。文武众臣皆建议赵王前行，赵王自然不好再犹豫。

等到赵王和蔺相如走到赵国边境，赵王又担心起来：如果秦军趁机进攻赵国，而赵国又群龙无首，如何是好？

廉颇早就想好了这一节，便向赵王进言道："此次大王去渑池，据臣下估计，路上来回的行程，加上渑池会议的时间，前后不会超过30天。若大王30天后仍未返回，还请允许臣等立太子为王，以断绝秦国扣留大王要挟赵国的念头，也避免赵国因群龙无首而生乱事的危险。"

赵王听闻，深感有理，所以他命令廉颇做好准备，主持好赵国的军事，防止秦军的攻击。于是，廉颇就此驻守在赵国边境，同时命令赵国其他地方的军队，迅速来援，共同守卫赵国的门户。

除此以外，廉颇还建议，派遣数千士兵随行，同时派遣军队在渑池三十里之外驻扎，以防赵王遭遇不测。然而究竟派遣何人率领那数千士兵，成了一个难题。这时候，惠文王之弟，"战国四公子"之一的平原君赵胜推荐赵奢为将领。

正值用人之际，赵王听从了平原君的举荐，任命赵奢为中军大夫，领数千精兵随同赵王、蔺相如等人，共同赴渑池之约。

及至渑池，秦王作为本次秦、赵两国君王相会的东道主，自然是热情非凡。特别是赵王初到时，秦王还以国礼接待他，这让赵王不禁在心里泛起嘀咕，不知秦王是何用意。

蔺相如看得清楚，秦王虽然在表面上对赵国以礼相待，但是在骨子里，却透着对赵国的一种蔑视。此时的秦国对赵国不过是表面敷衍。可是赵国对秦国却不敢擅自开战，因为秦国此刻已经是披甲百万、战车万乘。赵国在国力上虽然与秦国相比只略逊一筹，但是在军事上则显露出明显的劣势。

秦王之所以主动与赵国请和，不过是缓兵之计。赵王听完蔺相如的分析，如醍醐灌顶，在与秦王推杯换盏、谈笑风生之时，心中不免生出警惕之意。

酒到中巡，秦王便露出了其强霸气势，对赵王说道："本王听说，赵王您喜欢弹瑟，恰好本王这里有瑟，赵王何不弹奏一曲，以助酒兴？"赵王闻言，面有难色。如果从之，岂不是自取其辱？而如果不从，则会落人口实。无奈之下，赵王只好整整衣冠，走到宴会中间，随意弹了一曲。可是秦王并没有就此罢休，他竟让史官上前，在秦国史书上记上：某年某月某日，秦王和赵王在渑池宴会，赵王为秦王弹瑟一曲。

蔺相如见此，自然知道秦王是有意为之，意在羞辱赵国，展现秦国的强势地位，于是上前对秦王说道："赵王一曲，如天籁之音，然而，瑟声虽好，却苦于无人应和。听说秦王您擅长击缶，恰好这里有个缶，还请秦王不要吝啬，击缶为大家助兴。我想，这里人虽众多，却只有秦王才有资格，和赵王相和。"

见秦王面露不悦之色，其臣下文武大臣也生出愤怒之情，蔺相如索性一不做二不休，直接将缶端过去，献给秦王。秦王为了保全威严，自然对蔺相如的所作所为不屑一顾。只见蔺相如义正辞严地说道："壮士一怒，血溅五步。现在我离大王只有五步的距离，如果大王答应击缶之事，则大家相安无事，如果大王不答应，蔺相如贱命一条，拼着一死，也要溅你一身血！"

眼见自己的大王竟受到蔺相如的胁迫，秦王的侍卫们都面生怒色，纷纷拔出刀来，要杀蔺相如。只是这蔺相如早就名声在外，是个亡命之徒，侍卫们还真不敢妄自行动。果然，在蔺相如瞪着双眼、大喝一声之后，侍卫们便胆战心惊，吓得连连后退。秦王自然不高兴，却也别无他法，只好勉强在缶上敲了几下。蔺相如见状，遂忙回头叫来赵国的史官，让他在赵国的史书上记上厚重的一笔道：某年某月某日，赵王和秦王于渑池宴会，赵王命秦王敲缶助兴，秦王欣然从之。

秦王见此，心知自己上当了，愤怒不已。秦国群臣很容易就明白了秦王的心思，纷纷作势，要和蔺相如一搏。其中，还有人对赵王说道："请赵王不要吝啬，献出十五座城地，以作为对秦王的祝福！"蔺相如断断不会就此示弱，于是驳回道："那么，请秦王拿咸阳为赵王祝福！"眼见蔺相如如此有恃无恐的态度，秦王心念一转：莫非赵国已经有了万全的准备？再一看，赵王随军的数千人马，虽然将领是个名不见经传的人物，但是士兵们可是一个个凶神恶煞、精神抖擞，料来必定人人皆是以一当十之辈。秦王一番思索后立马转变态度，不再在言语上针对赵国。

一场鸿门宴，便在蔺相如的谈笑风生之间，将危机化为无形。

负荆请罪将相和

赵王在回到邯郸之后，第一件事情，便是封赏蔺相如为上卿，比廉颇还略高一筹。一是，蔺相如确实是功勋卓著；二是，赵王发现蔺相如是个可造之才；三是，由于廉颇军威日盛，功高难免震主，所以蔺相如才会在职位上高廉颇一筹。但廉颇盛名日久，所以其在赵国的威信远比蔺相如高。文武之间的平衡，聪明的赵王自然没有打破。

可惜，廉颇到底是一介武夫，虽然他在战略战术上有勇有谋，但是论政治权谋却是个门外汉。所以当他得知蔺相如官居上卿之时，不禁震怒。

廉颇能够有如今的地位，是靠自己的努力获得的。毫不夸张地说，如果没有赵王，那么赵国依然可以青山依旧，绿水长流；然而如果没有廉颇，则赵国必然会陷入强敌环伺、岌岌可危的境地。

跟随赵王的多年间，廉颇立下赫赫战功，好不容易才出人头地，成为一人之下、万人之上的人物。赵国上下，能够和廉颇比肩者，可以说是屈指可数。但是让蔺相如凭空高自己一筹，廉颇无法心服。

于是，廉颇决定，找准时机，一定要好好羞辱一番蔺相如。廉颇逢人便说："我廉颇攻无不克，战无不胜，立下赫赫战功。他蔺相如百无一用，不过靠一张嘴，竟然爬到本将军头上去了。别人看他脸色行事，我可一点也不买他的账，不要让我碰见他，否则，我必定得给他个下不了台！"廉颇的话很快便传到了蔺相如的耳朵里。为了免得跟廉颇见面，以至于发生不必要的冲突，蔺相如三番四次地请病假不上朝。

可是蔺相如越是这样忍让，廉颇就越加觉得蔺相如是惧怕了自己。没过多久，赵王也觉出廉颇和蔺相如有点不对劲：能看见廉颇的地方，就没有蔺相如的身影；蔺相如活动的地方，廉颇总是凑不到一块儿。赵王封赏蔺相如，不过是为了平衡朝中文武大臣，以维持朝局的稳定，没想到竟然弄得文武大臣如此不合。

一日，蔺相如坐车出去，他前脚刚刚踏出府上大门，便远远看见廉颇骑着高头大马而来。蔺相如为不与廉颇发生正面冲突，赶紧叫车夫把车往回赶。

蔺相如的行为令随从很不解，于是他们便问蔺相如："您和廉颇，都是朝中大臣，甚至您在官职上还要略高一筹，凭什么咱们见了廉颇，总要躲着他？这么下去，我们可受不了。"

蔺相如平静地回答道："诸位请想一想，廉将军和秦王比，谁强？"众人道："廉颇将军怎么能够和秦王相比呢？当然是秦王更厉害！"蔺相如闻言，义正辞严地说道："秦王如此穷凶极恶，我尚且不怕。廉将军如此慷慨大义，我会怕廉将军吗？大家只知道我和廉颇将军有嫌隙，却不知道，秦王之所以不敢进攻我们赵国，就因为赵国武有廉颇、文有蔺相如。我们虽然是两个人，实际上却是一个整体，和则赵国强，不和则会削弱赵国的力量。秦国强大，秦王奸诈，如果知道了我们不和的消息，必然乘机来攻打我们，到时赵国恐怕就会从此陷入万劫不复的境地了。为了赵国的生死存亡、安危荣辱，我避开廉将军，又有什么不可？"

蔺相如的话，很快传到了廉颇的耳朵里。廉颇虽然是一介武夫，但是大义犹存，特别是关乎赵国的安危大局上，廉颇可是毫不含糊。知晓蔺相如竟然是如此高洁之人，廉颇不禁万分羞愧：自己为了争一口气，竟然不顾赵国的利益，这哪里是一个国之栋梁应该做的事情？

廉颇为了表示自己对于蔺相如深刻的愧疚，便脱下战袍，背上荆条，赤着上身，徒步走到蔺相如府上，请蔺相如用荆条鞭打他。蔺相如赶紧把荆条扔在地上，用双手扶起廉颇，拉着他的手请他坐下。赵国文武从此勠力同心，秦国因此更不敢欺侮赵国了。

"鸡鸣狗盗"

眼看秦国越来越强大，各国自然不甘心坐以待毙。为了对付秦国的入侵和挽救本国的灭亡，各国想尽办法以网罗人才。其中有一大批人以信义著称，他们礼贤下士，广招宾客（门客或者食客）。他们以期通过这种方式，扩大自己的势力，彰显自己的名声，在关键时刻保家卫国。他们的方式是争相养"士"（包括策士、方士、学士或术士以及食客）。其中的杰出代表就是时人所称的"战国四公子"：魏国的信陵君魏无忌、赵国的平原君赵胜、楚国的春申君黄歇、齐国的孟尝君田文。

孟尝君才思敏捷、学贯古今，在当时名望很高。秦昭襄王听说孟尝君贤能，就先派泾阳君到齐国做人质，后请求见到孟尝君。

就在孟尝君准备去秦国的时候，宾客们都不赞成，众人皆规劝他，但他执意前行。这时因参加离间的关系而陪伴燕王质子在齐国做大臣的苏秦进言了，为了破坏秦国和齐国的联盟，他极力反对孟尝君入秦。他给出了一个很是冠冕堂皇的理由：与其和秦国联合，做秦国的棋子，为其东征提供方便之门，到头来什么也没有。还不如转身去灭掉西边的邻国宋国，以为齐国西进打开通道。这句话暗自合乎了齐王吞并宋国的野心，但是孟尝君似乎看到了苏秦的意图，故而将计就计，认为只有联合秦国，才能够为齐国吞并宋国提供最好的条件。

此时孟尝君的门客苏代也向他进言。这下，孟尝君不得不慎重考虑入秦事宜了。

苏代为东周洛阳人，是苏秦的族弟。苏秦有兄弟五人，其余分别是代、厉、辟、鹄，苏秦师从战国奇人鬼谷子。此时，苏代就在孟尝君门下做事。

　　眼看孟尝君执意要前往秦国，苏代便站出来对他说："今天早上，下臣从外面来到宫殿，见到一个木偶人和一个土偶人，他们竟然正在交谈。木偶人说道：'天一下雨，你就要坍毁了。'土偶人说：'我是由泥土生成的，即使坍毁，也要归回到泥土里，这样就无所畏惧。而你呢？若天真的下起雨来，水流便会冲着你跑，你被水一冲，就会从此四海为家、无所归依。'当今的秦国，是个如虎似狼的国家，而您执意前往，难道想做那个木偶人？一旦您回不来，土偶人该怎样嘲笑您呢？"

　　孟尝君听后，觉得似乎有几分道理。只可惜，君王之命难违，就在他准备不去秦国之时，齐王下令，让他必须前去和秦国修好。

　　在宣太后和秦昭襄王的一片欢呼声中，孟尝君奉命来到秦国。宣太后和秦昭襄王商议，既然孟尝君如此有才，何不让他做秦国的国相。孟尝君也看出，秦国未来的发展前途的确不可限量。纵观天下诸国，要么有实力而没有野心，要么有野心而没有实力。即使二者兼备，却没有明智的人辅佐、雄才大略的君王坐镇。能够一统江山的只有秦国，万事俱备只欠东风。

　　孟尝君认为，他就是这股东风，于是欣然答应做了秦国的相国。

　　只可惜，孟尝君是个齐人，于秦国而言，实在是个危险人物。秦昭襄王嬴稷不过是个名义上的君主，宣太后才是执掌政权的人，而宣太后此人，有一个致命的弱点：多疑。

　　有人向秦昭襄王进言，说及孟尝君虽然贤达，但是他却是齐国的人，怎么会数典忘祖呢？一旦有机会，他很可能会反戈一击，到时秦国再反悔就晚了。秦昭襄王不敢擅自做主，向宣太后请教，宣太后几乎没有任何犹豫，就将孟尝君撤职了。

本以为无官一身轻的孟尝君，不料楼缓竟然对他出招了。

赵武灵王为了和秦国结盟，与秦昭襄王相交莫逆，共谋对抗齐、魏、韩三国。赵国便将楼缓派遣到秦国，请求秦国纳其为相国。于是，楼缓便在这样的情形下，奉命进入秦国。只是赵武灵王没有料到，在楼缓入秦之后竟然从此背弃赵国，多次做出损害赵国利益的事。

楼缓为了彻底破坏齐国和秦国的联盟，一担任秦国的丞相，便下令逮捕孟尝君，准备选一个良辰吉日，将之斩首示众。

这下，孟尝君真的成了当初苏代所说的那只木偶人了。

门客给孟尝君建议，要逃脱秦王的杀害，就必须要找到能够劝动他改变心意的人。楼缓等人当然具备这个资历，但若以他们为突破口恐怕很难。那么这个可能的人，应该是谁呢？门客提到了秦王最为宠信的一个妃子——燕姬。

于是，孟尝君连忙托秦王的弟弟，曾在齐国为质子的泾阳君嬴悝将孟尝君献上的一块白玉璧献给燕姬，让她在秦王耳边代为求情。但燕姬对价值连城的白玉璧不屑一顾，声言她只要那件狐白裘。那件狐白裘，朝中上下无人不知，是孟尝君献给秦王的见面礼，是齐国闻名天下的重宝。

孟尝君没有考虑周全，他单单献宝给秦王，却忽略了宣太后。宣太后并不是真的想要狐白裘，而是喜欢一个虚名，喜欢别的国家对自己的尊重。

宣太后执掌后宫，对燕姬之事自然了若指掌。她见孟尝君前来求情，思量孟尝君此人也不过如此，在秦国的一年并没有什么作为，也许他不过是善于收揽人心罢了。

于是，在宣太后的授意下，燕姬提出了献上狐白裘的要求。她认为只要这个要求提出，孟尝君必然会知难而退，到时再杀了孟尝君，他就无法怪秦国不近人情了；即使他真的有本事，将其从秦王手中拿出来献给了燕姬，也是死罪一条。

俗话说"上有政策，下有对策"，既然燕姬铁了心要狐白裘，孟尝君就要想方设法将其弄到手，而他的门客中恰有几个擅长偷盗的人。

所谓"养兵千日，用兵一时"，其中一个最为擅长翻墙越户的门客站了出来，表示有办法把狐白裘从王宫里"拿"出来。

夜幕降临，那个门客装扮成狗的模样，趁着夜色从狗洞里爬进王宫。他找到内室大门后，发现秦王内室防守很严密，无法进入。他灵机一动，既然扮作狗样，索性一不做二不休，学做狗叫。看守之人一听狗叫，果然被蒙骗。这个门客顺势跃进内室，找到并盗出了狐白裘。

狐白裘盗出后，孟尝君将其交到燕姬的手中。燕姬十分高兴，将之献给了宣太后。于是宣太后授意燕姬，劝说秦王释放孟尝君。既然爱妾相求，秦王也乐于做个顺水人情，将孟尝君放了，并给了他一个过关文书，允许他回齐国。

孟尝君知道，自己万万不能再在秦国久留，只要秦王得知狐白裘被偷，或者燕姬将狐白裘之事告诉了秦王，他必然会落得个死无葬身之地的下场。

于是，孟尝君在得到了过关文书后，带着一行门客，星夜兼程向东逃去，赶到函谷关时，已是夜半时分。此时，秦王已经得知了消息，于是派遣了两路人马向东而来。一路负责追击孟尝君，另一路则负责赶到函谷关，向守关将领宣布秦王的旨意。

秦国自秦孝公时期开始，便立下法令："日落闭关，鸡鸣开关。"孟尝君一行人如果等到鸡叫时分才出关，很有可能被秦国的追兵追上。到时前有阻拦，后有追兵，孟尝君就只能束手就擒了。见孟尝君心急如焚，一位擅长口技的门客心生一计，跑到函谷关附近的山头上，学起鸡叫。其叫声清越嘹亮，划破长空。他这一叫不要紧，竟然让关内、关外的雄鸡都叫了起来，可谓一呼百应。守关的士兵听到鸡叫，自然想不到是有人故意为之，以为天快亮了，就习惯性地开了关门。孟尝君将通关文书交给守关人员，守关将领并没有起疑心，于是他们很快便出得函谷关去。

后人为了纪念此事，便在函谷关前筑起"鸡鸣台"。据说登此台者，可隐约听见一片此起彼伏的鸡叫声，颇为神奇。

孟尝君逃离秦国之后，经过赵国。赵国人听说孟尝君是个贤能之人，都愿出来一睹他的风采。经过某个县时，该县中人见孟尝君并无想象中的魁梧高大，便嘲笑着说："孟尝君真让人失望，原来他不过是个瘦弱不堪的人罢了。"孟尝君听后并没有生气，而是一笑置之。但他的门客们却很不甘心，随行之人不由分说，跳下车杀了几百人才离去。

不久，孟尝君等人回到齐国，齐湣王对其才华很是赏识，于是，封其为相国，让其执掌国政。

一路向西

战国时期，人们对国家并没有很强烈的归属感。当时的周王室虽然名存实亡，但经过夏、商、周以来的发展，华夏之人的概念已经深入人心。所以，战国时期的一些纵横家以及一些有抱负的人能够坦然在各个诸侯国之间穿梭往来，寻求施展抱负的最好平台。从一个魏国人变成一个魏国的敌人，进而变成秦人，并一步步实现把所有的魏人、楚人、赵人、宋人、齐人、燕人、韩人都变成秦人的目标。范雎以其纵横天下的勇气，雄霸江湖的雄心，在成就秦国的同时，也成就了他自己。

这一切，都源于秦国一个名不见经传的王稽的到来，也归功于其生死之交和结发妻子不计一切的辅助。所以成大事者，不仅需要自助，也需要他助。

郑安平和范雎（范雎已经更名为张禄。）扮作奴仆，在夜色的掩护下，星夜来到公馆，拜见秦国使者王稽。王稽见这个人竟然来得如此神秘，心中好奇。知道他甘心愿意冒险前来，定然有不凡之处。于是，他很热情地请范雎坐下来，郑安平则回到了住所。王稽命人端来酒菜，和范雎促膝畅谈天下大势。范雎指点江山，如在目前，三言两语之间，便将天下的形势分析得一清二楚。他还针对秦国的未来发展做了一番简要的筹谋。王稽虽然才智不及范雎，却也是个识得贤才之人。范雎正是秦国需要的人才，只要将他引荐到秦王座下，必将受到重用。如此一来，秦王自会对其奖赏，范雎也会对其感恩戴德，而秦国也会更加强盛。于是，王稽当即和范雎约定道："先生大才，王某佩服不已。我即将离开魏国，先生如果有意投效秦国，可在魏国京郊三亭岗之南等候，到时与我一起前往秦国，届时我必定向大王举荐先生之才能。"

范雎本有心向明月，奈何魏国这轮明月竟然对其不屑一顾，还屡次侮辱他。

在完成了出使魏国的一切事务之后，王稽便准备回秦国。然而，他并没有通知范雎等人具体去秦国的时间。因为范雎虽有满腹才华，能不能为秦国所用，还需进一步考察。而这等待的过程，就是对范雎的最后一道考察。

得到王稽许诺的范雎回到住所后，立即做了两手安排。一边让郑安平找可靠的人到秦国使者王稽的公馆外守候，一旦他出发，便迅速来告知；另一边，自己则火速收拾行囊和郑安平到指定地点等候王稽。郑安平对此很是奇怪，他认为大可以等王稽派人来通知他们。这时范雎向他解释，这是王稽在考验他们的恒心和决心。不再多言，郑安平和范雎一起到达魏国京郊三亭岗之南。

一连数日过去，王稽却没有任何动作。正当郑安平焦虑不安时，派出去的人前来告诉他：王稽来了。等到王稽的车乘到来，范雎和郑安平立即走出。王稽见状，大喜，本以为他们不会来了，今日一见，疑虑顿消。于是将这二人迎上车驾，向西边的秦国绝尘而去。

其实，对于前往秦国后是投效秦王还是宣太后，范雎做了一番很认真的计较，不过当时并没有下定结论。当时的秦国，秦王并没有多少的实际权力，真正掌权的是宣太后和魏冉。此二人把持着秦国的政治、军事大权，而秦昭襄王不过是个有名无实的君王。

但秦昭襄王早晚会获得实权，因为他才是秦国的正统，无论宣太后如何留恋政治，终归有一天会驾鹤西去。

所以范雎内心实则偏向秦王。在去秦国的路途中，一件事情的发生，让范雎下定了结束宣太后、魏冉统治，追随秦昭襄王的决心。

马不停蹄地连日跋涉后，王稽一行进入了秦国的边境。这天，他们驱车行至秦国湖县，忽然远远望见前方尘土飞扬，一队车骑急驰而来。看这架势，定然是个达官贵人，而且身份还非同一般。因为秦国的法律对于等级制度有严格规定。就连王稽这样的使者，在秦国境内也不可以随意地奔驰快马。

范雎素以心思缜密著称，看到前方疾驰的马车后急忙向王稽打听道："来的人是谁呢？看着车乘的华丽和步伐的嚣张，明显不是一般人。"

王稽听完范雎此言，不禁心生敬佩。不过这一路走来，整日听范雎高谈阔论，越来越察觉范雎的确有满腹才华，更有坚忍不拔之志。于是，他便若有所思地回答道："这是当朝丞相穰侯魏冉，他是宣太后的弟弟，也是秦国大王的舅父。看这架势，像是向东而去，帮助大王巡察函谷关周边的县邑。"

机会只垂青有准备的人

时为秦昭襄王三十六年（公元前271年），这代表秦昭襄王已经做了36年有名无实的君王。虽然他知道自己才是正统的国君，奈何宣太后实在是巾帼不让须眉，在她的领导下，秦国的国势不断强盛。特别是白起领军后，往南，秦军不断攻伐楚国，力拔鄢、郢两座重镇，幽死楚怀王于秦，楚国元气大伤，不敢与秦国相抗；往东，齐国虽然强盛，却在秦军的攻击下节节败退，就连曾经一度风云天下，震慑九州的魏、韩、赵"三晋"之兵，也被秦军打得无还手之力，使魏、韩二君俯首听命于秦国。天下之大，唯有赵国还能够勉强和秦国在军事上作对。

所有这些迹象在表现出秦国的强盛之时，也间接证明了宣太后政治势力的固若金汤。

秦廷上下虽人才济济，在战国舞台上风光无限，但却是由泾阳君、华阳君、高陵君以及魏冉"四贵"掌权，内部一片风声鹤唳。他们为了独揽朝纲、独霸朝局，屡次打击和自己意见相左的人，甚至是秦昭襄王的亲信也朝不保夕。

为了减少和宣太后等人的摩擦，避免秦国政局的动荡，秦昭襄王决意韬光养晦、厚积薄发。于是，秦昭襄王整日深居宫中，"甘心"被权臣贵戚所包围。只有在国家重大事件、非要大王出场之时，才勉强出去应付。

反观当时的战国局势，活跃在战国时期政治舞台上的谋士说客多如过江之鲫，难免鱼龙混杂、良莠不分。有的人确有其才，能够让国家在政治上左右逢源，在军事上百战百胜；有的却只是徒有虚名，甚至是为了混口饭吃，而到处骗取钱粮。他们都有一个共性：有三寸不烂之舌。没有这个长处，很少人能够接受他们。

因此，一时之间，不只是秦王，许多秦国上层统治集团中的重要人物，对来自诸侯各国的宾客辩士并没有多少好印象，以为其中无信者居多。

范雎知道秦国此时的情况，所以对于前途之多艰，也做好了心理准备。

范雎难以在第一时间得到秦王召见，并受到重用的另外一个原因就是王稽。

因为王稽在秦国的地位，相比一般的王公大臣，实在是微不足道。派他出使魏国，足可见秦国对于魏国的轻视程度。王稽很少有机会能够接近秦王。

范雎也知道这个情况，只是他不好意思点破。他心中暗想，只要自己想办法走进秦王的视野，只要秦王能够开恩相见，凭借自己的韬略智慧，定然能够让秦王刮目相看。

正当范雎准备亲自动手、自力更生之时，秦王颁布谕令召见王稽。王稽遂向秦王汇报前去魏国出使的情况，完事之后，见王稽还不肯离开，秦王正自奇怪。王稽说道，此次自己出使魏国，虽然在外交上平淡如水，但却并不是没有多少收获。因为这一路过来，他阅人无数，竟然叫他觅得了一个天下奇才，名字叫张禄。只要他能够得到秦国的重用，秦国的国力定然能够蒸蒸日上。

这一席话并没有多少出彩之处，所以也没有引起秦王的任何兴趣。为了不失王稽的面子，秦王遂让他给范雎安排一个住处，有时间自己再去召见他。

于是，范雎便决意安心等待下去，然而这样的等待过程，竟然持续了一年多的时间。

范雎觉得，当初秦王只是在敷衍王稽，自己这样等下去也是徒劳，只能孤注一掷，用言语激秦王赐见。这一日，范雎求人向秦昭襄王举报家门，说道："现有魏国张禄先生，如潜龙下凡来到秦国，才华恣肆、思维敏捷、智谋出众，为天下辩士，特地前来朝见秦王，辅佐秦国完成千秋霸业。"

此外，范雎还进一步称述，其间不乏危言耸听的味道："秦国势如垒卵，失张禄则危，得张禄则安。"然而天机不可泄露，更不足为外人道也。因此，范雎要说的大部分关键，只可以当面和秦王说，不可以让人代为转达。

可惜了范雎的一片苦心，因为秦昭襄王的价值观已经形成，对于天下策士辩客，他没有多少信任，只是以为他们都是欺世盗名之辈，因此，任你有千条妙策，他就是不闻不问。就这样，范雎的投效之心，再一次付于流水。和往日一样，范雎继续住在下等客舍，粗茶淡饭，在焦虑烦躁中度日如年，转眼又一年过去了。

周赧王四十五年（公元前270年），是范雎到达秦国的第二年。这两年时光，范雎虽然都在艰难的等待中度过，但是他的时间并没有就此白费。他利用这些时间，阅读天下典籍；经过王稽的介绍和自己的观察，对于天下局势也了如指掌；时常和王稽辩论，每一次都让王稽唏嘘不已。只可惜，王稽在这两年的时间内，也很少见到秦王。即使他再怎么有心想要向秦王推荐贤才，秦王却不给他机会，也不会有什么用处。

范雎见此，开始时还有一些灰心，但是久而久之，也就习惯了。

正当范雎在秦国都城咸阳大街上了解民情之时，一个消息的传来给范雎攻击政敌提供了借题发挥的机会。原来，这一日秦国竟然贴出告示，说秦国即将攻伐东方齐国的刚、寿。这让范雎大吃一惊，秦王怎么会如此糊涂呢？齐国远在东边，中间还隔着三晋之地的魏国、赵国，搞不好会落得个两面夹击，即使攻克了齐国，也不过是为他人作嫁衣。

回去向王稽一打听，范雎的疑惑豁然解开。原来，这个谕令的颁布，并不是秦王的意思，而是魏冉自作主张。因为陶山是丞相魏冉的封邑，旁边就是齐国的刚、寿。魏冉此举，是为了扩大自己的封地。

机会就这样降临到范雎的身上。经过两年时间的考察，范雎基本上了解了秦王的性格特征、办事风格以及内心深处的想法。这也让他暗自庆幸：当初没有贸然指出魏冉和宣太后等人的不是，如果当时自己一到秦国便锋芒太露，不仅宣太后势力集团不会饶恕自己，就连秦昭襄王说不定也会献出自己，向其母后表示忠心。然而经过这两年时间，魏冉等四贵更加目无王法，眼中根本没有秦王。秦王对他们的不满，也更加严重。

于是，范雎当机立断，上书秦昭襄王，阐明大义，直刺时弊而又紧紧抓住昭王的心病。其间言道："众所周知，英明的君主执政，对有功于国家的人会给予赏赐，会对有才能有志向的人委以重任；功大者禄厚，才高者爵尊。因此，没有才能的人，不会担当这个职务；有才能的人，也不会蔽隐而不为国家所用。反观昏庸的君主则恰恰相反，只是因为一己好恶而擅自行使赏罚的事情。这种全凭一己感情的行为，怎么能够为国家带来兴旺繁荣呢？"从这一部分可以看出，范雎力主选贤任能，奖励军功、事功，反对用贵任亲的行为，认为这是对国家不负责任的举动。这在血缘关系纽带极其复杂的早期封建社会里，无疑是闪光的思想。也正是这种思想，为以后士大夫阶级的兴起创造了萌芽。

信件的第二部分，范雎不顾一切地抨击了权贵专权专利的现象。以君王为大树的主干，而宣太后、四贵等人则是大树的枝叶。指出枝繁干弱的危害广泛，这对于加强中央集权、巩固君王的统治地位，无疑是极有见地的。尤其是其间说道："圣人说过：'善于使自己殷富者大多取之于国，善于使国家殷富者大多取之于诸侯。'天下有了英明的君主，诸侯就不会贪赃枉法、目空一切。这其中的症结所在，究竟是什么呢？因为明主善于分割诸侯的权力，而将所有的权力都集中到自己的手中。良医可以预知病人的死生，而明主可以预知国事的成败。利则行之，害则舍之，疑则少尝之，即使是舜、禹再生，亦需要遵循这种观念，不可以有丝毫的违拗。疏不间亲，这封信也只能言尽于此，很多话都不可以随便说，但是如果随意地说，又恐怕不能够引起大王的注意。大王英明，切不可以因为贪图享乐而影响了国事。草民希望您能够抽出时间，准我望见龙颜，让我一舒衷肠。草民所讲的，可以用于秦王治国，更可以用于秦国兴邦，如果有半点虚言，任何惩罚都可以施加在草民的贱躯之上。"

范雎的一言一语，都直接击中了秦昭襄王的心病。秦昭襄王处在宗亲贵戚的包围中，其中以四贵最为明显，他们权大势大，私家富厚，简直可以和国家一比高低了。因此，秦王早有如芒刺在背之感，只是朝中耳目众多，大多忠心于魏冉等人。此番，范雎能够直言不讳地说出自己的隐疾，不仅代表了他有超卓的见识，也代表了他具备足够的勇气和可堪大用的忠心。范雎对这封信，也是颇费心思。他知道，仅仅让秦王对这份谏言有所注意还不够，而如果大胆地提出振聋发聩的言辞，不仅会受到他人的嫉恨，也会显得自己没有城府。于是，范雎在信末说道"语之至者，臣不敢载之于书"，故作含蓄隐秘之语。一时之间，秦昭襄王浮想联翩，认为这范雎定然还有更为要紧的话要对他说，只是因为信件为外人送来，多有不便。

为了彻底抓住秦王的心，范雎在陈述了一番自己对于秦国的局势之后，还信誓旦旦地宣扬其言的绝妙效用，足以振聋发聩。只要信件能够顺利到达秦王手中，范雎便可以高枕无忧，坐等秦王召见。由此可见，范雎不仅胸藏治国的经韬纬略，对于纤小如发和风云变幻的人性，也是了如指掌。如此人物入住秦国，可以预见，一场惊涛骇浪就此酝酿。

强公室，杜私门

范雎将那封信递交到秦王手中，秦昭襄王见了信件，犹如见了阔别多年的知己老友。一时之间，欣喜之情无以言表。

于是，秦王立谢王稽荐贤之功，并让他代为传命，让张禄（范雎没有以真名示之）火速入宫。

王稽应了圣旨，心中畅快不已，转身便走了出去，待走到半路，秦王竟然派了车驾前来，说是要用于接送张禄。王稽看了看秦王甘泉宫方向，一轮红日正要喷薄而出。不由得叹道，功夫不负有心人，终于守得云开见月明了。

范雎随着车驾进入秦国宫殿，只是他依然装作毫不知晓，并且让驾车的人自行离去，旁若无人地走向宫闱禁地"永巷"。看似他是无心之举，实际上则是谋划多时，此刻可谓智珠在握、成竹在胸。

恰在这个时候，秦昭襄王在人群的簇拥下，缓缓地从对面走来。范雎没有丝毫惧怕，直接面朝秦王，走向"永巷"。一个宦官见状，快步趋前，怒斥道："见大王路过，你是何人，怎么能够不回避呢？"范雎并不惧怕，反唇相讥道："我虽是一介草民，但是对于秦国王宫还是很清楚的。我只听说，秦国有太后和穰侯，何曾听说过还有个大王的？"

范雎为了收到出奇制胜的效果，竟然丝毫不避讳。在宦官呵斥之后，依然继续前行。他之所以会甘冒奇险，是因为他早就做了周密的思考，以一句话，直接击中了昭襄王的要害。秦王如果听出了范雎的弦外之音，定然会进一步和他攀谈。当然，如果秦王对他的言辞不做理会，或者根本没有意识到范雎的意图，那么范雎来到秦国，就只能算是一场悲剧了。

如范雎所料，秦王非但不怒，反而将他引入内宫密室，屏退左右，待之以上宾国士之礼，想要和范雎单独倾心而谈。

　　当然，秦王也知晓了，眼前的这个貌似大逆不道的人，就是之前给自己写信的张禄。只是到了这个境界，他们就彼此心照不宣，而秦王所关心的重点，也不是他是谁，而是他能够给自己带来什么。

　　范雎知道，两年以来，对于秦国王室的局势，他只是耳闻；甚至对于秦王的了解，也不过是基于自己的经验，结合现实环境和其政策综合出来的。越是到了关键时刻，越是要考量一下这秦昭襄王的为人，切不可贪功冒进，以致最终得不偿失。

　　范雎深谙进取之道、虚实之法，知晓要探测这秦昭襄王的心思，就必须言辞闪烁，让他摸不着头脑。果然，酒过三巡之后，秦王便开始向范雎掏心窝子了。岂料此时的范雎依然故作高人，对于秦王的问题也是含糊其词。秦昭襄王见此，知道范雎还不是很信任自己，便更加毕恭毕敬地问道："请先生不要顾忌，有话但请直说，寡人是真心地想要听取先生的高见。"

　　范雎却一再避实就虚，唯唯诺诺，避而不答。这样的情形，一再发生，秦王越加诚恳。秦昭襄王见状，只能拿出自己的撒手锏，站起身来，向范雎深施大礼，苦苦祈求道："寡人一片诚心，天地可鉴，先生如果不吝赐教，寡人一定会真心感佩。"

　　范雎见时机已到，终于向秦王开启了一道大门，这道大门里有两个情景。情景一：秦昭襄王大权独揽，宣太后、四贵等人最终成为历史的过客。情景二：秦王扫六合，八荒九州，尽皆听取秦国号令。

　　而打开那扇大门的钥匙，就是范雎对秦昭襄王的一番话。话中内容在前面已经有过具体介绍，此处自不必多言。表达的意思很明确：

范雎在三言两语之间，就把眼前的秦昭襄王与古代的尧、舜、禹等圣贤联系到一起。大凡为高位者，很少没有虚荣心的，即使如秦王这样的英明决断之人，也觉得范雎的一席话很是受用。

接着，范雎借机激励秦昭襄王礼贤下士。紧接着，范雎便开始向秦王大表忠心，因为一个人有才固然重要，但是更加重要的是，其才能会给君王带来好处。于是，一番慷慨悲壮之词便这样脱口而出。他先是说自己为了秦国披肝沥胆，以情来感召昭襄王；后来再晓以利害，以杀贤误国震慑昭襄王。这样就能够保证，自己不会被秦昭襄王的一时冲动所害。

前面的一番言语，看似有血有肉，实际上还是范雎的虚实之言，旨在为后面点明秦国的弊端做铺垫。当然，秦国最大的弊端，就是宣太后和魏冉等人了。范雎认为，如果任由此种情景继续下去，则秦王地位不保，秦国也必将大厦倾覆。

综合来看，范雎的这一番言语是很有水平的，然而细细查看才发现秦国此时的当务之急，并不是扫清内部，而是如何处理与东方六国的关系。但是为了迎合秦王"强干弱枝"的心思，范雎只能先说他最关心的问题，而不是秦国最关切的问题。一来可以得到秦王的信任，二来则可以为自己在秦国的地位打下基础。范雎要成为丞相，就必须要和魏冉争权，能够赚取秦昭襄王这个筹码，无疑是最为可靠和实际的。只有具备了一定的政治地位，范雎才能够真正地一展才华，而不是这般纸上谈兵。

直到秦王真正地向范雎推心置腹，引为知己和股肱之臣，范雎才开始为秦国未来的发展制定策略——远交近攻。而这一政策，不仅符合当时的局势，也能够严重地打击魏冉的政治威信。范雎在弹指之间，便向秦昭襄王深刻地剖析了天下的形势，以及秦今后应采取的措施、策略。可谓纵横捭阖，使得秦昭襄王听后犹如醍醐灌顶一般拊掌大悦，对他更加重视和尊敬。

自此，范雎在理论上的地位初步奠定。

而要真正地成为秦国的相国，掌握秦国的大权，范雎还需要对付两路人马。第一路就是宣太后、魏冉等人；第二路就是名将白起。

人才是第一生产力

秦昭襄王嬴稷在过去40余年的时间里，一直活在宣太后的铁腕之下，没有实权。但他并没有能力反叛，只得将自己的不满深藏。

继位后的秦昭襄王一直在等，因为他清楚地知道要真正地实现自己亲政，就需要达成三个条件：第一，自己有足够的实力和决心；第二，有贤者的辅佐；第三，魏冉失去民心。等这三个条件成熟后，秦昭襄王就可以将宣太后的势力推翻，自己执掌政权了。

公元前271年，一个影响秦国在战国后期外交策略的关键人物出现了，他就是范雎。

只有秦国，如商鞅者，虽然身死，其政策却依然影响着秦国不断进步和发展。所以天下人仿佛都知道，才子落难之时，只有秦国才是最好的去处；贤人蒙羞之时，只有秦国才是伯乐，能够发现他的绝世光芒。

但是天下人都没有注意，战国时期的这些人才，大多来自一个国家，那就是魏国。

自韩、赵、魏三家分晋之后，三晋之地历来都是秦国最希望征服的地方，可惜屡次都没有得手。而三晋之中魏国的地理位置最为重要，它地居中原，是秦国走出自己国土、实现天下一统的关键地区。魏国物产丰富，教育系统也十分发达。魏国的吴起、商鞅、孙膑、范雎、乐毅等人，多是当时最杰出的政治家、军事家、思想家，名重一时，风流万古。

可是魏国的统治阶层，身处宝山而不自知，不但不重用这些能人异士，反而听信小人谗言，对他们凌辱迫害。无奈之下，那些满腹韬略、一腔抱负的能人异士只好投奔他国，最终成为魏国的敌人。

此次魏国迫害贤人的历史再次重演，范雎选择了秦国，这个当时战国最有实力和活力而又让东方六国最为寝食难安的国家。

这一年，魏冉带兵去攻打齐国的刚（今山东宁阳县东北）、寿（今山东东平县东南）两地。范雎觉得自己的机会到了，只要能够见到秦昭襄王，将自己的见解向秦王陈述，那么自己就会从此一飞冲天，实现自己的理想和抱负。正如范雎所料，秦昭襄王对于魏冉为了自己封地而擅自动用刀兵，置国家利益于不顾的行为，有着极大的不满；对于贤才有着渴望并且有识人之能；对于秦国的未来有着自己的规划，他渴望亲政，并且实现统一天下的宏图大业。

所以，范雎向秦王上书了，简单扼要地陈述了自己对于这一切的看法和解决方案，秦王自然乐于见这样的贤才。在范雎到达秦国宫殿之时，秦王喝退了左右，如大旱渴望甘霖般，和范雎促膝长谈起来。

范雎果然非比常人，几句话下来，便将秦昭襄王的兴趣吸引了过来。范雎一番言语，不仅吸引了秦昭襄王的好奇心，也将他彻底感动了。于是，秦昭襄王煞有介事地说道："寡人今天有幸得见先生，实在是天之大幸。不论事情的大小，上至太后，下至大臣，希望先生都坦言直说，不要怀疑寡人，只要有道理，寡人就会嘉奖，如果没有道理，寡人也不会怪罪。"

　　范雎见秦昭襄王如此礼贤下士，和自己平日的观察有过之而无不及。于是肆无忌惮地展开他的长篇大论，还提出了最新的作战方案，这也就是著名的"远交近攻"的作战方针："王不如远交而近攻，得寸，则王之寸也；得尺，亦王之尺也。"意思很明显：现在的东方六国之中，唯有齐国势力强大，同时又离秦国很远，因而齐国是秦国最为理想的结盟对象。试想，如果秦国攻打齐国，部队要经过韩、魏两国。如果军队的数量太少，则一时之间必定难以取胜；如果多派军队，则打胜了也无法占有齐国土地。与其便宜了韩国和魏国，不如先攻打和秦国相邻的韩国和魏国，逐步推进。当前的形势很明朗，为了对付南方的楚国和西方的秦国，齐国与韩、魏两国正在谋求结盟。因此，为了使得形势对秦国更加有利，秦国需要抢在韩国和魏国的前面，率先派遣使者主动与齐国结盟。

　　这个外交政策，对东方六国而言，无疑是一场噩梦。

　　"远交近攻"的实质，是让秦国想要攻灭的所有的国家都陷于孤立无援的境地。这样，秦国就能够对列国各个击破。范雎对秦国的未来发展所订立的策略可谓高屋建瓴，令秦王心悦诚服。然而，如果秦王不能亲自主持国家大计，依然如一个傀儡般让宣太后在幕后操控，则范雎所有的设想即使再美好，也只能流于空谈。

　　通过对秦国未来发展政策的制定，使得秦昭襄王见识了范雎的才智，心生重用范雎的心思。范雎也是心知肚明，因而可以由公到私。就宣太后掌权之事，范雎说道："昔日，我在山东，听人家说，齐国有孟尝君，很有才能，齐王只能望其项背。而到了秦国之后，则只听说秦有宣太后、穰侯魏冉，以及华阳、高陵、泾阳君，还没有听说有秦王。大王是一国的领袖，应该决定一切国家大事，有生杀予夺的权威。然而，再看秦国之天下，太后能够不管君上而擅自行事，穰侯能够不顾国家而把持对外大权，华阳、高陵、泾阳君可以不闻法规而自行决断，这是秦国的'四贵'。四贵的权势盛，国家就危险，大王的权力怎么能不倾覆？大王何以向秦国发号施令呢？

"秦国有了四贵执掌权柄，则大王就被架空了。正所谓功高震主，多少大臣一旦有了权力就陷主上于危险的境地。李兑曾经是赵国的臣子，主父最终被困于沙丘，百日之内无人解救，最终饿死。崔杼、淖齿曾经是齐国的臣，齐君最终被他们害死。今秦国宣太后、穰侯魏冉专权，并和高陵、华阳、泾阳君等人内外相连，范雎担心有朝一日秦国会再一次出现崔杼、淖齿、李兑这样的事情。

"大王心知肚明，您身边其实充斥着魏冉的人，而且朝中许多大臣都是魏冉的党羽，可谓权倾朝野。大王一个人在朝廷，就是孤家寡人，这让为人臣者怎么能够安心呢？如果这种情况不加以阻止的话，秦国也许就会落入外人之手。"

范雎此番话令秦昭襄王刮目相看，他终于等来了这个贤人，其不仅可以为秦国的未来考虑，也可以为秦王的地位考虑。有范雎辅佐的秦王终于下定决心对所谓的"四贵"动手了。

公元前266年，秦昭襄王解除了宣太后的权力。之后，他把穰侯、高陵、华阳、泾阳君逐出关中，并且免掉了穰侯的相位。拜范雎为相，封为应侯（应在今河南宝丰县西南）。秦宣太后在秦国政治舞台上叱咤风云、呼风唤雨41年后，就此落幕。

结束在开始之前

秦国的目光始终盯着东方两个最为强大的国家。一个是齐国，秦国选择了和它联合；另一个是赵国，秦国选择了和它决战。

如果将战国末期的东方六国划分为近秦和远秦的话，此时，秦国选择了和远秦三国达成暂时的和平，而选择将利剑高悬在近秦三国的头颅之上。此时的东方，无论在军事实力、经济实力，还是在外交制度上，已经没有任何一个国家可以和秦国匹敌。因而近秦的三个国家要么选择卑躬屈膝地向秦国投降，要么选择和秦国交战。无疑，任何一个国家的君主都不希望自己生活在别人的卧榻之侧，在开始之时，各国都选择了斗争。

上党一战，赵军以失败告终。

关于这个战争结果，可以有三种解释，要么是秦军和上党守军的战斗力太过悬殊；要么是上党郡的地理位置并不适合防守；要么是秦将王龁采用了一些可以快速瓦解敌人的策略——比如攻心。但是，一系列现象表明，冯亭之才智非常高，否则将不会成功地说服赵国，使之接受上党。如此，秦军攻心难以成功。此外，当时韩国的弓弩十分厉害，后来冯亭直接把20万上党守军带到了赵军的驻扎之地，可见秦军虽然战力强劲，却并没有带给冯亭部很大的打击。赵国之所以失去上党，很可能是因为其地理位置并不适合防守。

但是这一切都只是推测。因为史书对于这一战的介绍并不是很多，其间言道："（秦昭襄王）四十七年，秦使左庶长王龁攻韩，取上党。"

冯亭败军如潮水一般地退到廉颇大军驻地，难民们也源源不断地会聚到长平。从当时以及后世对于长平之地的记载来看，长平固然重要，但却很难让当时的两个大国生死相搏。那么，是什么导致了长平之战的最后发生？秦国一方很好解释，秦军坚持着白起的策略——对溃逃的敌人穷追猛打，从不相信"穷寇莫追"的兵法策略；而赵军则是出于对自己军力、战力的自信和对于丢失上党的不甘。

关于这一战，历史上的记述很多，但是秦国在后来的焚书坑儒中，让许多关于长平之战的记述消失在历史的风尘当中。但是，关于这一战，即使只有只言片语，也必将被人们所铭记。

自公元前 260 年四月开始，王龁大军就开始进攻赵军。四月，赵军和秦军交战，赵国裨将赵嘉在混战中被斩杀；两个月之后，赵军失去两个堡垒，四个尉官再次被斩杀，赵军陷入更大的被动；七月，依照廉颇的策略，赵军构筑了坚固的堡垒，与敌人周旋。但是在秦军猛烈的进攻下，赵军西边的壁垒被攻破，两个尉官又被杀。三次交锋均是以赵国的失败告终，秦军虽然没有给赵军造成实质性的打击，但是可以看出，赵军的士气受到了极大的影响。如此硬碰下去，赵军最终必定难以抵挡。

廉颇身经百战，对这一切自然清楚明了。廉颇擅长防守而不是进攻，所以此时他要发挥自己的优势，以防守应对敌人的进攻。很明显，此时的秦军远离本土千里之外，自然难以持久作战，只要时间一长，秦军必然会被后勤补给不足所累，最终不战自溃。赵军就是依照这种战略使得秦军不得其门而入。赵军守，秦军攻，这种状态一连持续了 3 年之久。

但是赵国军队惊奇地发现，在如此不平衡的消耗之下，秦国竟然和赵国旗鼓相当甚至还略胜一筹。要知道，秦国可是千里跋涉，而赵国则就在自己的家门口，这之间的差距，明眼人一下就能瞧出端倪来。渐渐地，赵国发现自己首先难以支撑下去，于是决定在政治外交上下功夫，迫使秦国退兵。

其实，在裨将赵嘉被杀之时，赵孝成王就已经是坐立不安了。当时，裨将可以说是除了主帅之外最大的军职。在秦军中，白起为主将之时，王龁便是裨将。赵国刚刚和秦军交战，便丧失了一等大将，战局很不明朗。赵孝成王自然十分着急，于是他决定御驾亲征，但是其手下的大臣楼昌、虞卿不答应。

关于楼昌和虞卿，历史对于前者的记述很少，只知道楼昌是赵孝成王身边的近臣。但是虞卿可是个名士。赵孝成王初见虞卿之时，虞卿只是个没有名气的四方游说之人，但赵王见他很有口才，赐予了他黄金百镒、白璧一双。赵王第二次见到虞卿时，他已经凭借伶俐的口舌在列国中小有名气，赵王便封其为上卿，故名虞卿。他对于决定赵国命运的长平之战和邯郸之战，都提出了有思想的策略，足见其才能。后来，魏相魏齐逃到赵国，他也参与了拯救计划。后来由于被逼无奈，他只能抛弃高官厚禄离开赵国，终困于梁，遂发愤著书。著有《虞氏春秋》十五篇，今天已经散佚了，《虞氏春秋》有清代马国翰辑本。

楼昌不过是个趋炎附势的谄媚之徒，他见秦军如此强大，便立马向赵王建议，既然僵持不下，不如遣使讲和。这样一来不仅可以解决眼前的困境，也可以避免秦国和赵国之间的损伤，其他国家也就不能妄图坐收渔翁之利了。而且，眼下秦国和赵国的实力对比很明显，最终战败的一定是赵国，与其一直被动下去，最终败亡，还不如现在就牺牲一点儿土地，以保存自己的实力。

赵孝成王也知道秦国此次前来就是抱着灭亡赵国有生力量的决心。虞卿在听完楼昌所言之后，提出了更为合理的建议：派遣使者前去楚国和魏国，以价值连城的宝贝前去贿赂他们。这样一来就会让秦国觉得，三个国家又一轮的合纵开始了。秦国制定的连横、远交近攻等策略，都是因为惧怕东方六国联合起来对付自己。战争的天平本来已经处于一个平衡，这时候任何一个小小的事件，都可能让这杆天平倾斜。

这时，虞卿的策略正是解决赵国危机的最好方案，然而昏庸的赵王却听不进任何中肯的语言。

赵孝成王之所以没有接纳虞卿的建议，是因为他认为自己有更加合理的方案。他不是去贿赂和联系楚国、魏国，而是派遣使者进入秦国。和楼昌所言相似，他要从秦国的最高决策层出发，向他们表达赵国人民希望和平，希望和秦国止戈息武的愿望。

秦军虎狼之师从西北千里跋涉，几乎是以倾国之力运输无数钱粮兵器，就是为了能够毕其功于一役，将赵国的主力彻底打垮甚至消灭。如今三年时间已经过去，秦国还没有取得任何突破性进展，怎么可能半途而废呢？

秦国虽然选择坐下来与赵孝成王谈判，但决然不会是赵孝成王想象的那样——与赵国握手言和。依照睿智的范雎和雄才伟略的秦昭襄王的设想，与赵国和谈简直是痴人说梦。因此，秦国的决策层必然酝酿着一个更大的阴谋。

虞卿看出了事情的端倪，他的心瞬时便冷了下来，面色煞白，他知道赵国没有希望了。赵孝成王却还在虞卿面前沾沾自喜地说，虞卿的计谋简直是画蛇添足。

当赵国的使者还在咸阳城百里之外时，秦国便派遣车架来迎接，整个场面庄严而隆重。赵国使者入秦的消息被四面八方的探子迅速传播，东方六国已经传遍这个消息了。大家口耳相传：秦国和赵国已经和解，两国准备结盟。秦国希望看到的，就是这个效果，山东诸国一旦得知这个消息，再经过赵孝成王的确定，就会把赵国孤立起来。

为了把列国作壁上观的假设变成事实，秦国不惜许以魏国重利，承诺将垣雍之地划给魏国，前提是魏国不插手秦国和赵国的战事；楚国已经没有了任何威胁，所以秦国直接把楚国忽略了过去；依据齐国和燕国的实力，如果能够给予赵国经济上的支持，则秦赵之间战争的结局便很难预料了。但是它们本身的军事实力并不是很强大，所以秦国直接用武力去威慑它们。只要他们不妄自行动，秦国就会保证他们暂时的平安。

对峙三年

廉颇最擅长的战术，并不是如何进攻，而是如何防守。在冯亭兵败退到长平关处之时，正好遇见了廉颇来援救的大军。于是，廉颇便顺势在来路的金门山附近构筑防线。这道防线以营垒为基础，呈列星状分散驻扎。廉颇将赵军精锐拨了一万给冯亭，让他驻守光狼城（康营）。西部城由大将盖同率领一万大军守备，东部城则交给了领兵一万的盖负守备。这三人都堪称良将，镇守一方绝对不成问题。

只可惜赵军阵营中的新任裨将赵茄，却是个贪功冒进之人。关于这个人，历史上的资料很稀缺，但是可以知晓的是，他对当时秦军和赵军的局势并没有全面的把握。

自公元前 265 年以来，秦军在"远交近攻"外交政策的指导下，对韩国进行了一系列的进攻。韩国的少曲（今河南济源东北）、高平（今济源南）、径城（今山西曲沃东北）、南阳（今河南南阳）、野王（今河南博爱县）都被秦国占领。自此，秦国完成了对韩国的战略分割，切断了其以都城新郑为中心的本土地带和战略要地上党之间的联系。自此，秦军可谓一石三鸟，既能够将韩国一分为二，将上党地区彻底孤立；也能够削弱韩军，扫清秦军东进的壁障；更能够抢占太行山地区的战略重地、军事要点，在地利上占尽优势，进而更大范围地掌握战争的主动权。

和冯亭不同的是，韩桓惠王并不想和秦军发生正面的冲击，因为他知道韩军绝对抵挡不住秦军的猛烈攻势。于是，韩桓惠王选择了遣送使者前去秦国请和。其实，和战的结局对于秦国而言已经不重要了，只要能够稳住韩国，让秦国全力对付赵军就行了。为此，秦国还不惜许韩国以重利，直至攻克上党地区。自此，秦军完成了对赵军的军事围困，同时秦国也完成了对赵国的外交围困。

但是赵茄不仅不了解当时赵国面临的外部局势，连战争中赵军面临的局势也不了解。

赵茄似乎也意识到了这一点，所以他决定先弄清楚秦国军队的态势如何。这一日，赵茄率领 5000 名赵军前去打探秦军的情况，竟然让他碰巧遇见了没带多少兵马的将领司马梗。

司马梗何许人也？史书虽然对司马梗着墨不多，但是秦国占领蜀中的大将司马错就是司马梗的父亲。"虎父无犬子"，司马梗在战术上有其父风范，也是秦军的猛将之一。

赵茄见到司马梗后，马上率领 5000 雄兵直接扑杀了过去。岂料司马梗虽然没有多少兵力，战斗意志却极为顽强。"强将手下无弱兵"，司马梗区区千余兵马，硬是将赵茄的5000兵马牵制得无法动弹。不久，秦军的援兵便到了，这率军的正是另一员猛将张唐。猝不及防之下，赵茄顿时慌了手脚，司马梗见机，将其一刀斩落马下。赵军见主将被杀，顿时四散奔逃。司马梗并没有追击，因为他知道，赵茄之死已经宣告了秦军和赵军的强弱，甚至还很有可能让赵军出来还击。

但廉颇非同常人，见赵茄兵败被杀，心中虽然很是震惊，脸上却丝毫没有表现出来，更没有意气用事，率部还击。他反而营造壁垒，依旧坚守不出。

但是，秦军太强大了。就在廉颇以为自己的防线固若金汤之时，东鄣城的盖负兵败而走。西鄣城的盖同也没有抵挡多久，很快失去了西鄣城。只有冯亭抵挡得稍微久一些，但是最终还是免不了丧师失地的结局。廉颇再一次展现了其沉稳、睿智的作战风格。在这几路人马都兵败之时，廉颇依然坚守不出，并下了死命令：谁敢擅自出战，即使打败了秦军，也定斩不饶。

这时的王龁大军，就在距赵军十公里之外的地方，听闻赵军竟然坚守不出，便迅速率部前去金门山，距赵军四五里位置时派遣人马前去金门山城池处叫阵，希望能够引赵军出来，与其决战。岂料廉颇依然不为所动，一连三次，秦军都无功而返。无奈之下，秦军只能另思良策。

恰好这时偏将王陵进入中军大帐，王龁一见，忙将自己的思虑说了出来，并向他咨询破敌的计策。这王陵虽然在作战之时并不显得多么骁勇，但是脑子却很灵活，在王龁的军中，算得上是智囊般的人物。见王龁问自己对策，王陵当即把自己早就准备好的计策献了出来。原来，在此之前，王陵就对金门山一带的地形进行了考察，他发现赵军所需水源竟然全部取自金门山下的阳谷涧溪水，只要秦军切断了赵军的水源，到时不用秦军前去挑战，赵军就会乱成一团。到时赵军要么撤退，要么和秦军决战。

王龁采纳了王陵的建议，将手下千余人马派出截水去了。而廉颇在数月之前，就已经在想这个问题，因此，到了金门山下筑营垒之时，便下令让人掘地取水。如此，王龁、王陵的计策只能宣告无效。

如此这般，一晃三年过去了。

百试不爽的反间计

可以想象，秦国和赵国各20万大军在长平一连对峙3年之久后，秦王是多么心急如焚。正在这个时候，秦国接到军报，说眼下赵国在军粮上已经捉襟见肘了，因为赵国3年来年年大旱，国家的粮食储备已经严重不足。秦国暂时还没有这一方面的忧虑，因为它有蜀中这个战略大后方的支持，但是这种优势能够支持多久却是未知的。这时秦国最害怕的事情并不是在耐力上的比拼，而是其他国家对赵国的援助。那样的话，秦国必然难以抵挡。

就在秦昭襄王愁眉不展、不知如何进退时，范雎给他带来了一个振奋人心的消息："大王，我们之前采用的与赵国继续打下去的策略其实并没有错。据赵国的飞燕使回报，赵国因为缺少粮食，惹得赵孝成王震怒不止，为了逼迫廉颇尽早出战，赵王竟然以减少军粮供应来威胁他。'将在外军令有所不受'，廉颇见赵王如此，依然我行我素，固守不出。前些时日，王龁将军派出了大量的探子打探赵军的粮草情况，发现赵军的粮仓近来囤积了大量粮草，这根本不合情理。

"由此而观之，廉颇定然是故意向我军显示粮草充裕，以让我们误认为，赵国存有和秦军长期对峙的决心，更有长期对峙的实力。这是攻心的计策，能够使秦军产生畏战之心。如果我方反其道而思考，就会发现，赵军营中粮草辎重，很可能已经见底。但是，这也并不代表赵军会就此放弃长平。据探子来报，长平的赵军似乎要开始就地垦田，以减轻对本国粮草的依赖。"

秦昭襄王叹道："赵国缺粮的确是个让秦国振奋的消息。众位卿家都应该知道，眼下秦国和赵国的局势。总体而言，秦国比赵国有优势。因为秦国不但拥有关中沃野渭河平原，更有新占土地天府之国巴蜀，还雄踞物华天宝之江汉。耕地面积超过天下三分之一，人口数量超过天下十分之三，财富更是超过天下十分之六，可谓后劲十足。但是，赵军和秦军对峙的长平与赵国紧相连接，赵国的军队与后勤供给都能迅速投入战场。而秦国的供给线却太长了，需以渭水漕粮，东入河、洛，进而到达上党，再前往长平。秦国虽然国力强劲，但是也抵不住这样长期的巨大消耗。除此以外，赵军主帅廉颇具有很强的忍耐力，他采取坚壁清野的策略，让我军空有满腔的热血和倾国的杀气，却得不到任何可乘之机。依照寡人看来，只要廉颇在一天，恐怕长平战事就难有转机。"

范雎能够成为秦国的一大政治势力，在权力巅峰中周旋多年，自然不会给秦王一个事实而不给其解决方案。其实在此之前，范雎已经过了周全仔细的思考，见秦王向自己问计，立刻献策道："大王刚才的想法倒是提醒了臣（这是摆明给秦王面子），让臣心中生出了一条计策，但不知道可不可行？只有请大王来定夺了。"

秦王一听范雎这话，顿时神采奕奕起来，让范雎但说无妨。

范雎所谓的妙计，就是用间。秦军曾利用这一条妙计，多次打败敌人。

用间主要有五种方式，即乡间、内间、反间、死间、生间。五种间计同时用起来，敌对一方就无法摸透另一方的用间规律，从而达到克敌制胜的效果。乡间就是利用敌人的同乡做间谍；内间就是利用敌方官员做间谍；反间就是使敌方间谍为我所用；死间就是制造并散布假情报，通过我方间谍将假情报传给敌方间谍，诱使敌人上当，一旦真情败露，我方的间谍最终难免一死；生间就是侦察后能活着回来报告敌情的人。

从这个分析看来，范雎后来使用的计策，应该是反间和死间的结合，而且并没有让事情败露。当时，赵王对廉颇坚守不出的战略极为不理解，甚至逐渐产生了不满的情绪。如此高明的计策，在一些昏聩之人的眼中，竟成了消极避战、徒耗赵国钱粮辎重的错误行为。当廉颇在为赵国忠心耿耿、鞠躬尽瘁之时，竟有人建议赵王临时换将。然而，虽然赵王昏聩，但他深知现在的赵国除了廉颇之外，实在是难以找到作为国家柱石的名将。所以，虽然奸人屡次进谗言，赵王却依然没有下定决心换掉廉颇。

赵国的风波使秦王看见了希望，他一听廉颇有可能被换掉，振奋不已。只是，如何才能够让赵王下定决心，成了最大的问题。要知道，如果赵国真的走投无路，需要临阵换将，起码还有两个人能够对秦军造成一定的威胁，第一个就是燕安国君乐毅，另外一个则是齐安平君田单。

当然，秦王毫不犹豫地将这个难题交给了自己的智囊范雎。范雎不负所望，马上献计：只要秦国能够稍动手脚，一方面在赵国散布谣言，说廉颇暗中与我秦国私通，故一直迁延不进，不肯与我秦国决战，其最终的目的也是为了拖垮赵国。另一方面则是要确定一个对我秦国有利的主将人选，在让赵国国君心甘情愿地以此人代替廉颇为将的同时，也要能保证我军能够顺利地将他打垮。如此一来，长平之战，大事可期。

秦王听闻，被举荐之人竟然是早已经名声在外的赵括，不禁心底一沉。要知道，天下之人都知道赵括兵法娴熟，甚至比曾经大胜秦军的赵奢还略胜一筹。麦丘之战中，赵奢正是运用了赵括之计策，才能够一举获胜；后来，赵奢在阏与之战中，也多次采纳赵括的意见，才最终将秦军打得大败亏输。由此可见，赵括此人，并非浪得虚名，是有不凡的才华的。

然而，赵括虽然做了多次其父亲赵奢的幕僚，却从来没有单独领兵打仗、独自应付大局的经验。比起廉颇来，这个人年轻识浅，在与秦军交战之时，肯定不会甘心固守不出。只要抓住了赵括的这个小小的弱点，就足以让其致命。

巧合的是，赵括与赵王在早年之时便私交甚密，赵王对其才能可谓知之甚详。在赵王的心里，如果不是群臣都推举廉颇为主帅，加之赵括的确没有什么带兵经验，赵括很有可能早就已经取代了廉颇。而赵括对廉颇在长平的战法也颇有微词，他想要的，就是赵军能够主动出击，与秦军决战，这与赵王的想法不谋而合。如此，赵王这边的思想基础便打牢靠了。

另外，赵括屡次和其父亲出征，为其出谋划策，在赵国人民和军队心中树立了很高的威望，人称"马服子"，将他与其父赵奢相提并论，被誉为赵国未来的将星。有了赵王的认可和如此强大的群众基础，赵括便成了举国上下所认同的主帅的最佳人选。只要秦国趁机在赵国散布谣言，廉颇就必定会被换下。

小心驶得万年船。为确保此次战争的万无一失，范雎向秦王举荐了一个人，就是大秦武安君——白起。

大计已定，秦国强大的情报系统迅速地运转起来。

这些日子，白起虽然闲暇在家，却并没有就此闲着。白起一直关注着长平战事，每日都在苦思破敌之策。只可惜，这廉颇把长平弄得如同城堡一般牢不可摧，让战神白起也无从下手。当然，这并不代表他就没有想法，如果能够让白起代替王龁，战局肯定要比现在好得多。只是这王龁与武安君私交甚密，为了不扫自己这位友人的面子，白起一直隐忍不出。

于是，秦王便亲自去请他。君命一下，无论是王龁还是白起，都会乖乖遵从。

点错将很可怕

就在秦国紧锣密鼓地准备临时换将之时，赵国陷入了危机。前番赵王擅自做主，派遣使者前去秦国，企图和秦国和谈。秦国更是高调地接待了赵国的使者郑朱。但是时间过去很久，也不见两国之间取得任何实质性的结果。只是刹那间，天下人都得知秦国和赵国准备结盟。所以就在赵军战事日紧，赵王派人前去齐国借点粮草之时，齐国断然拒绝了。

赵国责怪齐国，不顾道义，不讲信义，不知道"唇亡齿寒"的道理。但是齐国和其他国家一样，有自己更加充分的理由：首先，赵国和秦国的关系实在是有些暧昧，一下子在长平对峙，眼看着一场生死大战就要爆发，但过不久，赵国的使者又到了秦国，仿佛在宣称，赵国和秦国强强联合了。这种高速的身份转换，让其他国家应接不暇，摸不着头脑。其次，赵国兵不血刃，便夺取了上党17座城池，在那个皆为利往的时代，实在是让人眼红。最后，没有一个人想要去做鹬蚌，列国也是如此，都希望自己做那个最后得利的渔翁。

赵孝成王似乎也看到了这一点，他认为，如果继续拖下去，赵国即使有着地利的优势，也耗不过秦国。更加让人担忧的是，如果燕国和齐国在这个时候动手，赵国必定会首尾难顾。因此，在赵王的心中，唯一的解决办法，就是速战速决。

面对赵王的诏令，廉颇却丝毫不为所动，还言辞凿凿地说："凡与敌战，须务持重。见利则动，不见利则止，慎不可轻举也。"赵王无奈之下，直接削减廉颇的军粮。廉颇为了减少对于赵国本土粮草的依赖，只好大肆发展军队参与农耕。

今天，长平古战场有座山叫"假粮山"（又称大粮山）。廉颇为了不让秦军知晓自己缺少粮食的困境，命令士兵在夜间高声唱筹，好像在搬运粮草，以此迷惑秦军。

秦军自然没有被迷惑，而且，还在赵国境内广布流言，说："秦之所畏，独畏马服君之子赵括为将耳！廉颇易与，且降矣！"没有办法，赵王只能用两条计策来增大赵军速胜的筹码：一个是增兵，另一个是换将。

其实，有很多人曾提醒过赵王说，秦国很可能是畏惧廉颇，因此使出了这条反间计。但是，看待历史上很多问题之时，并不能单从一个角度出发。就像此刻的赵国，并非仅仅是因为赵王的昏庸，也因为赵国的现实，让赵王不得不这么做。

赵王心中对换将一事还是心存疑虑的，只是赵国的国情很明显：国家相对富裕，但经济发展极不均衡，在畜牧业、手工业、商业异常繁荣的同时，农业发展却极其滞后。若是没有足够的粮草做后盾，根本无法支撑长时期大规模的消耗战。廉颇坚守不出，给后方的粮草供应出了很大的难题。所以在当时看来，换将是赵国不得已而为之的。而且此时在赵王的心中，已经有了一个颇为合适的人选——赵括。

此人是一代名将赵奢的儿子。俗话说，虎父无犬子。赵括熟读兵书，深谙兵法之道，曾经多次襄助其父亲取得战争的胜利。而且在赵奢死后，赵括更是继承了其父亲马服君的爵位，并著书立说，天下无人不知、无人不晓，许多人都慕名而来拜谒他。一时之间，马服子之名声震海内，到了与孙子、吴子等人也可相提并论的地步。

无疑，在赵孝成王的心中，赵括成了此次换将的最佳人选。然而，赵括毕竟没有独立带兵的经验。赵王知道，此一战可是关乎赵国前途命运的关键所在，胜利了自然是万事大吉，如果有失，则赵国危矣。

因此，赵王对于是否换赵括为主将的问题，可谓极度头疼。让他更为头疼的是，赵国的文武百官，竟然也因为此事而明显地分为了针尖对麦芒的两派。一派是以平原君为代表的亲贵势力；另一派是以蔺相如为代表的布衣卿相势力。前者主张以赵括为将，代替廉颇，与秦军决战。并认为当初田单、赵奢等名将领首次拜将出征之时，也没有丝毫经验可谈，但是他们依然能够从百万大军中杀出，成为一代名将，更能挽狂澜于既倒，扶大厦于将倾。起用赵括，也一定能够收到那样的奇效。而后者则坚决反对临阵换将，理由是："王以名使括，若胶柱而鼓瑟耳。括徒能读其父书传，不知合变也。"大意是说，大王若要用赵括领兵，就好像粘住调弦的琴柱再弹琴，肯定弹不出好听的音乐。赵括只懂得纸上谈兵，并没有实际领兵的能力。

事情发展到现在这个地步，已经不再是单纯的换将与否的问题，而是赵国内部两大势力的矛盾再一次爆发。曾经，这种矛盾让赵国在关系前途的关键之时，总是做出错误的选择。若是遇到无能的君主，情况便会是雪上加霜。由于君主无能，不懂得驭下之道，赵国的政策左右摇摆不定，这正是赵国一直难以成为当时的超级强权的弊端所在。

面对如此混乱的局面，赵王一时间慌了手脚，辨不清方向。他没有选择真正可以为国出力的忠臣，而是选择了平时与自己关系亲近之人。大局已定，赵国决定以赵括换掉廉颇，接管长平的战事。

当然，为了让蔺相如等人心服口服，赵王还将赵括请上大堂，向他问询破敌之策。当赵王问及，对廉颇在长平的用兵之策持何种意见之时，赵括直接说，自己不赞同他的这种战法，并惯例性地拿出了他招牌性的兵法论述道："夫兵久而国有利者，未之有也。故兵贵胜，不贵久。"因此，赵括得出结论：长平之战，当速战速决！

赵王听完，欣然问道，赵括是否愿意为赵军击溃秦军。赵括想当然地说道："大秦懂得用兵的人，只有武安君白起，此人自发迹以来，未尝一败。当初还是左更之时，白起便攻击韩国和魏国，初露锋芒便斩首24万，俘获了魏国大将公孙喜，夺取了魏国5座城池，被封为国尉。不久，白起又攻取了韩国的安邑东部，被秦王封为大良造。此后更是一路高歌猛进，连年凯旋，其战神之名，更是天下皆知。就连自己的父亲赵奢，谈起白起也是赞不绝口。如果和他交战，我只有五成的把握击败他。但是此次领军的人，却是王龁。王龁鼠辈耳，不过欺负一些不知兵的人，如果遇到我，则不堪一击。"

如果说先前赵王还有所疑虑，听完赵括这番高谈阔论后，则陷入了狂喜之中。此时能够安抚赵王那颗不安之心的，就是这种不知天高地厚、信心无限增长的人。赵括一出，祸福难料。赵王却认定赵军必胜，妄自窃喜。他孤注一掷地将另外20万人马交给了赵括，拜赵括为上将军，赐予大量金银财宝。如此，长平一战，可谓集合了赵国军队一半以上的精锐力量。

虽然在这之后赵括之母三番五次前去面见赵王，要求他收回成命，但是赵王铁了心要赵括替代廉颇，最终无果。

于是乎，邯郸城外，整个城池的百姓都来城门外送别。可以看到这样的景象：赵军队伍浩浩荡荡，绵延数十里，百姓列在官道两旁，挥泪送别。赵括趾高气扬地坐在高大的白马之上，不可一世地望着长平方向。在赵国人的眼中，这个人就是挽救赵国的神。不久之后，就会凯歌高奏，战士们会携着敌人的头颅归来。但是，也有人担心，此去一别，便是良辰好景虚设。因为随他出征的闺中人，也许会成为路边骨，再也无法见到梦中人。

然而，无论如何，他们都宁愿相信，赵括终会和其父亲一样，将秦军打得溃不成军。并率领天下兵马，合纵同盟，一起踏平咸阳，马耀关中。"英雄"这个词汇闪耀在赵括的头顶上，每个人都成了他狂热的崇拜者。

只有蔺相如，站在邯郸城门上眼神落寞。他落寞的眼光穿透了云彩，和廉颇的那声叹息一起坠落。

就连范雎都没有料到，这一切会进行得如此顺利，顺利得让他们都不敢相信，但事实就这样发生了。秦国强大的情报部门多次飞马前来咸阳，向秦王报告，说赵括已经做了上将军，正在赶往前线。同时，赵国还将全国20万精锐交给了赵括，直接扑向了长平。

虽然赵括的到来，给长平之战造成了更大的压力，甚至在兵力总数上，已经构成了对于秦军的绝对优势。但是秦王对这一切都没有担心，他眼下还有更加重要的事情要做，那就是请武安君白起出山，料理眼前这个极度危险、极度关键而又千载难逢的战局。

将敌人像蛋糕一样切开

白起到达军营后，秦军表面上看起来一切照旧，没有丝毫的变动，但实际上，就在这几天，秦军加派了大量人手，投入对赵军东、西的侦察中。依据送回来的情报，白起分析：赵括此次前来，迫切想要立功，然而正是这种急功近利，让赵军军心不稳。赵括为了快些取得胜利，必然会采取中央突破战术。一系列证据表明，赵括厌恶防御，他认为最好的防御就是攻击。要取得胜利，必须发动连续不断的攻击，楔入秦军的阵地之后，左右展开，促使它全线崩溃。

正所谓，知己知彼，百战不殆。白起在对赵括及其军事策略进行了详尽的分析之后，制订了一个宏大且详尽的计划。此时的赵军数十万军马，在白起的眼中，已经成了自己的盘中餐、板上肉了。

计划的第一个环节，就是诱敌深入。白起派遣了3000人马，渡过丹河，来到赵军军营。自然，这些军队不过是个诱饵，白起就是要利用这个诱饵，让赵括人马走出营垒。赵括不知道这是白起的计策，他没有任何犹豫，便身先士卒，率领数万人马前去迎战。眨眼之间，秦国数千人马便所剩无几，场面惨不忍睹。见剩下的数百残兵仓皇逃离到丹河西岸，赵括喜不自胜。他心想，这王龁果然是个浪得虚名之辈，竟然想以区区数千士兵来挑战赵营，难道不知道，这无异于是以卵击石吗？此时不去追击秦军，更待何时？于是，赵括命令军队追击秦军的残余军队。很快，就到达了秦军大营，见秦军严阵以待，赵括只能派人前去，送上战书。

这时候，白起做了两件事情：一件事情便是通知赵军，明日与其决战；另一件事情便是对王龁下了命令，让他准备明日撤军。而神奇的是，这两件事情竟然在第二天同时达成了。当然，和赵军交战的，并不是秦军的主力，而是大将王贲、王陵率领的1万秦军。秦军主力早就退去，准备了一个大大的口袋阵。

白起给王贲和王陵下了死命令：战败有功，战胜有罪，只要能够引诱赵军深入秦军营垒之中，此事便成了一半；而另一面，白起则让司马错和司马梗父子各自领军1.5万，从山间小道悄无声息地绕到赵军的背后，彻底断绝其粮道。大将胡伤则率军两万，屯于秦军和赵军交战的两翼之间，待双方杀得不可开交之时，便趁势掩杀而出，到时定然可以一举将赵军切为两段。为了防止突发事件的发生，白起还命蒙骜和王翦二人各自率领5000轻骑兵机动作战，以待时变。

而白起和王龁，则依然在中军大帐中岿然不动。这一切，赵括都一无所知。即使他知道了，也是箭在弦上不得不发。

上党冯亭多次进谏，让赵括不要擅自撤换大将、合并大营，但是赵括已经听不进去了。因为他认为，只要自己出马，赵军定然能够取得胜利。

如他所料，第二日，数万先锋大军在傅豹的率领下，刚刚走了5里不到的地界，便遇到了王贲的军队。双方立即展开一场大战，王贲大败逃走，赵括大喜，命令部队趁势进军；过了约5里地，赵军前锋遇到了王陵的军队，结局还是一样，秦军大败而走。赵军连战连捷，让赵括顿时热血澎湃，他认为，自己建功立业的机会就在眼前。冯亭等人知道事情有些不对劲，因为每一次小小的胜利，都好像被刻意安排好了的。而伴随着这些无关痛痒的胜利，赵军离自己的大本营越来越远了。于是，冯亭冒着犯上的罪责，再次向赵括谏言，可惜此刻的赵括已经被胜利冲昏了头脑，无论如何也听不进去逆耳忠言了。

赵括令冯亭部的上党军留在东垒大本营看守粮草与辎重，然后亲率45万赵军渡河朝秦西垒恶扑而去。到了秦军的防区，王贲和王陵直接躲着不出来。直到此时，赵括还不知道与他对阵的根本就不是王龁，而是让他自己也惧怕敬畏不已的白起。他更没有想到，这会是秦国军队布置好的计策，出其不意地给赵军来个口袋阵。要知道，赵军可是整整45万人马，要包围起来，非但要有天马行空的指挥才能，傲视天下的英雄胆色，更要有起码百万兵马的雄厚实力。

很显然，王龁没有那种将领的气概，秦军更没有那样雄厚的实力。此外，赵军的攻伐，秦军的退却，一切都很顺利。丹西山下的秦军一触即溃，落荒而逃。所谓秦国的虎狼之师，无敌于天下，在赵括眼中，简直成了一个笑话。

事实上，此时秦军的最高统帅，早已经变成了白起。而白起是具备天才的指挥艺术的不世奇才，为了一举定下胜负，他甘冒奇险，准备用50万秦军去包围45万赵军。

此时的秦军军营，虽然看似不敌赵军，如同一汪绝望的死水。但是在那死水背后，却是暗流汹涌。司马错、司马梗父子所率领的3万兵马，沿小东仓河一线迅速向北穿插，然后折向东南，迂回到赵军大营的背后，截断了赵军与邯郸的联系，让赵括大军没有了粮草相继；由蒙骜、王翦所率领的1万轻骑兵，轻松地避开了丹河河谷内的45万赵军，迅速地强行渡过丹河，从正面朝冯亭防守的赵东垒大本营攻去。秦军充分利用了轻骑兵灵活机动的特点，给赵军造成了不小的困扰；此外，由大将胡伤所率领的两万大军，则由战略枢纽端氏（今山西沁水）一带，星夜兼程地沿着秦川河床，向东北而去，不日便到达了秦川源头东峪（今山西高平），威胁仙公山（今山西高平长子界山）的赵军，让赵军首尾难以顾全。不久，这一支秦军沿着赵国的百里石长城北侧一线，奔袭故关、马鞍壑。

这样，秦军便将赵军分割为两部分，一部分是丹河河谷里拥有45万大军却没有粮草的赵括部，一部分是有着大量粮草辎重却只有5万兵力的冯亭留守部。等到王翦骑兵稳定下来之后，白起开始不断在两条线上增兵，一番死战过后，秦军最终夺下了丹河东面大批赵军的阵地，正式完成了对赵军的分割合围。白起松了一口气，只要不出大的意外，大局已定。

这时候，赵括才发现，自己竟然犯下了孤军深入的错误。可是，依照王龁的保守作战方法，是不可能有这么大的手笔的。难道秦军的最高将领早就不是王龁，而是白起？想到这里，赵括的心中忽然有了一股凉意。

唯今之计，赵括只有一个方法才能够挽回赵军的败势：速战速决。在粮草用完之前，击败丹河东岸的秦军主力，之后再回师与冯亭夹击秦军的这两支奇兵。依照白起往日的作战风格和眼前的战局看来，秦军分兵去抄赵军的后路，数量定然不少；此消彼长，只要赵军全力攻击丹河西面，在数量上一定能够取得对秦军的优势。到时候只要找到一个突破口，则秦军必败。

然而，往日的众多战役中，人们只是见识了白起来去如风、用兵如神的进攻，却无人见识到他不动安如山、一动奔如雷的守城之法。不得不承认，白起在战场上是个完美的天才。攻，则动于九天之上；守，则藏于九地之下。白起以几乎同等数量的兵力成功包围赵国45万大军，更加成为世界军事史上的一个奇迹。他见赵括携山崩海啸之威势呼啸而来，则龟缩不出。他命令士兵日夜不停地增修壁垒，将丹西防守得无懈可击，甚至比从前的廉颇有过之而无不及。

赵括没有想到，今日自己所带领的赵军，就这样活活地困在秦军的口袋阵之中。眼见秦军丹河西营是没法夺下了，而赵军的粮草不济也成为最大的问题。无奈之下，赵军只好移军复夺秦军东垒。而白起再一次发挥了其长处——穷寇必追。他等的就是赵军撑不住的时刻。秦军正好手执长矛，从丹河西岸营垒出发，进攻赵军的后背，以达到牵制赵军对东垒的攻势的目的。

东垒秦军的数量比之西垒要少得多，见赵军前来，只能筑垒据守，加以弩骑兵在侧翼袭扰。而正好西垒的秦军援军杀到。刹那间，赵括腹背受敌，首尾难顾，晕头转向，赵军军心也乱作了一团。终于，赵括所率领的赵军被夹在丹河河谷之内，进退维谷。冯亭所率领的上党军则困守在大粮山上，直到这时候，秦军才传来白起的将令，要求赵括尽快投降。赵括长叹一声，果然是他！

赵括不甘心，于是下令：死战到底。

长平，长平

长平成了两国士兵心中的地狱，每日都有成千上万的士兵在这里埋骨；这是一场如梦魇一般的恶战，鲜血染红了大地，汇聚成了河流，红得令人双目晕眩，全身发冷。于是，后人便依据此战的惨烈，将这条河命名为丹河。

和赵孝成王消极的静等、无所作为相反，秦昭襄王则主动出击，御驾亲征。当然，这并不是秦昭襄王的心血来潮，他知道赵括眼下最大的困境便是缺乏粮草和援军。于是，秦昭襄王决定，自己亲自出马，来个围点打援。然而，秦昭襄王也知道，眼下秦国本土已经出尽全力迎战赵军，剩下的士兵只能勉强配合外交政治上的攻势，守卫国土。于是，秦昭襄王将国内一切事宜交给范雎，自己则来到上党南边的秦国新占区河内（即河南东北部太行山与黄河之间的地域）招募兵马：赐爵一级，只要是15岁以上的男子，都必须被征调去长平。秦昭襄王亲自领着这支刚刚招募到的军队，从太行山北上，迅速地经过碗子城、天井关（今山西晋城境内）一线，不久便来到了长平附近。当然，这些新兵不会担任主战场的任务，他们一部分去为白起营造壁垒以及担任包围任务，另外一部分则北上插入长平与邯郸之间，分路掠取赵人粮草，遏绝救兵。白起正自发愁，自己几乎无多余兵力可用，如果这时候赵军来了一路援军，则秦军就会由主动而陷入被动，被敌人两面夹击了。可是秦昭襄王这一雪中送炭之举，为他除去了后顾之忧。

而另一方面，赵军本来就捉襟见肘的粮草兵马，都被敌人断掉了。饥饿的危机、绝望的士气、马匹的哀鸣，都似乎在预示着，赵军没有希望了。

赵孝成王终于开始担忧了。他害怕，一旦赵括被困就难以逃脱了，要知道，带兵的可是战神白起。如果是王龁，其他国家兴许还会伸出一把援手，但是白起就要细细考量一番了，谁也不敢拿着自己国家数十万军士的性命当儿戏。

不久，秦昭襄王所率领的援军便和白起大军成功会合。冯亭的上党部队也被司马错、司马梗父子所率领的骑兵及秦昭襄王派来的援兵两面夹击，很快就被歼灭，或者被俘获。冯亭本人战死，大粮山的所有辎重与粮草全归了秦军。至此，赵括外援尽断，所有雄心壮志化作乌有，只能拼死以求突围。

战争到了这个关口，双方大军都已经绷紧了神经。尤其是赵军，45万人马在生死线上垂死挣扎，他们的心理已经扭曲而疯狂；他们的心情无比沉闷和压抑；他们的血性在血腥中一次次喷发，让敌人感到肝胆俱裂。从七月末到九月初的艰苦卓绝的时间里，赵军没有一天放弃过进攻，双方都损失惨重，赵军25万人马从此长埋地下，秦军近20万人马也因此梦断黄泉。

赵军把所用的士气都用尽了，剩下的只有绝望的呼喊；赵军把所有的军粮都吃光了，河谷鱼虾草木也早就如同秋风扫落叶一般被一扫而空，剩下的只能是活人吃死人。

赵括想，自己此次可谓九死一生。只要能够冲出去，则大军可活，自己可活，甚至整个战争棋局，也可以扭转。于是，赵括决定做最后的困兽之斗。他知道，为将领者，死在马背上，死在战场上，是一种无上的荣耀。

最后一次冲锋，赵括将剩下的赵军分为了四队。其中一队人马由赵括自己亲自带领。这一次，赵括站在主帅的战车上，向敌人呼啸而去，身边无数的赵军如同潮水一般向前涌去。他们所希望的，只是最基本的生存。

然而，迎接他们的，不是生命的曙光，而是死亡的阴霾。在秦军营垒中，早已严阵以待：最前面的，是盾牌兵，紧随其后的，是三排秦国最强劲的弓弩兵。蜂拥前来的赵军不敌三排弓弩兵那如雨般的轮番射击，纷纷倒下。前面的倒下了，后面的顶上去。不知这前仆后继的壮烈场景持续了多久，留下的只有漫天的箭矢和堆积如山的尸体了。

然而，赵军对这一切都已经不在乎了，不是你死就是我亡，没有第三种选择。很快，踏着同伴的尸体，赵军冲到了秦军营垒的百步之内，与秦军短兵相接了。

秦军的戟长达 2.8 米，铍长达 3.5 米，矛则有 7 米之长。作战时，持有不同兵器的士兵分工配合，互相保护，冲击力与防护力都无懈可击。赵兵虽然个个勇猛作战，但面对如此可怕的战争机器，还是伤亡惨重。多日的饥饿和困顿，让赵军的战力下降了不知道多少，仅剩的血性和悍勇，也在秦军的无情绞杀下，化作一缕青烟飘向幽冥鬼府。

秦军被震撼了，他们从来没有见过这样一支顽强的队伍。换作是其他国家的军队，早就弃械投降了。能够在没有任何兵马粮草支援的围困下苦撑 46 天之后，还能向秦军发起进攻，并给秦军造成巨大伤害的恐怕也只有赵军了吧。面对赵军的疯狂举动，许多秦军甚至想到了放弃。

然而此时，上天将眷顾抛向了秦军。这时候，秦军的轻骑兵和车战部队剿灭了冯亭上党军后挥师攻来，将胜利的天平狠狠地压向了秦军。只听闻刹那之间，闷雷般的蹄声响起，大地开始晃动；继而看见在赵军的两翼，黑压压的轻骑兵与车战部队迅速地席卷而来，车如疾风，马如闪电。

秦军的骑兵先战车一步，率先来到赵军的百步之内，端出了弩机，疯狂地射击那些猝不及防的赵军。很快，数千人马就这样永久地倒在了血泊之中。紧接着，战车杀到。战车上的秦军借助战车的速度，用锋利的长矛快速地刺穿赵军的甲胄，来不及拔出便转向下一个目标；骑兵们也已将生死置之度外，拔出了刀剑疯狂地冲击赵军军阵。果然，赵军乱作一团，士兵们纷纷开始溃逃。但是只要赵括还活着，他们的心中就存有一丝能够创造奇迹的机会。

面对赵军的节节败退，白起自是高兴无比。但他现在一心想要的，只有赵括的性命。随着一支锋利的羽箭迅速地划破长空，赵括重重地倒在地上，同时重重摔在地上的还有赵军众兵士的心。

赵括第一次独自领军出征就被白起扼杀在了摇篮之中。一个年轻而充满梦想的生命就此化作一缕青烟，留在史简中的只有四个耻辱的大字——纸上谈兵。

一切都被淹没在这无尽的悲哀中，战争也在赵括倒下的那一瞬间被定格，长平大战的大幕也就这样徐徐落下。

白起告诉群龙无首的赵军，只要缴械投降，秦军可保全其性命。于是，已筋疲力尽的赵军放下了自己手中仅有的武器。

成者为王，败者为寇

加上上党军和赵括的军队，被秦军俘虏的赵军，总数达到 40 万。

成者为王，败者为寇。胜利的一方自然耀武扬威，秦军从统帅到小兵，都沉浸在胜利的喜悦当中，以喝酒吃肉来庆贺这场伟大的胜利。

失败的一方在哀叹失败的同时，也在心中暗暗庆幸自己能够在这场绞肉机式的战争中存活下来。秦王和白起都在军营中饮酒，对这一切不禁唏嘘感叹。昔日二人都立下了天下之志，眼看如今大事可期，二人却都已经是两鬓斑白。时不我与，不知道这二人还能不能等到天下一统的那一天。

白起在这期间，已经向秦王说了自己一统天下的战略规划。如今赵国已经被秦军彻底地打败，天下之大，莫能与之敌者。秦国的当务之急，就是首先灭掉赵国，与此同时，快速恢复秦国的国力，继而展开一系列灭国大战。首先锁定的自然是韩国和魏国，三晋之地一旦平定，则定鼎天下便是轻而易举。最后把其余三个国家分开，并各个击破：稳住齐国后，先攻燕国，再除楚国，最后攻打齐国。如此一来，则天下定矣。

白起将自己的计划一说出，秦王拍案叫绝，这正和他与范雎所商量的战略不谋而合。想当年，自己还只能以质子的身份寄人篱下，如今山河倒转，自己竟然有实力君临天下，世事变化之无常，实在是让人感叹。

赵军惨败，留下了40万的俘虏，如何安置这些俘虏，成了摆在秦国面前的一道难题。赵军的40万俘虏，每日消耗的军粮就让秦国力不从心了。长平之战几乎掏空了秦国的存粮，到如今秦军自己的粮草供给都已经十分紧张，很快就会有缺粮的危险。除此之外，赵国军卒还是个未知的隐患，是个随时可能爆炸的炸弹。留在军营里面肯定行不通，迁到秦国土地充斥其民，很可能会导致相互仇杀和战乱，甚至还有可能会有人暗自和赵国私通。如果放回赵国，只要赵王振臂一呼，他们必定能够被重新招募起来。三年长平大战秦军死伤过半，足以窥见赵军战力之强悍，如果他们再次被招募起来，必定知耻而后勇，成为秦军的心腹之患。

事情考虑到这里，众人心里明白，只有一种方法，才能够使秦国永绝后患，那就是——杀。

秦昭襄王虽然杀伐果断，但是从来没有想到，自己会屠杀40万手无寸铁的俘虏。这种事情一旦做了，虽然能够极大地震慑敌人，但也无疑会留下千古骂名。于是，秦昭襄王没有知会白起，便回到秦国了。行前还留下口谕，让白起便宜行事，全权处理长平的战俘问题。

王龁茫然了，王翦也迷茫了，司马梗也心悸了。他们知道秦国的选择，就是杀掉战俘；当然也知道，秦王是不愿意背负这个骂名的。既然这场战争是白起最先开始的，那么这个结束，也让白起来完成吧。反正经过多年的大战，白起已经双手血腥。杀一个人是杀，杀一万人还是杀，白起不在乎，只要有利于秦国的事情，他就是背负千古骂名，也在所不惜了。

当时的人对于杀害投降俘虏的事情，都很忌讳。秦王本人更是不能背负这个坏名声而引起天下人的公愤。司马梗、王龁、王翦都是有血性的男子，都想着能够帮助白起分担罪责，但是白起不需要，因为他是统帅，是秦军之中谁也无法逾越的人。

其实，下决心杀害40万赵军已然艰难无比，但是还有更加艰难的事情，那就是如何动手。要知道，那可是整整40万人马，就是一个个站在那里任秦军砍杀，也不知何年何月才能够杀完。若是在动手之前被他们察觉而有所防备并奋起反抗，秦军大营必定会乱作一团。

白起下令，趁着赵军还没有丝毫防备，将他们驱赶到阳谷方向。而在此之前，秦军还从这些俘虏当中，找出 240 个不满 14 岁的人。他们是幸运的，因为白起决定不杀他们，但是他们也是不幸的，白起为了震慑赵国，决定让他们观看秦军屠杀赵国俘虏的全部过程。

　　于是，秦军将 40 万赵国俘虏分为 10 个大营，让 10 个将领分别统领，同时还调拨了 20 万秦军负责维持治安。白起为了不引起俘虏的怀疑，还下达了一份假的诏令，让他们准备好明日接受秦军的选拔，凡是合格的人，都会被充到秦军的军营当中；不合格的人，都会给予路费，遣返回到赵国。赵军俘虏深以为然，以为白起是大仁大义之人，却不知这份假的诏令背后隐藏了巨大的杀机，他们不知道等待自己的将是地底无尽的黑夜。

　　这夜，注定是不平凡的一夜。秦军将 10 个大营的俘虏集中驱赶到了一个山谷，继而分兵堵住谷口，再将无数的山石和点燃的木柴从两侧的山崖上一股脑儿地砸将下来，直到这时候，赵军俘虏还以为今晚可以美餐一顿，然后美美地睡上一觉。可惜，等待他们的却是如暴雨般砸来的山石和火种。此时，赵军饿得一点儿力气都没有，根本无力反抗。大部分要么被柴火烧成焦尸，要么被山石砸破脑袋，甚至被巨石整个儿地从身上碾过去，变成一摊肉饼。偶尔有几个强壮些挣扎着爬到山上的士兵，也迅速被山顶的秦军杀死，并扔回山谷之中。

　　整整一个晚上，秦军数十万大军都如同疯子一般杀红了眼，黑夜见证了人性的丑恶。第二天，天空忽然下了瓢泼大雨，似乎是对数十万亡灵的沉痛哀悼。

开始于七十岁的事业

战国时代，地主阶级的权力日益增长，贵族统治者权力削弱，领主地位日益危殆。

虽然如此，但这并不代表贵族领主和统治君主之间就没有矛盾。贵族领主们豢养士人的名声在外，所谓树大招风，各国君主自然不敢掉以轻心。是故如同战国四公子等人，虽然贤名满天下，却很容易就招致君主的防备甚至是嫉恨。所以在很多场合，历史所展现的这些公子们，都是游手好闲的样子。拿着国家的俸禄，依靠封地来过活并培植自己的势力，虽偶尔参与议论国政，却很少有人真正地能够左右国家政治。

据《史记·魏公子列传》记载，有一日，信陵君正和魏王惬意地下着棋，几局下来，信陵君都未尝一败。魏王自然不甘心，正准备大杀四方之时，一个卫兵急急忙忙走了过来，向魏王报告说，魏国刚刚接到北部边境的烽火战报，赵国军队大举入侵魏国的北部边境。

魏王一听，顿时大惊失色，便让信陵君稍等片刻，待他召集大臣们一起商议好应对之策之后，再和信陵君对弈。

岂料信陵君竟然丝毫不为所动，反而让魏王不要惊慌，气定神闲地说道："赵王不过是找了随从军士，一起狩猎而已，不会是来攻打魏国的。"魏王闻言，自然不会相信，心中忐忑不安，虽然坐了下来，和信陵君继续博弈，却显得身在曹营心在汉。正在这时候，北方又传来了战报，证实了信陵君所言非虚。魏王顿时感到胸中泛起一股凉气，于是好奇地问道："公子怎么能够知晓这件事情的？"信陵君直言不讳地说道："臣门下有食客无数，他们各怀才能，很容易就能够探知赵王的所作所为。一旦他有什么不轨的行为，食客们就会将之报告给臣，臣也就顺势将这件事情告诉给大王。"

通过这件事情，魏王进一步见识了信陵君的才能以及其背后深厚的实力。为避免大权旁落，他只能在很多时候限制信陵君的权力，国家大事都不敢擅自交付给他处理。

信陵君知道，魏王是有意冷落和防备他。可是，对于这一切，他都不在乎。他心中所想的，就是培养士人，积蓄人才，韬光养晦，厚积薄发，让魏国逐渐摆脱衰落的命运，让那些不得志的人才能够大展拳脚，让自己能够青史留名，成就一番功名大业。就在信陵君准备到深山大川之中找寻隐士贤才之时，一个人的名字传入了他的耳朵。这个人就是侯嬴。

侯嬴是一个隐士，而且此人就在魏国都城大梁（今河南开封）做夷门（大梁的东门）的一个小小的守城官吏。信陵君知晓他之时，他已经年逾古稀。因为家境贫寒，迫于生计只能隐去才华，在这里当一个名不见经传的小吏。

信陵君知道此人一定有才能，可惜被埋没在市井之中。于是，信陵君便备了一份厚礼，前去拜访侯嬴。岂料这人却是人穷志不穷，无论如何也不肯接受信陵君的馈赠。并且还对信陵君说道："小臣出身寒微，却一点儿没有失去志气，数十年之间，一直修身洁行。虽然现在小臣困顿不已，却不想要人来可怜小臣，是以公子的财物，小臣是断断不会接受的。"信陵君听完此言，才知道自己大错特错了，要知道，一般有才能的士子，都很崇尚气节。自己和他地位不等、身份悬殊，如此态度对待人家，不是施舍是什么？君子不受嗟来之食，这让侯嬴如何能够接受？

信陵君知道了自己的错误，于是在家设筵席大会宾客，不久便高朋满座。待大家都就座后，只有上座的一个位置尚是空着。信陵君让大家且自行饮酒吃肉，说笑谈天，他和随从则坐上马车，前去迎接侯嬴。

　　侯嬴早就听说了信陵君礼贤下士，只是从未真正地见识过。此番见信陵君亲自来迎接自己，侯嬴也毫不客气地上到车上，坐到了上座位置，心中暗想，如果不是真心的，他一定会面露不悦之色。岂料信陵君竟然亲自架上马车，对侯嬴的所作所为没有露出丝毫的不悦之色，反而更加地恭敬，看不出一点做作的嫌疑。

　　侯嬴想，那我再考验一下你，便对信陵君说道："小臣有一个好友，在市集中做屠夫。小臣有个不情之请，希望公子能够把马车驾到那里，小臣想去看看他。"信陵君心想，那个人既然是侯嬴的好友，他的这位好友即使是个屠夫，也必定有其非凡的才能。于是，信陵君毫不犹豫地将车辕转驾到了侯嬴的好友朱亥处。

　　侯嬴见朱亥正在摊铺上，于是立马下了车，和朱亥抱到了一起。说起来也真奇怪，看不出这朱亥究竟有什么过人之处，面相也一般，更不像信陵君心中所想的那样英明神武。但是侯嬴见了他，竟然如同换了个人似的，全然不顾信陵君还在焦急地等待着，只顾着和朱亥在那里有说有笑。

　　其实，侯嬴也正是在这个过程中，暗自观察信陵君的脸色，心中暗想，只要信陵君稍微露出不悦之色，自己就不必跟着信陵君去了，还是做一个安安分分的隐士比较自在。让侯嬴意外的是，虽然时间过去很久，信陵君的面色却越显得温和，如春风一般暖人心扉。

　　信陵君面对侯嬴的故意拖延，竟然没有丝毫的不耐烦，反而面带憧憬，脸泛欢欣。整个大梁城，有谁不认识信陵君？路人见他不仅亲自驾车并苦苦等待一个和屠夫为伍的糟老头子，不禁心有疑惑，更别说信陵君的随从了。他们见此，早已经在心中将侯嬴骂得狗血淋头，同时也暗自奇怪，以往信陵君办事，可是最崇尚雷厉风行的。今天竟然会耗费这么长的时间，卑躬屈膝地等待一个名不见经传的老头，实在是让人费解。

终于，侯嬴意识到，自己无法再继续下去了。或许信陵君的耐心可以无限制地久等下去，但是侯嬴觉得，那样太残忍了。于是，侯嬴辞别了朱亥，和信陵君一道回到其府上。二人到信陵君府上时，大家酒兴正酣，信陵君随即向大家一一引荐侯嬴，并对其大加赞赏。引荐完毕，二人就座。之后，信陵君站了起来，亲自为侯嬴敬酒，其门下食客不禁暗自嘀咕，以往没有听说过此人，莫非他真的有什么过人的才干，让信陵君如此降尊纡贵。

酒至酣处，侯嬴终于忍不住了，于是真诚地对信陵君说道："侯嬴本是夷门的一位小小守城官吏，但是公子却毫不忌讳，亲自驾着马车来迎接侯嬴。侯嬴本来就身处藏污纳垢之所，公子其实不应该过分地亲近侯嬴，但是今日公子却特意来亲近侯嬴。侯嬴想要成就公子礼贤下士的名声，所以长久地站着，让公子的车骑在市集中等待。过路的人看到公子，见公子的样子更加恭敬，世人都认为，侯嬴是个不识抬举的小人，而认为公子虽位高权重，却能礼贤下士。如此，投奔公子的贤能之士必定源源不绝。"

信陵君一听，侯嬴所言句句属实，而其行为更是出人意料，他愿意牺牲他的名声来成就自己的名声，自己还有什么不能信任他的呢？于是，侯嬴便成了信陵君府上的上卿。

不久，侯嬴向信陵君举荐了一个人才，这个人就是朱亥，侯嬴是这样介绍的："小臣和公子在路上所看望的那个朱亥，表面上看起来是个屠夫，实际上是个贤人。只是世上很少人知道他的本质所在，他也乐得以屠夫的身份隐居在世俗之中。"信陵君听侯嬴竟然如此抬举朱亥，朱亥必定有过人之处，于是多次去看望朱亥，并带去了许多礼物。岂料朱亥竟然从来不曾答谢于他，信陵君不禁心生疑虑，这是个什么样的人呢？竟然不知道知恩图报的道理，如此眼高于顶的侯嬴，何以会和一个市井小民交往甚密呢？

信陵君不知道，其实就在这短时间内，他已经通过自己的真诚，和侯嬴、朱亥结下了不解之缘。一旦有需要，这二人必定会为其效死力。

偷出来的援军

公元前 257 年，秦军在王陵的率领下，兵临邯郸城下并加以重重围困。可是，经过两年的对峙，秦军不断地增添人马，却始终难以攻克邯郸。而镇守邯郸的，就是赵国名将廉颇。只因为白起不忿范雎，所以坚决不出征，秦王只能用王龁替代王陵。在大将廉颇的守护下，邯郸城固若金汤。王龁用尽招数，却还是奈廉颇不得，战争的天平在不知不觉之间，已经开始向赵国倾斜。为了尽快解除邯郸之困，平原君便前往魏国求救。

信陵君的姐姐是赵国平原君的夫人，平原君自然毫无顾忌地向信陵君陈述了韩、赵、魏三家一体，互为依存的关系。也向他说明了，秦国一旦灭亡赵国，魏国也必定危急的事实。信陵君也知道，韩国灭亡了，魏国危急，其实赵国灭亡了，魏国何尝不是一样的危急呢？所以信陵君向魏王陈述了这些利害关系。魏王经过左右权衡，艰难挣扎，最终决定让将军晋鄙领兵十万救赵。

然而，晋鄙大军却在邺屯留了下来，扎筑起了营垒。名义上是救赵国，实际上则是持左右观望的态度，在邺隔岸观火，以待时变。

信陵君听闻了这个消息，心中震惊不已，如此贻误战机，陷赵国邯郸于危险境地，真是愚蠢至极。其实，在此之前，秦王就派遣来了使者，向魏王威胁道："秦军旦夕之间就能够攻克邯郸、灭亡赵国。诸侯任何一个国家如果胆敢救援赵国，秦军邯郸战事一结束，必定首先去攻打它。"同时，秦国还许魏国以重利，试图暂时稳住魏王。魏王果然上当。

而另一边，平原君则是急切得如同热锅上的蚂蚁，他派往魏国求救的使者接连不断，却一直都没有结果。于是责怪信陵君道："赵胜之所以和公子结为婚姻亲戚，是因为我考虑到了公子的高义，能够在关键时刻，急人之难、救人之困。今邯郸旦暮之间，眼看马上就会在秦军的铁骑之下被攻克，而魏国的援军却久久不能到达，何以体现公子的高风亮节呢？难道这一切都只是徒有虚名吗？纵使公子瞧不起赵胜，认为我不配和你结为姻亲关系，而投降了秦国，你也不能不怜惜自己的姐姐啊！"

信陵君见平原君如此说，心中可真不是个滋味，便派门下食客辩士多次前去劝谏魏王。只可惜任你说得天花乱坠，魏王就是不为所动。秦国太强大了，任何一个国家，也不敢在老虎身上拔毛。魏王深切地知道，魏国军队已经元气大伤，不复当年的悍勇和强势，对抗秦军无异于是以卵击石。

黔驴技穷之下，信陵君为了不失信义，便准备做困兽之斗。他率领门下食客，带领100辆马车前去援救赵国。哪怕是拼死一搏，同归于尽，也比遭受平原君的指责而良心不安来得好。

恰好，这一行战车路过夷门时遇见了侯嬴。侯嬴见状甚感奇怪，便问询信陵君，这是在做什么。信陵君正感到一腔怨愤无人能懂得，见侯嬴前来，于是引为知己而坦言相告。希望侯嬴能够知恩图报，即使不和自己前去赵国，也起码给自己出谋划策，看看有什么好办法能够击退秦军。

岂料侯嬴听完信陵君的诉说，只是淡然说道："公子好自为之，去赵国大展拳脚，小臣就不跟随你了。"信陵君见状，顿时失望透顶，只能驾着车马继续前进。到了大梁城数里之外，心中更加气愤："天下谁人不知、谁人不晓，我对待侯嬴，可谓关怀备至。今天我就要去送死了，侯嬴竟然一句离别的话都没有！我倒要看看，侯嬴的心到底是什么做的，怎么能够对我的前途不闻不问呢？"

于是，信陵君驱车回到了夷门，希望能够解除心中的疑惑。一见到侯嬴，不待信陵君发问，侯嬴便笑着说道："小臣早就知道，公子会回来的。公子喜好结交士人，你的美名已经传到天下。今日公子因为急人之难，却没有其他办法，只能披挂上阵，亲自去支援邯郸，攻打秦军。公子这样的做法，无异于羊入虎口，不会有丝毫的功劳，更对邯郸没有半点帮助。既然如此，公子养了这么多的食客，又有什么用处呢？然而，公子一直厚待我侯嬴，此番公子离去，臣却连送也没有。因此，臣知道公子必然心中不平，要回来问个清楚明白。"

信陵君一听，看来自己的猜测没有错，这侯嬴不是忘恩负义之辈，他的胸中应该早已经有了定计。于是，信陵君连忙向侯嬴问道，该如何解决眼下的危局。侯嬴向信陵君使了一个眼色，信陵君当即知道，未免隔墙有耳，人多嘴杂。于是寻了一个僻静之所，和侯嬴单独相处。

见周围没有外人，侯嬴神色紧张地再向四周望了一番，确信安全之后，便神秘地对信陵君说道："听说调集晋鄙大军的兵符，常常放在大王的寝室之内。当今后宫之中，有佳丽无数，却唯独一人最得大王宠信，这个人就是如姬。她因为大王的宠爱，所以能够经常出入大王的寝室。依照小臣看，找如姬帮忙办这件事情，十之八九能够成功。"

信陵君知道，此计甚妙，只可惜如何能够让如姬心甘情愿地帮助自己，成了最大的难题。只听侯嬴胸有成竹地说道："听说，如姬的父亲被人杀害了，如姬求了三年，希望魏王和其他大臣能够为她报仇雪恨，可是却一直没有成功。如姬无奈之下，哭诉着找到了公子，公子什么也没说，派遣门客直接将其仇家的人头送给了如姬。如姬定对公子心怀感激，哪怕是要她为公子去死，她也会奋不顾身，只是公子一直没有找她罢了。只要公子开口，请如姬出山，则如姬必定赴汤蹈火为公子盗取兵符，掌控晋鄙大军的大权也就会落入公子的手中。如此，公子便可以北上去救援赵国、西去抵御秦国，这正是王霸的大业。"

信陵君听完，大呼妙计，这侯嬴果然有才智，在这样的紧要关头，能够想出这么巧妙的方法。于是，信陵君连夜入宫，找到了如姬。如姬听闻信陵君大驾光临，心中欢喜无限，屏退了左右。信陵君将心中所想一一向如姬陈述，如姬也知道，此事不管成与不成，自己都会面临巨大的危险。可俗话说"滴水之恩当涌泉相报"，莫说信陵君为自己报了杀父之仇，就是冲着他的为人，即使肝脑涂地，也势必要毫不犹豫地帮助信陵君。

不久，如姬终归有惊无险地将兵符盗取了出来，交到了信陵君的手中，并让信陵君小心。道了一声珍重，信陵君便马不停蹄地找到了侯嬴，准备一起前去调集晋鄙的大军。

然而，侯嬴却还是表示不赞成公子的举动：信陵君即使拿了兵符去和晋鄙的另一半兵符会合，却难免晋鄙不会心生怀疑。如果他一时之间不愿意交出兵权，反而先向大王请示一番，则信陵君出兵救援赵国一事，就不能成功了。而信陵君还会因为擅自调动军队，以图谋不轨之罪而受刑。

于是，侯嬴向信陵君推荐了一个人，这个人就是侯嬴的好友朱亥。只要有他相伴左右，到时候一旦晋鄙不听从信陵君的吩咐，他必然能够代替信陵君将其诛杀。如此，以策万全。

信陵君听了侯嬴的计策，突然大哭了起来，侯嬴胸中疑惑，公子何以会哭泣不已，难道是害怕此行祸福难料？于是，侯嬴将心中的疑惑说了出来。信陵君回答道："晋鄙是魏国的大将，曾经为魏国立下了赫赫战功，是魏国不可多得的将才，但是他却一直忠心于魏王，和我并没有什么私交。此次前去，恐怕他不会轻易将兵权交付给我，到时候朱亥必定会杀了他。魏国痛失如此良才，我心中痛苦不已，才会哭泣的，哪里是害怕死亡呢？"

到了这个时候，再怎么痛苦也必须忍痛割爱。否则一旦魏王知道了兵符不在，信陵君自己危险不说，救援赵国的事情也就没了希望。

于是，信陵君和侯嬴火速找到了朱亥，邀请他一同前去，保全信陵君。朱亥二话没说，就答应了信陵君的请求，因为在他心中，深刻地感念着信陵君的恩德。在世俗人的眼中，他朱亥不过是个市井杀猪宰牛之辈，然而信陵君却从来没有瞧不起他，而且还多次亲自前来拜访他，赐予他许多礼物。如今信陵君有急难，朱亥自然要肝脑涂地、为其效死力。

在途中，朱亥不吐不快，将心中所想告知了信陵君。一时之间，让信陵君感动不已。他知道，自己没有看错人。士为知己者死，他们能够在一点恩惠下，为自己效死力，自己也大可以将他们引为知己。

信陵君知道，这一切都是拜侯赢所赐，于是对侯赢拜了又拜。侯赢说道："我本来应该随同公子前去的，只可惜老人体衰，已经走不动了。我将留守此地，拖延魏王的查访者，并在心中默念公子到达晋鄙大军驻地的日子。到时候我一定会面朝北方，自刎以为公子送行。"信陵君见侯赢死志已决，心知无法再去改变，只能挥泪辞别。

市场上的贤人

信陵君一行很快就到达了魏国 10 万大军的屯军之所邺。信陵君见到了晋鄙，将自己手上的半块兵符拿了出来，与晋鄙手中的另外一半合在一起，没有丝毫误差。

不过晋鄙心中还是很奇怪，魏王在自己带兵之初，就特别下令，让自己好生带领魏军，切不可以擅自去救援邯郸，不可擅自和秦军交战。如今魏王只字未提，连诏令也没有发出，只有信陵君带着半块兵符到此。莫非大王不察，让信陵君盗取了兵符？且先试上一试。

于是，晋鄙看了看信陵君身边的那个大汉，即朱亥，稍感诧异，接着问道："承蒙大王器重，晋鄙率领魏国 10 万精锐，在此边境之上，静待时局的变动，继而随机应变，此乃国家兴亡的重任。今日见公子前来，竟然只有单车，恐怕于理不合。这是为什么呢？如果公子说不出理由，叫我哪里敢擅自给公子兵权呢？"

信陵君一听，就知道晋鄙果然非比常人，一时之间也不知道该如何应对。再看看军营周围，竟然全是带甲之士，只要晋鄙将令一出，他们便会一拥而上。看来，晋鄙对于信陵君，早就有了防范。

见此事不能善了，危急时刻，朱亥怒目圆睁，"呼呼"地从袖子中抽出了重达40斤的铁椎，轮了一圈之后，轰然向晋鄙砸去。晋鄙不料想，这名大汉胆敢在10万大军中，对自己动手。猝不及防之下，被朱亥砸成了一摊肉泥。

军中将士见状，纷纷拔出手中宝剑。信陵君急中生智，对大家大喝一声，说道："兵符在此，晋鄙不服从大王命令，图谋不轨，意欲谋害我等，已被我就地正法。相信大家对于晋鄙的犯上作乱之举，都不知情，所以只要誓死跟随于我，奉大王号令，前去解救了邯郸，则不但无过，反而有功。"

众人其实早就听说了信陵君的名声，此番即使心中有所疑虑，但因为军人的天职就是服从，他们只能服从信陵君。况且无论功过，他们都不会受到牵连，眼下晋鄙已经死了，只要他们能够立下功勋，也不会出什么问题。对于秦军往日的所作所为，他们早就想报仇雪恨了。

信陵君有惊无险地做了邺城10万魏国军队的统领。他知道，此次魏军前去，面对的可是秦国的精锐之师，魏国军队的战力不如秦军，十之八九会被秦国军队剿灭，为免魏国以后落得个家中无人，信陵君便对全军下令道："父亲和儿子，如果都在此次出征的大军之中，则准其父亲回到家里；兄弟都在大军中的，则准其兄回到家中；如果是个独子而没有兄弟的，也准其回到家中，赡养老人，抚养子女。"

听闻这条军令，除非是逼不得已必须回到家中的，一般的军人，都愿意留下来，甚至是曾经忠心于晋鄙的人，也愿意留下来为信陵君效死力。最终，信陵君选取了8万精锐战士。虽然数量远不及秦军，但是士气高昂、人人都抱着必死的决心参加战斗，因而其战力大大提升。

果然，这8万魏军如同猛虎下山，和赵军里外夹攻，楚国大军未到，就把秦军打得落花流水。邯郸之围就此解除。

赵王和平原君感念信陵君的大恩大德，一起到了邯郸的郊外，来迎接信陵君。赵王对其拜了又拜，顿首称谢道："从古至今，天下的贤达之人并不在少数，但是如同公子者，则可以说是前无古人。"信陵君听了这话，感到自己的一番努力终于没有白费。就连曾经辱骂过自己的平原君，也亲自背着箭袋子，为信陵君引路。

信陵君对于这一切，都心怀感激。然而，他的眼光却看向了遥远的南方，也正是侯嬴所在的大梁。从今以后，自己恐怕再也难以回到魏国了。与此同时，侯嬴也很可能已经面向北方，自杀多时了。

事实确实如此。就在信陵君成功地夺取了魏国10万大军的统领大权之后，侯嬴就已经北向自杀。信陵君窃兵符的主意是侯嬴出的，而且朱亥也是侯嬴介绍给信陵君的，侯嬴自然惧怕魏王追究；再者，侯嬴料想信陵君此去定然能够击溃秦军，但是必不能再回魏国。古语云，"士为知己者死"，既然信陵君这位知己已经走了，自己也垂垂老矣，只能以死来慰藉思念之苦。

魏王在听说了信陵君盗取兵符，杀害大将晋鄙并擅自调动兵马和秦国为敌之后，大怒不已。大梁城中传出消息，只要信陵君回到大梁，魏王必定严惩不贷。其实魏王并不是真的要处罚信陵君，眼下秦军已退，赵国不亡，则魏国也得到了一时的安全。

但是魏王害怕秦军会兵锋转向，攻伐魏国。是以魏王将一切的罪责都推给了信陵君，也好让秦军找不到攻打魏国的理由。

在赵王和平原君的挽留下，已经走投无路的信陵君假意推脱了几天之后，便顺势留在了赵国。

时光荏苒，岁月如梭。一转眼之间，信陵君在赵国已经待了足足十年的时间。这十年时间，赵王和平原君对信陵君一直心怀感激，便商议给信陵君五座城池，作为他的封地。信陵君听闻了这件事情，也感到异常高兴，心中不免有些飘飘然。

信陵君不知道，自己已经陷入危险的境地之中。

幸好他门下有一位食客见信陵君如此作态，便直言不讳地对信陵君说："有些事情可以不忘记，然而有些事情却不可以不忘记。人对公子有恩德，公子切不可以忘记；公子对其他人也有恩德，希望公子能够忘记。公子轻视魏王的诏令，夺取了晋鄙的十万大军，用以援救赵国，公子对于赵国，可谓居功至伟。但是对于魏国而言，特别是魏王而言，公子则并不是忠臣，做的事情自然也不符合魏国的利益。公子却骄傲，认为自己有莫大的功劳。窃以为，公子这样做，是不合道理的。"

信陵君听闻门下食客这么说，顿时感到无地自容、自责不已。别人问他为何会这样时，信陵君说，自己罪孽深重，一方面对不起魏国和魏王，另一方面对于赵国则无尺寸之功，还享受如此尊崇的待遇。

赵王邀请信陵君来饮酒，一听信陵君这么说，也就不好意思将五座城池封赏给信陵君了，只将鄗（今河北柏乡县北）作为公子的"汤沐邑"。

不久以后，信陵君将八万魏军交付了魏国，还对魏王表示了自己的愧疚。魏王自知自己的才智不及信陵君，魏国没有他，其他国家便不会顾及魏国。所以魏王多次表示，希望信陵君能够回到大梁，以往的过错也一笔勾销。魏国还将信陵封赏给了信陵君。

信陵君毫不客气地接受了信陵，但却并不急于回到魏国。

在赵国这边，信陵君也没有闲着，依旧延续着自己喜爱养士的风格。这时候，信陵君正好听闻，赵国有一个叫毛公的大才，在赌徒之中做隐士。另外还有一个人叫薛公，他在卖浆人家中隐藏，也有不一般的才能。除此以外，这二人竟然还是经常在一起游玩的好友。

大凡有大才的人，如果做了隐士，要么是为了真正过闲云野鹤的日子，要么是为了找到自己真正的伯乐而暂时隐退。但是信陵君不知道，这二人的心里到底是怎么想的。可是无论怎么样，都要努力一番，会会这二人。

于是，信陵君暗地打听到了二人的住所，趁着二人相邀外出游玩的机会，信陵君也加入了其中。二人见信陵君谈吐不凡，心胸开阔，爱惜人才，不耻下问，便倾心和信陵君交往。信陵君也倾慕这二人的才华和洒脱的气质，一时之间，这三人便成了要好的朋友。

然而，平原君对这一切却并不是很赞同，他对夫人说道："一开始，我听闻夫人的弟弟信陵君天下无双。现在看来，信陵君竟然不顾身份，和赌徒、卖浆者一起游玩。信陵君太轻浮了。"

其夫人一打听，还真是这么回事。于是，她便将平原君对信陵君的看法告知了信陵君，希望他能够马上回头。岂料信陵君毫不客气，针锋相对地说道："一开始，我听说平原君是贤达之人，因此才会背弃魏王，千里迢迢率领大军前来营救赵国，也成就了平原君的名声。但平原君外出游玩之时，不过只有豪放的举动而已，却没有求取真正的士人。我还在大梁的时候，就听说了这二人的贤达，到了赵国之后，一直恐惧不能见到。我和他们一起外出游玩，尚且担心他们不想让我一同前往。今日平原君竟然认为这是一件羞耻的事情，他也是不能够和我等一起游玩的。"

老家并不安全

经此一事，信陵君觉得，自己再待在赵国，只会徒惹麻烦。于是整顿行装，准备离开赵国。而在这一期间，秦国听说信陵君在赵国，魏王身边没有可用之人，便多次出兵，大举攻伐魏国。魏国军队则是屡战屡败。魏王也感到了事态的严重性，如果信陵君再不回到魏国，则秦国必定会一点一点地将魏国的大好河山蚕食。所以魏王便派遣了使者，前去请信陵君回国。然而信陵君却惧怕这是魏王的计策，将自己骗回去之后，就会对自己下毒手。为免食客劝谏，信陵君下了严令："有敢为魏王使通者，死。"

一时之间，信陵君门下食客，对这件事也噤若寒蝉。唯独他在赵国结识的毛公和薛公，直言相谏道："公子之所以在赵国受到重视，并且闻达于诸侯，就是因为有魏国的缘故。今日秦国攻伐魏国，魏国告急而公子竟然不理不顾。使得秦军攻克了大梁，捣毁了魏国历代先王的宗庙陵寝，以后公子还有什么脸面能够在天下立足呢？"

公子听闻，便决意回到魏国。平原君此时也来到信陵君府上，免冠谢罪，希望他能够留下来。而且平原君的门客听说了这件事情之后，也有一半的人，愿意离开平原君而跟随信陵君一起，只是希望他能留下来。

但是信陵君心意已决，平原君之事不过是个导火索，毛公和薛公的话才是让他下定决心的关键。平原君和赵王都不能留住他，不日，信陵君便驱车回到了魏国都城大梁。

魏王听说信陵君愿意回到魏国，一时喜不自胜，亲自到大梁城外相迎。魏王见到信陵君，更是喜极而泣，信陵君多年未回到故土，自然也是热泪纵横。不久，魏王便封信陵君为上将军，统帅魏国军队。如此一来，信陵君成了为数不多的既是贵族又掌握实权的人。

信陵君也确实不负众望，凭借自己在政治、外交、军事上的非凡才能频频救魏国于水火之中。魏安釐王三十年（公元前247年），秦军再次大举进攻，占领魏国土地。信陵君自知仅仅依靠魏国的军队，万万难以抵挡强大的秦军。于是派遣使者，同时前往列国求援。这些国家知晓了是信陵君担任魏国的军队统帅，对此次联合抗秦的信心大增，加上秦军的威胁日盛，便纷纷派遣大军，前来援救魏国。

信陵君率领除齐国之外的东方五国大军，在北线打破了秦军于汲县设立的防线。在南线则攻击管城（今河南郑州）地区，以解除秦军对魏国都城大梁的威胁。秦军一路大败，尤其是在北线，更是溃不成军。联军乘胜追击，连战连胜，一路打到了河外，秦军也被联军包围。自此，秦军苦心经营多年的伊阙、温县、邢丘、汲县防线告破。然而，在南线，联军攻击管城之战事，却进展不大。由于管城的秦军守将正好是个魏国人，信陵君便想要招降。于是找到了管城守将的父亲缩高，让他劝儿子投降。岂料这人是个死脑筋，不赞成信陵君的看法，认为开城投降不是弃暗投明，反而是叛国投敌。信陵君想尽了办法，缩高就是不为所动。最后信陵君只能威胁他，要么让自己的儿子投降，要么就杀了他。

缩高见此事无法善了，直接自杀。南线战事就此陷入僵局。

此时此刻，在河内地区，联军依然包围着秦军。秦军虽然陷入不利的境地，但是其战力尚在，士气尚存，如果援军一到，他们里应外合，必定会反败为胜。于是，信陵君为了能够速战速决，亲自冒着飞箭石雨，向敌军冲锋，秦军阵营因此被打乱。无奈之下，秦军在蒙骜的率领下，再次向西边突围。联军依旧不放过痛打落水狗的机会，一路追到函谷关（今河南灵宝北）。

秦军知道联军此刻军威大盛，不可以直迎其锋芒，便龟缩在关门之内，不管联军如何骂阵，他们都坚守不出战。辗转数月时间过去，大军见无法攻克函谷关，而粮草也快要支撑不住，便撤了回去。

但是通过此次诸国联合作战，魏国夺回了关东地区的大部分土地，信陵君也因功而被拜为上相，魏王还封赏了信陵君五座城池。然而，此次合纵，虽然重创了秦军，但是对于魏国等东方六国而言，并没有什么大的实质性作用。而且整个东方都将在秦军更为强大的攻势下，俯首待命。当然，在这一次合纵中，列国都见识到了信陵君的军事才能，他也借此得以威震天下。据传，当时许多国家都派遣了使者，前来向信陵君学习兵法，信陵君自然来者不拒，还著书立说，成就一部《魏公子兵法》。后世的《汉书·艺文志》中，在论述兵形势家之时，便有《魏公子》二十一篇，足见信陵君对于后世的影响力。

自此之后，因为信陵君的缘故，秦国一度放慢了向东方侵略的步伐。秦王知道，魏公子一日不除，就一直是秦国的心腹大患。于是，秦国再次使出最为擅长的离间计来搞垮信陵君。为策万全，此次秦王可谓全方位出击。

一方面，秦王让人拿着无数的金银财宝来到魏国，贿赂被信陵君击杀的大将晋鄙的门客。于是，这些人便诋毁信陵君，说他在外十年之久，现在虽然做了魏国的将领，但是其他国家的将领好像都听从他的号令。诸侯列国只听说魏国有信陵君，却没有听说魏国有魏王。而且，听说信陵君还准备在魏国南部自立为王，诸侯都畏惧信陵君的威势，是故都表示愿意拥护信陵君。

另一方面，秦王还派遣了使者前往魏国，不去朝见魏王反而去见信陵君。一路之上，大造声势，各国都知道了这件事情。使者到了信陵君处，便向信陵君假意问询他是否已经做了魏国的王。尽管信陵君百般辩解，但是三人成虎，一时间谣言满天飞，世人都认为他有意自立为王。而魏王也不再信任他，信陵君最终被罢免，秦国的离间计再次成功。

信陵君知道，此后自己必定难以翻身了，便借故称病一直不上朝，转而和宾客整日整夜饮酒作乐。由于仕途失落，信陵君心中郁闷，便沉溺于声色犬马之中。四年之后，终因为对身体伤害太过，患病而死。而在同一年，魏王也驾崩。

此后，魏国更是江河日下，秦国则是一路高歌猛进。

买卖国君

吕不韦，出生年不详，卒于公元前235年。吕不韦是当时最为富有的商人，他将"天下熙熙，皆为利来，天下攘攘，皆为利往"的古代谚语，发挥得淋漓尽致。

关于吕不韦的祖籍，历史上众说纷纭，几无定论。比较可靠的是说他为卫国濮阳（今河南濮阳）人。还有一种说法，认为吕不韦就是赵国人，由于史料有限，难以求证。唯一可以确信的是，吕不韦不是秦国人。吕不韦深谙低价买进，高价卖出的经营之道，不久便积累起了千金的家财。这为他以后的发迹，奠定了深厚的经济基础。

这一年，吕不韦到达了邯郸，带足了钱财，准备做一桩大买卖。机缘巧合之下，吕不韦竟然结识了当今秦国国君的孙子嬴异人。

秦昭襄王四十年（公元前267年），太子嬴悼死在魏国，后来被运回秦国，举行了国葬。两年之后，秦昭襄王将其第二个儿子安国君立为太子。

安国君有个非常宠爱的妃子，即华阳夫人，是安国君的正室，只可惜她没有儿子。因此，一旦安国君继位，太子人选便只能从他的20多个儿子中选取。而嬴异人（也叫子楚），因其母亲夏姬不受宠爱，他在秦国也不受重视，太子之位肯定是与他无缘的。所以他作为秦国的人质，被送到了赵国邯郸。

当时的列国形势很紧张。秦国自白起执掌兵权之后，便将赵国作为秦国最大的敌人，因而异人在邯郸的日子并不好过。而他自己也没有足够的钱财，只能过着穷困潦倒的生活。

几乎所有人都认定，嬴异人不仅难以回到秦国，还很有可能会客死异乡，更谈不上继承秦王大统了。直到吕不韦到来后，才真正地发现了嬴异人的价值所在。在吕不韦的眼中，嬴异人就是一件最有价值的商品，现在可能一文不值，但只要自己经营有道，将来必定能够让他身价猛增，自己也可以一本万利。

其实，在来赵国之前，吕不韦并不认识嬴异人。吕不韦一见嬴异人就被他不一样的气质所折服。经过打听，才知道他就是秦国的质子。

吕不韦见有如此良机，便向父亲问了三个问题。首先，吕不韦问父亲，如果是种地，能够有几倍的利润？父亲回答说，十倍；吕不韦再问道，如果是贩卖珠宝玉佩呢？父亲回答说，那可就高了，起码一百倍；最后，吕不韦大胆地问道，如果是扶持一个人，做一个国家的君主呢？父亲倒吸了一口凉气，回答道，千万倍，甚至是难以估计的。

　　经过一番问答，吕不韦终于下定了决心，要好好经营嬴异人。

　　于是，吕不韦便在一个天朗气清的上午，前去拜会嬴异人。一见面，吕不韦便表现得喜不自胜，高兴地说道："只要依靠我，就一定能够光大你的门庭。"嬴异人听闻他这么说，便笑着说道："你要光大我的门庭？可是依照我来看，你需要先光大你的门庭才行呢。"吕不韦知道，这不过是嬴异人的玩笑之语，所以进一步向嬴异人论述道："公子，这你就不明白了。我的门庭固然需要光大，但是这一切还不都需要依靠你，才能够达成。"

　　话说到这个份上，嬴异人立马明白了吕不韦的心思。反正自己此时此刻也无所依靠，随着秦国和赵国的关系逐渐紧张，自己很有可能会遭遇不测。这吕不韦的大名，他也听说过：经商有道，家财万贯。嬴异人认为，自己大可以将之纳为己用。

　　只听吕不韦说道："现在秦国君主已经垂垂老矣，安国君成了秦国国君的继承人。众所周知，华阳夫人就是安国君最为宠幸的妃子，然而她却没有儿子。眼下的局势很清楚：公子的兄弟有20余人，公子又排行中间。不受秦王宠幸，长期被留在诸侯国当人质。即使是秦王死去，安国君继位为王，鞭长莫及之下，公子拿什么去和安国君的那些儿子去争夺太子之位呢？"

嬴异人一听，吕不韦说得很有道理，自己难道就一直默默无闻待在赵国邯郸吗？或者有一天，秦国大军压境之时，赵军会毫不犹豫地杀了自己。嬴异人自然不会甘心如此籍籍无名下去，便向吕不韦问道："先生说得不错，但是如何做，才能够挽救眼下这种危局呢？"

　　吕不韦高兴地说道："公子现在处境危急，穷困潦倒，又客居在赵国，没有什么有价值的东西可献给亲长、结交宾客。要改变这种状况，就必须要依靠一个有经济实力而且不对你造成任何威胁的人。恰好在下家有千金，愿意全部拿出来帮助公子。只要拿着这些钱财前去秦国游说，侍奉好安国君和华阳夫人，则将来的太子之位，就非公子莫属了。"

　　嬴异人听了这话，顿时大喜过望。于是向吕不韦保证，一旦将来自己坐上了太子之位，甚至成了秦国的国君，则愿意和吕不韦共同享有秦国的一切权力。无疑，这种承诺是极具诱惑力的，同时也是吕不韦最想要的答案，只有这种一本万利的生意，才值得他倾家荡产甚至是舍生忘死地去博一回。

　　吕不韦将家中的一千金分为两部分，每一部分为五百金，分别用于结交宾客和购买珍奇玩物。为了保证这次投资的准确性，尽量降低投资的风险，吕不韦甚至亲自去了秦国，首先拜会了华阳夫人的姐姐。通过她，吕不韦很顺利地就见到了华阳夫人。吕不韦把自赵国带来的最为珍奇的物品献给了华阳夫人。

　　华阳夫人见这么多稀奇古怪的玩意儿放在自己的面前，自然喜笑颜开。对吕不韦则更是亲厚有加，并向他保证，无功不受禄，只要他有需要，而自己又力所能及，就一定不会辜负他的希望。

　　吕不韦见自己一番经营，中间人终于上钩了，心中暗喜。只要这位中间人能够对"商品"产生兴趣，并保证帮助吕不韦推销他的那件"商品"。那么自己的这件奇货，就必定能够成功脱手，卖出绝高的价格。

首先，吕不韦必须要对这款"商品"的性能做一个简要的介绍：嬴异人天赋异禀，才华横溢。即使在困境之中，也能够成功和许多宾客结交。天下有能力的人，都愿意和他交往，其礼贤下士的名声，已经能够和魏国公子信陵君相提并论了。听完吕不韦的叙述，华阳夫人派人暗中打探，发现吕不韦所说果然不假。竟然连秦国的某些著名人士，也有心归附嬴异人，可见这件"商品"，确实是质量过硬。

其次，吕不韦极尽所能来吹嘘华阳夫人对嬴异人有多重要：夫人在嬴异人的眼中，简直就如同苍天一般，天下没有人的地位可以超过夫人。嬴异人虽然身在邯郸，却心在秦国。他对夫人和太子的思念，日盛一日，却无法如愿得见你们的容颜，只能够以泪洗面了。听了吕不韦声情并茂的陈述，华阳夫人对嬴异人不禁心生怜悯之心。最后，吕不韦为了让华阳夫人彻底将身家押到这件"商品"上，便从其切身利益角度出发进行说服：只有买了这件"商品"，才能够永保荣华富贵。

为了收到更好的效果，吕不韦实行旁敲侧击的手段，并没有直接告知华阳夫人这些有关利弊之语。而是收买了其姐姐，让她代为转达："君主身边的妃子，很少是依靠其才能来侍奉君主的，因为依照惯例，是不准许后宫干预朝政的。更多的人，是依赖自己年轻貌美，让君主赏心悦目，才能够得到荣华富贵。然而，这一类人却有一个弊端，一旦年老色衰、人老珠黄，则君主势必会舍弃她而另寻新欢，宠爱也就随之减少。现在夫人在太子身边，依靠年轻和美貌，集万千宠爱于一身，自是风光无限。但是夫人却没有儿子，这种风光的日子还能持续多久仍是个未知数。要保全自己的地位并使之长久，只有趁早结交一个有前途而且孝顺自己和太子的王子，并将之立为继承人，像亲生儿子一般对待他、扶持他。无论夫人的丈夫是在世还是辞世，夫人的地位都能得到保全。甚至一旦那位继承人做了大王，夫人的地位也会水涨船高，可谓是一举两得的好事。

"现在咸阳的街头巷尾之间，都流传着嬴异人的贤能。只可惜他自己在诸位王子中间，并不是很突出，如果按照其次序，是不能被立为继承人的。其生母不受宠爱，嬴异人只能将自己的一切都托付给夫人。只要夫人扶持他，将来就不愁失去宠爱，一辈子高枕无忧了。"

华阳夫人见自己的姐姐这么说，终于下定决心，紧锣密鼓地开始了扶持嬴异人的行动。

送货上门的学问

经过一番舆论宣传和造势，吕不韦终于将自己家中的这件奇货推销了出去。只要这个中间人华阳夫人能够说动"买家"安国君，将这件商品收购，则自己的身价必定无限增长。

在一个温馨的夜晚，华阳夫人摆了一桌的好酒好菜，热情地将安国君请了过来。二人就那么席地而坐，注视着对方。

终于，华阳夫人率先打破了沉默，深情款款地说道："臣妾一生，最为高兴的事情，就是能够遇见大王，更是得到了大王的万千宠爱。可是臣妾却一直有一个遗憾——没能够为大王生下一个子嗣。这是臣妾心中最大的隐痛，只希望大王能够准许臣妾去收养一个义子。"

安国君对她百依百顺，一听见华阳夫人有收养义子的想法，当然会毫不犹豫地答应。只是整个天下，华阳夫人最好能够收养一个嬴氏子孙，否则即使将来自己有心传授衣钵给他，恐怕也难以让嬴氏族人心服口服。于是，安国君问道："谁能够有这样的福分，成为夫人的义子呢？"

华阳夫人忙高兴地说道："自然是夫君儿子中的一位。虽然他们都很优秀，但是臣妾最中意的，还是嬴异人。"

竟然是嬴异人？此时的嬴异人，不是远在邯郸做质子吗？何以能够得到华阳夫人的垂青呢？安国君将心中的疑惑提了出来。

华阳夫人便告知安国君，她认为嬴异人能够甘心在赵国做质子，借以稳住赵国，对秦国而言，无疑是立下了汗马功劳；秦国多次攻伐赵国，嬴异人都能够安然无恙，可见其才智超凡；天下许多贤达的士人，都知道嬴异人的声名，可见他能够广结天下英豪；他虽然身处赵国，却丝毫不忘夫君和我，不时派人前来问候，并献上他搜集的珍奇玩物。话音未落，华阳夫人将心一横，把嬴异人赠给他的一些物品，选了一两件精品，送给了安国君。

安国君闻言，仔细思考一番：这嬴异人不管是真情还是假意，能够让华阳夫人在自己耳边吹风，都不可小视。自己大可以准了他做华阳夫人的义子，日后再仔细地考察。如果将来他的确是可造之才，自己大可以将江山社稷交付于他。

就此，嬴异人这件"商品"，终于成功进入"买家"的视野。

当然，不止华阳夫人擅长吹耳边风，其他妃子也不是易与之辈。华阳夫人担心，安国君耳根子太软，一旦其他人从中作梗，这件事情很可能会告吹。于是，华阳夫人索性来个一哭二闹三上吊，同时秋波流转、几番撒娇，终于让安国君答应给予自己一个保证。安国君无奈，只好刻下玉符，并且还答应暂时让嬴异人做继承人。一旦确信他有才能，便将江山社稷交付与他。

为了增大嬴异人成才的可能性，华阳夫人和安国君商议，干脆请拥有这件"商品"的商人，好好管理一下他的"商品"。如此，吕不韦便顺理成章地做了嬴异人的师傅。安国君和华阳夫人还将许多礼物交给了嬴异人的师傅吕不韦，让他代为转交给嬴异人。

这件事情告一段落，眼下最紧迫的事情，就是如何才能够将嬴异人从邯郸营救归来。吕不韦深知，仅仅凭借自己的财力当然不够。即使富可敌国，如果不能智取，也很难成功地将嬴异人送回秦国。如今有实力救援嬴异人的，就只有两个人，一个是赵王，另一个自然是秦王。如今的嬴异人已经身价倍增，吕不韦当下最需要做的，就是在赵王知晓嬴异人的价值之前，将嬴异人救出邯郸。

于是，吕不韦将目光盯向了安国君的后台——秦昭襄王，只要他金口一开，继而对赵国全面施压，料想赵国也不能不让嬴异人回国。

这一次，吕不韦还是采取了旁敲侧击的伎俩，他没有直接去找秦昭襄王，也没有直接去找王后，而是找到了王后的弟弟阳泉君。

吕不韦一见到阳泉君，便来了一招先声夺人："君之罪责，万死难辞，你可清楚？"听说这人做了嬴异人的老师，可是怎么会一见面就如此指责自己呢？阳泉君很奇怪，于是向吕不韦请教，自己何罪之有？

吕不韦暗笑了一下，义正词严地对阳泉君说道："你不过是王后的一个兄弟，但是看你的待遇，再看你的排场，比起白起、范雎，也是有过之而无不及，安国君和你比起来，也是小巫见大巫。可是你扪心自问一下，这一切你是依靠的谁呢？自然是你的姐姐，她是王后，所以你才能得到秦王的庇护，享受无限的荣华富贵。凡事预则立，不预则废。试想如果有一天，大王驾鹤西去，留下你和你的姐姐。若安国君做了大王，却不信任你们，你们该如何自处呢？依我来看，到时候你们不仅难以保全现在的名利和地位，说不定你们还会面临性命之忧呢。"

阳泉君一听这话，顿时感到情势的危机，便决心以后要收敛一些。可是即使我不犯人，也不代表就会人不犯我。于是，阳泉君客气地向吕不韦问询，该如何做才能够保全自身。

吕不韦等的就是此刻，他将心中早就准备好的一番说辞说了出来："当今太子将来必定会继承秦国的君王大业，而他成了秦王之后，必定会对秦国的政局重新清洗，有用的人则留下，无益的人则除之。到时候华阳夫人那里定然是门庭若市，因为她是安国君最为宠信的人。可是到了那个时候，华阳夫人已经做了王后，还有什么理由去帮助别人呢？除非现在她还只是夫人之时，别人就帮助了她，她才会知恩图报。恰好我知道，华阳夫人因为没有子嗣，便收了一个义子，即尚在赵国做质子的嬴异人。此人知恩图报，才智卓绝，天下闻名，你如果能够帮助他回到秦国，无论是对于华阳夫人、对于安国君，还是对于嬴异人，你都立下了大功。如此，你还会担心将来会对你不利吗？你的地位必定会固若金汤。"

吕不韦之言，可谓醍醐灌顶，让阳泉君顿生恍然大悟之感。于是，他便去求了王后，王后很顺利地答应了阳泉君，去找秦昭襄王求情。但事情的进展并不是很顺利。秦昭襄王何许人也！他考虑的自是比他人周全：眼下秦国和赵国的关系如此紧张，秦国如果主动去找赵国，赵国必然会坐地起价，到时候必然会增加营救的难度。秦昭襄王想，只要赵国主动前来求和，秦国就可以顺势提出质子回国的要求，神不知鬼不觉地救出嬴异人。因此对于王后的求情，他并没有立即答应。

吕不韦知道，秦国这边，只能先依赖安国君、秦王王后等人先稳住秦王；赵国这边，就需要自己亲自出马了。

于是，吕不韦打点好秦国这边之后，便马不停蹄地回到了赵国邯郸。值得一提的是，安国君为了能够成功地营救嬴异人，竟然还给吕不韦赠送了三百金。王后给了二百金，就连华阳夫人，也给了一百金，外带一箱子衣物。可见此事已经成功了八成，剩下的两成胜算，就在赵王身上了。

到达邯郸之后，吕不韦直接去了嬴异人的住处，把自己在秦国的所作所为悉数告知了嬴异人。并将六百金和衣物都给了嬴异人，让他在以后多加运作。嬴异人听完，心中喜不自胜。

此后，吕不韦真正成了嬴异人的心腹，被引为恩师。嬴异人心中所想所思，无不一一告知吕不韦。

当然，作为一个商人，谋求利润的最大化才是吕不韦最需要做的。于是，他准备进一步投资，甚至不惜血本，来加工和完善自己的这件"商品"。他相信，自己赚取的，绝对不只是一个"一人之下、万人之上"的位子，而是整个天下。

姓吕还是姓嬴

早些时候，吕不韦便在邯郸的一个不知名的角落，发现了赵姬这一风情万种、婀娜多姿、倾国倾城的绝代尤物，并花了大价钱将之购入自己的囊中。

一个偶然的机会，嬴异人见到了赵姬。嬴异人在他乡为质子，虽然身份显贵，待遇却不怎么样，别说妻子，连个小妾也没有。正值青春热血的嬴异人，看到如此尤物，顿时如鬼迷心窍一般，红光满面，激动得语无伦次。

而这一幕，正巧被吕不韦看在眼里。多日过去，嬴异人茶不思饭不想，每每想起吕不韦身边的那个不知名的姬妾，便口干舌燥、心神恍惚。但是看吕不韦的眼神和行动，就知道那位女子定然是他的眼中宝、心头肉。自己这一生，恐怕和那位女子就此错过了。

吕不韦满意地笑了笑，知道自己的这件产品也成型了。于是，他便找来赵姬，向她说出自己心中的想法：今后只要她能够和嬴异人相亲相爱，不久她便能坐上秦国王后的位子。而他们二人只是从明处转到暗处，一切其实都没有什么变化。起初，赵姬还有些许不愿意，但是最后答应了吕不韦的要求。

这一晚，吕不韦大办宴会，主人是吕不韦，客人是嬴异人，而主角却是赵姬。

不一会儿，四周便弥漫开一种旖旎的气息，嬴异人也变得醉眼婆娑。直到这时候，吕不韦才伸手拍了三下，顿时赵姬粉墨登场。这时候，吕不韦发话了，他说，眼下的这个女子，可是吕不韦最为重视的人，为了能够得到她，自己可是费尽了心思、绞尽了脑汁、倾尽了家财。今后有了她，只怕别人拿丞相的位子和他交换，他也要考虑一二。嬴异人其实也不傻，自然明白吕不韦在有意和无意之间，抬高赵姬的身价。然而酒过三巡之后，看着赵姬那风华绝代的舞姿和闭月羞花般的容颜，嬴异人脑中剩下的，便只有眼前的这个女子了。

赵姬似乎也感觉到了嬴异人炙热的眼光，眼波流转之间，走到嬴异人面前，给他敬酒；酒过之后，赵姬更是疏开长袖，若即若离，飘然不已，惊鸿一瞥，貌合神离。

嬴异人忽地站了起来，向吕不韦庄重地说道："先生切勿见怪，我知道君子不夺人所好，但是此女子无论是气质还是容貌，都让我大为叹服。今生如能娶她为妻，则死而无憾了，希望先生能够成全。"

吕不韦顿时做大怒状，对嬴异人喝道："公子可知，赵姬可是在下的小妾。在下一番好意，让她给你敬酒，以歌舞助兴，公子怎么能生出这种心思呢？"

嬴异人一听，顿时跪在地上。

吕不韦叹了一声，感慨地说道："公子切勿如此，在下知道，公子这么多年过的是什么样的日子。一个人客居他乡，孤苦无依，连个说贴心话、做真心事的人都没有。吕不韦虽然无才无德，却知道什么才是最重要的，为了能够让公子回到秦国，不惜散尽家财，又怎么会吝啬自己的一个小妾呢？只要公子一句话，即使她深得我的宠爱，也必须要忍痛割爱。只是在下担心，怕她不从，又担心委屈了公子。关键是你们能两情相悦，在下也乐得成人之美。"

嬴异人听完，顿时喜出望外。而另一边，吕不韦其实早就和赵姬商量好了，只要嬴异人说了出来，他们一定会答应。当然，在这之前，他们还得在嬴异人面前演一场戏。表现夫妻情深，生离死别，最后为了国家大业，公子幸福，只能忍痛分离。而又需要做得恰到好处，让嬴异人觉得，自己的确是欠了吕不韦天大的人情，而赵姬也是真心地从了自己，让嬴异人有充足的成就感。

接下来吕不韦再次做了一笔小小的投资：他作为女方"家长"，将赵姬热热闹闹地嫁到了嬴异人家里。

没过多久，赵姬就怀孕了。一年之后，一个男婴诞生，他就是日后的秦始皇嬴政。

关于秦始皇的出生问题，《史记》记载，赵姬来到嬴异人之处时已经怀孕，而嬴异人却并不知道。文中还描述，"至大期时"，赵姬生下嬴政，因此他的生父是吕不韦——虽然由于怀孕期长，使得嬴异人和当时的其他人都相信，嬴政的确是嬴异人的儿子。

三天国君

公元前 257 年，邯郸城外，秦国再一次增兵换将，王龁替代了王陵，顺便还带来了 20 万兵马。此时围困邯郸的秦军，已经足足有 40 万兵马。秦昭襄王不夺下邯郸是不会善罢甘休的。吕不韦听说，秦国那边也是矛盾重重，白起和范雎的争斗，已经影响到了邯郸的战局。白起不来，邯郸在廉颇的坚守下，便不能攻破。吕不韦还听说，其他国家也在望风而动，听说平原君已找魏国和楚国谈好了，这两个国家正准备兵马，前来援助邯郸。

本来秦国和赵国对于吕不韦而言，不过是两个市场，谁胜谁负他都不是很在乎。只要自己能够赚钱，在乱世之中求得锦衣玉食就可以了。可是眼下他将全部的精力都投给了秦国质子嬴异人，如果两国如此僵持下去，他的苦心经营就会前功尽弃。

吕不韦不会任由这种事情发生。于是，吕不韦狠下心肠把自己的积蓄都给奉献了出来，赠送给了邯郸守城的将卒。并告诉他们，自己全家老小来到邯郸做生意，却没有料到遇上如此大的战事。不仅不能赚钱还可能性命不保，所以自己不惜把这次做生意的成本拿了出来，让守城将卒通融一下，自己也可以平平安安地回到家中。守城将卒中，有人认识吕不韦，见他是真心想要回家，而且出手阔绰，于是答应了他。

吕不韦没有丝毫犹豫，便将赵姬母子秘密地藏在了赵姬的娘家，而且其娘家还是赵国的富豪人家，身份显贵，所以赵姬母子才能够成功地躲藏起来。另一边，吕不韦则将嬴异人打扮成了一个随从，就在当天夜里，有惊无险地混出了邯郸城。

一到城外，他们便不趋不避，直接朝着秦军军营走去。秦军攻城的士兵很快就发现了他们，开始以为他们是赵国的探子，准备上前抓他们。吕不韦见状，大喝一声，告诉他们，这可是秦国王孙，列位断然不能妄动。秦兵果然被震慑住，便将他们带到了王龁的军营之中。王龁一见面，忙向嬴异人请安，并给他换了衣服，设宴款待。同时还告诉他，秦昭襄王这两天也在军营之中督战，嬴异人可以和他见面。

吕不韦正愁秦军再次交战，列国定然不安，自己不知如何才能够平安带嬴异人回到秦国。不想喜从天降，秦王竟然也在这里，一切都进行得出乎预料的顺利。秦王见了他们也是欣喜不已，果然是骨肉情深，血浓于水。也许是近日常常听说嬴异人的不凡，也许是自己对于罔顾其性命攻打邯郸的愧疚，秦王表现得异常兴奋。他给嬴异人赏赐了许多财物，为免夜长梦多，还特派了兵马，护送嬴异人尽快回到咸阳。

吕不韦一行在数日之后，便进入了函谷关，再过数日，便进入了咸阳。一到秦国国都，嬴异人便表现得非比寻常起来，仿佛有一种王者的霸气。除此以外，他更表现得异常睿智。首先想要见面的不是安国君，不是那些繁华酒肆，更不是自己的其他亲人，而是和自己没有血缘关系的华阳夫人。

这让吕不韦暗自怀疑，当初他见赵姬之时表现得那么急切，或许正是嬴异人大智若愚的表现，是他为了更好地笼络自己才出此一招。一时之间，吕不韦不禁暗自庆幸自己下对了注。

当然，在此之前，吕不韦还需要好好装扮一下嬴异人。因为华阳夫人是楚国人，所以吕不韦特意吩咐让随从带来了特制的楚国衣物。他认为嬴异人如果能够穿着楚国衣服前去觐见华阳夫人，必然能够很快地亲近华阳夫人，收到意想不到的效果。

果然，华阳夫人一见嬴异人一身的楚国服饰装扮，便心生疑惑，向嬴异人问询道："你是个秦国人，即使做了质子，也是在赵国邯郸，怎么会穿着楚国的衣服呢？"

嬴异人见华阳夫人问询自己，顿时失声痛哭道："不肖子孙被困赵国，虽然生活凄苦，却从来没有忘记秦国的一山一水、一草一木。对于秦王，对于慈母，都心怀感恩，思念不已。"

华阳夫人一听顿时明白了，他穿着楚国服装很可能是知道自己是楚国人，思念自己不得见，只能整天穿着楚国服饰了。不论如何，他今日前来，能够如此细心，足见其孝心。一直以来没有儿子的华阳夫人，内心的孤苦寂寞和磅礴的慈母之爱一瞬间涌上心头。

真情也好，假意也罢，吕不韦都不关心，他在乎的是这位中间人似乎已经彻底地融入嬴异人一边。对于这样的结果，吕不韦很满意。

嬴异人名正言顺地成了安国君的继承人，同时吕不韦也终于收到了回报，秦昭襄王将之封为秦国客卿。但是吕不韦不会就此甘心，他知道只有嬴异人继位，他才能得到和他的付出所相称的回报。

然而，让吕不韦担心的事情还是摆在他的面前。秦昭襄王虽然年纪已大却依然老当益壮，不时还能够御驾亲征，而安国君也是身体健壮。到嬴异人成为国君，不知要等到何年何月。即使真的到了那个时候，说不定他吕不韦已经化作一抔黄土了。

老天似乎听到了吕不韦的心声。公元前251年，一个黄叶满天飞舞的萧瑟季节，在秦国政坛上风云了半个世纪有余的秦昭襄王，终于带着雄霸天下的豪情和未能一统天下的不甘，离开了人世间。安国君顺利继位，是为秦孝文王。

这一刻，吕不韦虽然在名分上没有多大的提高，但是其地位却明显提高了，要接近秦王已不是什么难事。可是这一切，依旧不是吕不韦想要的，因为他想要的是更多、更大的权力。秦孝文王自然不会满足他，且不说他的才能如何，但是他这样一个有大野心的人，秦孝文王就不会放心大胆地任用他。

这一次，吕不韦几乎没有担心多久，秦孝文王便一睡不醒。没有证据表明，秦孝文王是如何死亡的。只说当日他处理了一些朝中杂务，会见了一些秦国宾客，回到寝宫，第二天就没了生机。

但是很多人都在猜测，他的死亡一定不是正常的。因为距离加冕才仅仅三天的时间，其地位尚不稳固，一切事情都最有可能在这一期间发生，他的死很可能是吕不韦下毒所致。

不过没有人去关心他的死因，他很快就被下葬了。秦国再次进入了一个新的时期。这个时期，轮到了吕不韦纵横捭阖。

这一年，是秦庄襄王元年（公元前249年），嬴异人正式更名为嬴子楚。他任命吕不韦为丞相，封为文信侯，以河南洛阳十万户作为他的食邑。吕不韦真正实现了他的政治理想。多年来的奇货，终于实现了他的价值。

还有一件事情，让吕不韦感到未来充满了希望。那就是赵国在不久之前，送回了赵姬母子，而秦王顺势将嬴政册立为太子。值得一提的是，在此之前，秦始皇名为赵政，和其母亲一个姓氏。到了此时，才正式更名为嬴政。

昔日的嬴异人还不过是秦国在赵国的一个质子，随时都会面临性命之忧，现在却成了当今天下权势最为雄厚的风云人物；昔日的吕不韦不过是一个被儒生瞧不上眼的贩夫走卒，现在却成了一人之下万人之上的丞相，成为天下为之震动的人物；昔日的赵姬，不过是一个小小的姬妾而已，不想今日也成了王后，其儿子将来还会成为秦王。

秦国，李斯的选择

李斯原本是楚国上蔡（今河南上蔡西南）人，年轻时候做过楚国的一员小吏，专门负责掌管文书，每日过着重复且无聊的日子。在这样的大争之世，做一个籍籍无名的人，并不是李斯想要的。

而眼下楚国早已经是日薄西山，李斯即使有万般才华，也不知道该如何施展。这么多年，李斯都觉得自己时光虚度，胸中无韬略，袖里无乾坤。这样的人到任何一个国家，都会是碌碌无为。只有首先丰富自己，加大自己的筹码，才能够在其他国家中施展抱负。

为了实现厚积的志向，李斯来到了荀子这里，向他学习"帝王之术"。

荀子原本是赵国人，他来到齐国的稷下学宫。从如云的高手之中最终脱颖而出，成为名重一时的人物，可谓大器晚成。到了齐襄王时期，学宫不在，稷下冷清。曾经和荀子一起的那些风云人物，都已经淹没在历史的风尘之中。只有荀子依旧如日中天，功名显赫，地位尊崇，桃李满天下。

可是最终荀子还是受到了奸人的陷害，黯然离开了给予他无限的光荣和尊贵的齐国。荀子来到了楚国，在春申君的帮助下，做了兰陵（今山东苍山西南兰陵镇）令。可是荀子不甘心，不是因为其仕途的暗淡，而是自己的一腔学识竟然没有遇到真正的得意弟子。在其有生之年，如果得遇一名门生，能够继承其衣钵，荀子便觉得自己死而无憾了。

而正是在这时候，李斯满怀希望地向荀子求学而来。不久之后，韩非也意气风发地来到了荀子的面前。荀子正愁自己后继无人，便全心全意地教授他们，加之这二人都是天资聪颖，很快便成了荀子的得意门生。

这不禁让人心生疑虑。荀子可是儒学大师，其旗号可是孔孟之道，而孔孟之道推行的是仁政、礼治。如何能够在充满奸诈和征伐的战国之世，成就君王天下事，赢得生前身后名呢？

其实，荀子和孟子并不是简单的继承和发扬光大的关系。他一改过去孔孟之道空谈政治理想的弊端，从当时的政治局势出发，打破常规，对传统的儒学进行了改造，使之更加适合社会的发展和新兴地主阶级统治集团的需要。并且广泛地吸收了法家的治国主张，主要涉及如何治理国家、平定天下的"帝王之术"。

正好，李斯和韩非满怀着出人头地、飞黄腾达的理想，到此学习治国之道。只是，荀子还没有将自己的学问全部传授给自己的这两个得意门生，这两个人便想要离开自己去谋取前程了。

韩非倒是很容易确定自己要求投效的国家，那就是韩国。只是荀子担心，韩国早已经是一蹶不振、江河日下，韩非要想到韩国之后力挽狂澜，实在是难比登天。将来韩国无救，韩非将如何自处？

李斯经过艰难的选择，最终确定了自己前去投效的方向——秦国。因为他深刻地认识到，当今天下虽然尚且存有七个雄霸一时的国家，但是最终能够一统天下的只有秦国。

军事上，长平一战过后，赵国便无力和秦国大军争锋；国力上，齐国虽然强盛，却不复当年稷下学宫兴盛之时的繁荣，君王无能，军事颓废，自乐毅攻伐齐国之后，便只能安居一隅，无力争夺天下。

其他国家更是不值一哂，甚至是自己的师弟韩非所去的韩国，也终免不了败亡的下场。他不知道韩非此去是福是祸，唯一可以确定的是自己和韩非定然不能去一个国家。一山不容二虎，到时候二虎相争，必有一伤。

昔日荀子也到过秦国，只可惜秦国并没有接受他的政治主张。他很奇怪李斯为何会选择去秦国。李斯回答道："先生有句名言：青，取之于蓝而青于蓝；冰，水为之而寒于水。先生当年到达秦国，秦王之所以没有接受先生的政治主张，无外乎先生的主张并不适合当时的秦国。如今世易时移，加之学生对先生的学术进行了改进和创新，相信到了秦国，必然能够大展拳脚。师弟韩非曾经说过：纵观天下，四海之内唯独秦国能够成就千古帝王的不拔之基业。虽然七国争雄，其余六国却弱上了不止一筹。今日学生既然学有所成，就必定要抓住机会，于天下间纵横捭阖。"

说到这里，李斯略微感慨，继续言道："昔日学生看到两只老鼠，一只蜗居在茅厕之中，吃着肮脏恶臭的人粪，还时刻胆战心惊，害怕被人发觉；另一只则居住在安逸的粮仓之中，每日锦衣玉食，无人打扰，过着鼠上鼠的生活。这种对比和落差，让学生想到了自己眼下的处境和那些成就功名大业的人之间的差距。人生最耻辱的事情莫过于卑贱，最大的悲哀莫过于穷困，学生自然不会甘心一直籍籍无名，碌碌无为。因为学生担心，如果一直卑贱和穷困下去，就必定会遭受别人的冷嘲热讽。处在这种大争之世，我辈既然有满腹的才华，就必须要一展所长，继而名利双收，这才是读书人应该做的事情。因此，学生要去秦国，以实现自己追名逐利的理想，祈望先生成全。"

荀子闻言，没有说什么，只是在他的眼中，明显地露出很复杂的表情。或者是不舍得，或者是不甘心，或者是在担心。李斯此去不知道是福是祸。

而此刻的李斯，眼里只有功名利禄、辉煌前程，哪里看得到荀子的良苦用心呢？怀揣着对未来的美好向往，李斯兴奋地踏上了去秦国的征程。

城门失火，殃及池鱼

公元前247年，李斯踌躇满志地来到咸阳。本以为自己会有一番奇遇，和当初的范雎等人一样，只要能够见到秦王，就能够一飞冲天，一鸣惊人。

只可惜，现实总是比想象要残酷，李斯费尽了心思，却一直没有见到秦王。而且不久之后，秦王便一命呜呼，嬴政继位，年仅13岁，由丞相吕不韦辅政。

于是，李斯只能退而求其次，找到了吕不韦。

当然，吕不韦可不同于信陵君，不管你是什么身份，有没有能力，都直接纳为自己的门客。在李斯登门拜访之后，吕不韦对其进行了一番考问。具体内容大致是问李斯如何会到他这里来？过去师从何门？学了什么治国之道？将来在秦国将如何作为？李斯对吕不韦的问话很重视，于是将自己胸中的韬略略微陈述了一番。当然，在此之前李斯也考虑到吕不韦会不会妒忌他的才能，可是等到李斯受到吕不韦的器重之后，李斯才发觉自己以小人之心度君子之腹了。

让吕不韦万万没有想到的是，秦王竟然和他舍下的这位门客完美地结合了。当吕不韦意识到这件事情的时候，自己的权力已经在神不知鬼不觉当中，被秦王和李斯转移和消化了。

其实，李斯受到了吕不韦的重用之后，便等于得到了一张觐见秦王的通行证，李斯也由此可以向秦王纵论天下，为其出谋划策。

所以在获取了独立觐见秦王的机会之后，李斯当机立断，向秦王鼓吹自己的政论："机不可失，失不再来，古之成大事者，不但需要超世的才华、坚忍不拔的意志，更需要把握时机的独到眼光。昔日的秦穆公是何等的英雄盖世，可是最终还是没有完成一统天下的宏伟蓝图，原因就是时机尚不成熟，周王室和周王余威尚存，人心未丧。同时天下群雄逐鹿，诸侯并起，天下分裂割据，形成了秦穆公、齐桓公、晋文公、宋襄公以及楚庄王五位霸主。各国东西对峙、南北不容，没有一个国家有实力一统天下。而如今的天下局势，已经发生了巨大的改变。自秦孝公之始，'商君佐之，内立法度，务耕织，修守战之具，于是秦人拱手而取西河之外'。自此，秦国历经了六代君王，人人卧薪尝胆，苦心孤诣，励精图治，终于形成了今日虎踞龙盘、掌控天下的局面。六国无不唯秦国马首是瞻，这就是秦国的机遇。如此千载难逢的机会，秦王万不可以错过。正好可以趁着六国羸弱，周王室灭亡，一举完成统一大业。依照目前秦国的强盛，要问鼎天下还不是和扫除灶台上的灰尘一般易如反掌。秦国此时不动，更待何时？"

这次会面虽然时间很短，秦王甚至都没有和李斯促膝长谈的机会。但是通过李斯的言论，秦王仿佛已经看到了不久之后强大的秦国，变成天下唯一的秦朝，秦王成为天下共主的美好局面。秦王兴奋之余，将李斯封为长史。

李斯并不满足于这样的官职。于是李斯抓住机会，向秦王再次进言："天下诸侯所以并立，就是因为人才分散，各自忠心自己的国家，如此国家才乱而分裂。秦国要实现一统天下的宏图伟愿，就必须要广泛地结交四方的宾客名士。愿意和秦国交好、为秦国服务的人，秦国就要投桃报李，赠给他们丰厚的礼物。反之，如果有不愿意侍奉秦国而又有才能的人，秦国就必须要派遣大量的刺客将之诛除，以此来根除六国存在的根基。而秦国就可以大肆利用那些存活下来的人，让他们的君王昏聩无能，继而派遣大军征伐。如此，天下可定。"

这一次，秦王再次被李斯的言论所打动。无疑，李斯进一步规划了秦国一统天下的具体措施。秦王则加封李斯为客卿，主要为秦王研究具体的统一天下的计策。

君臣之间，终于达成了理想目标和政策措施的共识。李斯甚至还为秦王制定了先灭掉韩国，以震慑其他国家，最后定鼎天下的战略。就在秦王下定决心准备一统天下的时候，秦国后宫之中，吕不韦和太后赵姬之间的事东窗事发。东方六国特别是赵国，隐约中有复苏的迹象。更让人担忧的是，一个人的到来明显地延缓了秦国攻灭六国的时间，这个人就是郑国。

郑国是韩国人，具体的生卒年不详，是战国时期著名的水利学家，在当时被称为水工。郑国此次赴秦，是因为韩国听闻秦国有灭除韩国的计划，产生了阻止秦国侵略，削弱秦国国力，使其无力东征的图谋。韩国便派遣郑国前来秦国游说。

郑国到了秦国之后，立马建议秦王引泾水——泾水即泾河，发源地在今天的宁夏回族自治区泾源县，流经宁夏、甘肃和陕西三省区；与渭河在陕西省高陵陈家滩汇合，泾河水清澈，渭河水浑浊，是故有"泾渭分明"之说——东注北洛水为渠，从而使关中沃野千里。秦王欣然采纳了郑国的建议，并命他为主持修渠工程的指挥官。

郑国肩负国家使命，同时对于自己的作品也是用尽了全力，只是两者不能两全。于是，郑国经常陷入矛盾的心绪之中。经历了一番痛苦的思想斗争之后，郑国最终决定，为了自己的国家，可以效死力，但是自己的作品，也一定要全力以赴。如此，才能够无愧于心。

然而，不久之后，秦国便发现了韩国和郑国的图谋，便罢黜了郑国的官职，并意图杀掉郑国。郑国无所畏惧，为国为民，死不足惧，只是他的杰作还没有完成，毕生最大的愿望还没有实现，怎么甘心就这样离开人世间呢？于是，郑国向秦王申诉，说自己非但无罪反而有功。

秦王问他，为何会那么说？

郑国直言不讳地说，当初自己来到秦国，的确是作为一个间谍，为削弱秦国而来。可是秦王只知其一不知其二，虽然这一工程在很大程度上耗损了秦国的国力，延缓了秦国攻灭六国的步伐，却给秦国留下了万世不拔的根基。有了这项工程，秦国的千秋万世都会得到它的好处，秦国恰好利用此段时间，积蓄力量，厚积薄发。自己死不足惜，如此宏伟的工程没有完成，才是自己、是秦王、是秦国，也是后世千秋万代的遗憾。因此，郑国请求秦王能够让他把工程完成。

秦王很欣赏郑国的坦诚，也深刻地明白，秦国自长平之战以后，对东方六国的战事，进展并不是很大。恰好可以利用这段时间厉兵秣马，以待时变。便答应了郑国的请求。

秦王不知道，自己此时看似一个微不足道的决定，最终竟然诞生了历史上功垂千秋的伟大作品——郑国渠。

郑国渠从秦王政元年（公元前246年）开始修建，历时10年有余方才全部完成，耗费了大量的人力、物力、财力。但是其功用也是奥妙无穷的。它从仲山（今陕西泾阳西北）出发，引泾河水向西到瓠口为渠，利用西北微高、东南略低的地形，沿北山南麓引水向东伸展，注入北洛水，全长300多里。据郦道元的《水经注·沮水》记载，郑国渠大致流经今天泾阳、高陵、富平、三原、蒲城等县。灌溉面积达4万多公顷，使得每亩土地增产到一钟（六石四斗），可谓泽被万民。所以《史记·河渠书》说道："于是关中为沃野，无凶年，秦以富强，卒并诸侯，因命曰郑国渠。"秦以后，此渠灌溉范围虽有缩小，但历代不绝，至今仍然灌溉着关中地区的许多土地。正应了当地的一句名言：郑国千秋业，百世功在农。

然而，郑国虽然得到了秦王的谅解，其他客卿却遭受了池鱼之殃。

在郑国事件爆发之后，秦国朝堂可谓风声鹤唳、草木皆兵。群臣中甚至还有人向秦王谏言道："目前有大量的外来宾客士人，大多数都不怀好意，为了自己国家的利益，不惜以身试法，来秦国搞破坏活动。唯今之计，只有防微杜渐，把他们都驱逐出去，才能够免除秦国遭受威胁。"

秦王以为有理，于是下了逐客令，李斯虽然贵为客卿，但也在被逐出的名单之列。李斯自然不甘心就这样离开秦国，便向秦王写了一封信，陈述逐客令的弊端和不分国界寻求有才之士的必要性。这就是著名的《谏逐客书》。

秦王自然也不是昏聩之辈，读罢李斯这篇才华横溢、激情捭阖的书信，不禁心怀大畅。秦国有了这等良才，何愁大事不成？

于是，秦王当机立断，取消了逐客令。李斯也借机平步青云，受到秦王更大的重用，做了主管刑法律令的廷尉。

之后，秦国更加注重招揽诸侯的贤才，重用列国客卿。这些人大多数都怀有成就功名大业的志向，在功成名就的同时，也为秦国的统一大业做出了突出的贡献。在秦始皇时代，从政治到经济，从文化到军事，都奠定了秦国强大的根基和稳固的伟业。

韩非与《韩非子》

韩非是韩国新郑人，也算得上是韩国王室的诸位公子之一。他和李斯一道，曾在荀子的门下求学，只不过李斯学的是帝王之术，而韩非却精于"刑名法术之学"。韩非有着深刻的思想、激扬的文采、赤诚的心灵、厚重的学识，这些都是李斯望尘莫及的。

但金无足赤、人无完人，雄才大略的韩非也有自己的缺陷——口吃。这种缺陷放在一般人身上，已经是处处受气；到了韩非这里，则是到处不得志。空有汪洋恣肆的才华和让人叹为观止的谋略，却只能够诉诸笔端，不可以口传身教，是韩非的悲哀。

当时，韩国处于魏国、赵国和秦国的包围之中，可谓在夹缝中求生存。韩国虽和魏国联合，却仍被秦将白起打得大败。之后韩国便一蹶不振，眼下已经是日薄西山，苟延残喘。其实秦国要灭掉韩国不费吹灰之力，只是秦国认为时机未到，还在蓄积力量以待时变。

无论韩国是如何积贫积弱，都是韩非挚爱的国家。韩非怀着一腔报国之志，投身到荀子的门下学习，又怀着满腔的报国之心，在学业尚未完成时便回到了韩国。世人只知道，李斯对韩非非常佩服，殊不知，韩非对李斯也有非一般的担忧。特别是听闻李斯去秦国后，韩非第一时间返回了韩国，因为他担心李斯主张首先灭掉的国家是韩国。

只可惜，韩王对韩国的政局并不甚关心，或者已经是力不从心。韩非多次上书，要求革除韩国积贫积弱的弊端，改革求强，变法图存，韩王都不予理会。其实，韩非和韩王都知道，秦国统一天下已经是大势所趋，韩国即使变法而强，也不过是图一时之用，不可长久受用。韩非此举，无异于是逆天而行。

更让人遗憾的是，每次韩王让韩非说出自己的思想和道理时，韩非总是支支吾吾，说不清自己的真正想法。韩非的口吃和不善言辞在很大程度上影响了他的仕途，也影响了他的自尊和人格魅力的散发，更影响了整个韩国乃至天下对韩非的认识。如此一来，很多事情便发生了改变。韩非对于世俗的险恶和人心的难测，开始认真地思考；对于韩国的前途、自己的仕途也开始重新思量。思考过后，韩非得出这样的结论：廉直不容于邪枉之臣。无奈他只好转向学术研究，将胸中纵横捭阖的韬略——写在书上。

今天还可以看到的是《五蠹》《内外储》《说林》《孤愤》《说难》等55篇文章。都收录在《韩非子》一书中，洋洋洒洒10万余言。

由于韩非的著作一大部分都是讲阴谋阳谋的，因此古人将其定义为阴谋学家。但是后世对《韩非子》进行全面的总结后发现，其中的法、术和势才是最关键的。所以最终将韩非定义为法家的集大成者，同时也认为韩非是战国末期带有唯物主义色彩的哲学家。

韩非从天下的现实出发，论述了术、法、势的内容以及三者的关系。他认为，国家图治，就要求君主要善用权术，同时臣下必须遵法，天下都要学会因势利导。由此看来，其思想能够超现世所见又为现世所用。

《韩非子》之法，主要从刑法和道德，或者是刑罚和赏赐上讲。但他更加倾向于刑法和刑罚，并认为这些都是强制性的东西，且不需要支付现有的财富。可以说，这种政治制度和法律条令，通过运用和落实，让专制主义制度得以延续 2000 年时间。

《韩非子》之术，即是教授君王用王道和霸道相结合，以巩固自己的统治。在这个方面的确不愧于"阴谋"二字。韩非在综合考量和研究了各种臣属（包括奸臣和忠臣）的各种行径之后，给君王也相应地制定了各种防范的措施，形成了一整套防、识、查、处奸臣的方法，归纳而成了八经、八奸、备内、三守、用人、南面等一系列政治权谋。其中涉及了帝王后妃、臣属、子嗣、文武百官等方面。韩非从荀子的"性恶论"思想出发，以建立封建的中央集权专制主义国家为政治目的。进而认为人与人之间的关系都是利害关系，人的心理无不"畏诛罚而利庆赏"（《二柄》），君王的职责就在于利用"刑""德"二手，使民众畏威而归利。他的这种说法有些惊世骇俗，不过上升到了这个层面，也应该是归于阳谋了。韩非的本意并不是想用这些方法去惩戒人，而是要去警示人，为统治者服务。

韩非结合了前人的观念，综合社会的现实和自己的创新，最终形成极端封建专制主义。韩非的思想，在今天看来虽然有很多不可取的地方，但是于当时而言则无异于是救世的灵丹妙药。

韩、赵、魏三家分晋之后，农民阶级和地主阶级的力量都有很大的增强。所以孟子主张行仁政，主张礼治，这在一定程度上反映了地主阶级有了自己独立的政治观念，但他们离不开农民阶级的支持。

而到了战国后期，地主阶级的力量更加强大，传统的领主已经不具备任何威胁，农民阶级成了地主阶级对立的阶级。这个时期的荀子在其学说中主张用专制主义来求统一。韩非子更是在前人的基础上，将中央集权制度学说发展成熟并加以完善。

师兄别杀我

转眼进入公元前237年，秦王政已经23岁了。

由于吕不韦的专权，加之嫪毐事件的爆发，秦王政在具备一定实力之后，顺势将吕不韦的相位罢黜。李斯则由于其才智超绝且在废黜吕不韦、诛除嫪毐一派中功勋卓著，所以接替吕不韦做了丞相。

秦王政爱好读书，特别是那些与阴谋阳谋、政论军事相关的书籍。韩非在韩国所著的书籍，很快就流传到了咸阳，辗转映入了秦王政的眼中。尤其是《说难》《孤愤》《五蠹》三篇深得秦王的赞许。第一篇专门论述向君王进说的困难之处。详细地分析了如何才能够成功地说服君王，在进说成败的原因总结之上，形成了一套向君王诉说治国之道的方法。第二篇顾名思义，即孤独、愤慨之意。韩非怀才不遇，心中郁愤，更是直接反映了官场尔虞我诈、钩心斗角的现实情况和法、术之士的艰难处境，告诫君王一定要防着臣下，加强中央集权。第三篇则概括性地指出了社会上存在的五种人：儒家、纵横家、游侠、逃避兵役的人、商人和手工业者，并认为这五种人是腐蚀社会的蛀虫。要想国家富强，必须要将这五种人去掉。其方式就是："明主之国，无书简之文，以法为教；无先王之语，以吏为师；无私剑之悍，以斩首为勇。"（《韩非子·五蠹》）顿时让秦王政生出了醍醐灌顶、茅塞顿开的感觉。

秦王政手捧着韩非的文章反复诵读，越是深入，越对韩非佩服得五体投地，叹息说："如果这一生一世，寡人有机会能够和韩非一道出门郊游，即使是立刻死去，也没有什么遗憾了。"

此时的韩非还远在韩国，满怀着报效国家的宏大志愿，即使秦王给予他高官厚禄也不会打动他。秦王也知道韩非有口吃的毛病，不善言辞。

秦王从韩非的那些著作中，对他的思想和智慧已有所领略。

正好这时郑国事件爆发，秦国找到了对韩国动武的理由。这一次，秦王政灵机一现，认为既然好言相请、高官厚禄相诱韩非不成，倒不如让韩王去帮自己做这件事情。

于是，秦王政亲自率领 30 万大军，到韩国边境上呐喊演武，韩国朝野震动，看那架势秦国似乎就要灭除韩国。眼下各诸侯国羸弱，秦国独大，韩国已经来不及向别国求援，而且也无援可求。

韩王绝望了，但是秦王政却在这时候发话了，此次大军前来，只要一个人，那就是韩非。只要他代表韩国前去秦国访问，则秦国立马撤兵。

韩王一下子懵了，没想到天下还有这等好事，不就是一个话都说不清楚的韩非嘛！于是，不待韩非反对，韩王便下令让韩非去了秦国。

可是韩王不知道，秦国日后能够那么迅速地兼并天下，就是因为这个话都说不清楚的韩非。韩非的思想和理论，不仅成了秦国的治国方略，也为以后秦国的大一统奠定了基础，更是主宰了中国整个封建王朝政权的运行。

公元前233年，韩非刚刚走出韩国，秦国30万大军便如潮水般迅速退去。韩非心中顿时生出了万千感慨：韩王无能，而且不信任和重用自己，韩国的灭亡已经是注定了的事情；秦国能够如此重视自己，加上其实力强大。自己既然实现不了国家理想，倒不如退而求其次，前去求取自己的个人理想。

韩非兴致勃勃地来到了咸阳宫，成了秦王政的座上宾，受到极致的尊敬与欢迎。秦王虽然早就听闻韩非的才华，却没有料到他的思想竟然如此光芒四射。在韩国的不得志丝毫没有削弱韩非的意志，反而坚定了他追寻理想的志向。

或许秦王知道，这韩非终归不是秦国人，甚至他终归太爱自己的国家韩国，所以最终秦王政得出的结论是：可以利用他，但是不会信用他。或许秦王政还需要考察韩非一段时间，一旦他表现出足够的忠诚，秦王便会破格重用于他。

韩非也很高兴，终于见识到了秦国的强大，也意识到了秦国何以会如此强大。自己在秦国或许真的可以大展拳脚。

如果韩非是个一般的人，李斯还会给他点好处，以彰显自己很重视同门之谊，但是韩非之才已经远远地超出了李斯的想象。一个有如此深邃的思想、恣肆的才华的人，让李斯自愧不如的同时也感到深刻的危机。

所谓"一山不容二虎"，李斯相信换作韩非是自己，也会和现在的他一样。于是，李斯走到秦王政的寝宫，危言耸听地说道："韩非是何人？他可是韩国王公贵族的一员。如果是一般平民，倒还可以引为己用。依照现实的情况看，这韩非未必会甘心依附秦国。如果重用他，就要考虑到将来某一天会变生肘腋、祸起萧墙。如果送他回去韩国，就要担心韩国会乘机变法图强，威胁秦国的地位，最终成为秦国的心腹大患。唯今之计，只有一个方法——杀了韩非，才能够永绝后患，一劳永逸。"

李斯是何人？是秦国的宰相，是帮助秦王制定法令、维持统治的能臣，是击败吕不韦、嫪毐等人阴谋的关键人物，最得秦王的欣赏和信任。他说的话不无道理，秦王政还有什么不会答应的呢？更何况，韩非的思想都已经付诸笔端，秦王大可以活学活用，韩非本人或许已经没有什么用处了。

此外，李斯的党羽、秦国上卿姚贾等人也不断在秦王政耳边大进谗言。秦王政在众人的劝说下，将韩非从贵宾的位置上拉了下来，迅速打入大牢。

但是要秦王下定决心杀了韩非实在是一件很难的事情，所以趁着秦王不注意，李斯便假传秦王的命令，用毒酒将韩非毒死。不久之后，秦王政对韩非入狱一事十分后悔，便下令将韩非放出来。只是此时此刻，韩非已经魂归九泉。秦王也只能长长地叹息一声，聊表自己对这位天纵奇才意外之死的惋惜。

关于韩非之死，历史上其实存在着两种说法。

第一种是史学家司马迁在《史记·老子韩非列传》一文中的记述。迄今为止，这是关于韩非之死的主流说法。其间言道："李斯、姚贾害之，毁之曰：'韩非，韩之诸公子也。今王欲并诸侯，非终为韩不为秦，此人之情也。今王不用，久留而归之，此自遗患也。不如以过法杀之。'秦王以为然，下吏治非。李斯使人遗非药，使自杀。"

第二种说法则见于《战国策·秦策》。其间说道，当时山东有四个国家再一次掀起了合纵狂潮。秦国有一个叫姚贾的客卿，做了一次毛遂，完成了一次自荐，并且幸不辱命，连续出访四个国家，兵不血刃便将这一次兵灾消弭于无形之中。秦王政自然高兴万分，高官厚禄等赏赐便纷至沓来。但是这件事情却让韩非知道了，他认为姚贾此人不过是借着秦国的君威和军威，才能够让四国俯首称臣，其功劳实在是担不起那么大的赏赐。秦王便找来姚贾，向他发起责难。结果姚贾一一对答如流，令韩非无言以对，心中明明想好了很多驳斥他的方法，却怎么也说不出来。结果，"秦王曰：'然。'乃可复使姚贾而诛韩非。"姚贾之事不了了之，韩非却被安上了谗言陷害大臣的罪名，于是被杀。但是"诛"字在当时而言，除了诛杀之意外，还有责问、谴责、惩罚之意，哪种意思都能够衔接上前后文和后来的发展情况。

这两种说法的相同处，是韩非之死，跟姚贾和秦王都有关系。不同之处则在于，司马迁笔下的韩非，无辜被李斯陷害而死；而《战国策》中的韩非，则有引火上身、咎由自取的味道。

韩非如同一颗流星一般，辉煌地划过历史的天空，但是其深刻的思想和才华飞扬的文字，则留在了世间，是为《韩非子》。秦国更是几乎全盘接受了韩非的治国、为君的思想，最终形成了强大的秦帝国。乃至于后世，无论哪一个朝代，无不闪耀着韩非思想的光芒。

壮士易水别燕丹

在秦国做人质的燕太子丹仓皇从咸阳逃回了燕国。不知道他是出于对国家未来的担忧，还是出于对个人前途的考量，其内心突然之间便充满了仇恨。也许这些仇恨在咸阳受苦受难受辱之时，就已经潜滋暗长了，只是回到了自己的国家后，那些仇恨才开始蒙蔽他的眼睛。

于是，太子丹找到了太傅鞠武，并对他义正辞严地说道："燕国和秦国已经是势不两立，尚请太傅不吝赐教，来改变这种危局。"鞠武想了想回答道："当前秦国的势力如日中天，国力雄厚，兵威正盛。如果他们再用武力胁迫韩、赵、魏这三个国家，那么易水以北的燕国也是祸福难料。太子大可以忘记屈辱，不能够因为这点小事而让国家面临危险。"太子丹说："那太傅要好好地谋划一番，使学生既能够出了心中的一股怨气，也可以让燕国高枕无忧。"太傅很犯难，只能暂时说道："请让我好好思考一番。"

当时和赵国李牧交战大败后的秦将樊於期，走投无路之下来到了燕国。太子丹很仗义，二话不说便将樊於期收留了。太傅感到事情不妙，便对太子丹进谏道："万万不能收留樊於期，秦王十分残暴，燕国又是秦国的眼中钉、肉中刺，燕国本来就已经朝不保夕了。如果秦王知道樊於期被我们收留，这就好比把肉丢在饿虎所经过的道路上，一场大祸就要来临了。即使管仲和晏婴来辅助燕国，也无力改变燕国被屠灭的结局。唯今之计，太子大可以祸水他引，让樊将军到匈奴那里去。只要不泄露风声，则燕国可保，樊於期也可安然无恙。只要再让我到西边去联合韩、赵、魏三个国家，到南方去让齐、楚两国参与联盟，到北边去和匈奴订立合约。合纵之势一成，则大事可期。"

按理说，这应该是保全燕国最可靠的方法，但是太子丹却认为，鞠武的计划耗时太长，自己一刻也难以等待。更何况樊将军是因为穷途末路了才会千里迢迢地来投奔他，如果因为惧怕秦国的威胁而拒人于千里之外，实在是于道义不和。所以太子丹只能让鞠武另择他法。

鞠武见太子丹如此死心眼，长叹一声说道："明知道燕国势弱，还要和强秦相抗；明知道行动危险，却还希望一路平安；结怨深厚却没有什么翔实可行的计划；复仇心切却没有足够强大的实力。这让我也是左右为难，不如去找田光先生，此人身处燕国却言观天下；深谋远虑且勇敢沉着，相信他会给你好的建议。"

于是，鞠武将田光请来，和太子丹一道商议国家大事。

太子丹为了能够让田光心甘情愿地为自己想一个好计谋，竟跪着迎接田光，并倒退着走为田光引路，还跪下来替田光拂拭座席，以显示对田光的尊敬。当然，太子丹这么做的原因是秦国和燕国已经到了势不两立的局面，他需要田光为他想出一个办法来解决。

田光直言不讳地说道："如今的我就如同好马衰老一般，智计衰竭，身体也不行了。既然太子找到了我，我也不能让太子失望，有一个人倒是可以帮助太子尽快达成心愿，这个人就是荆轲。"

太子丹见到了荆轲，在对荆轲进行了一番夸大其词的赞美之后，太子丹更对天下的局势进行了分析。言辞全都是关于秦国贪得无厌的举例，说秦国有吞二周而亡诸侯、履至尊而制六合、执敲扑而鞭笞天下的野心。

太子丹打算用勇敢的侠客出使秦国，只要许以重利，秦王必定贪恋。到时候燕国就能够劫持秦王，天下诸侯的土地也可以被归还。

当年曹沫劫持齐桓公，何尝不是这样？即使秦王不答应燕国的要求，侠客大可以一剑要了他的性命，秦国必定内乱不止，君臣必定相互猜忌，六国也必定重新联合，秦国更可能从此灭亡。如此宏伟蓝图，让人心惊胆战而又心向往之。于是太子丹告诉荆轲，让他为自己推选一个人才入秦，或者荆轲自己愿意一力承担下来，太子丹将感激不尽。

太子见荆轲心中犹豫不决，于是再次大大地赞美了一番荆轲，让他恢复自信，同时再次利用了自己的膝盖，给荆轲叩头，如此荆轲只好答应。燕太子丹将荆轲封为燕国的上卿，但他的上卿之位不过是个虚名。

几个月下来，天下的局势又发生了极大的变化：秦国王翦已经把赵国置于秦国的囊中，连赵王也成了秦国的阶下囚。眼看秦国大军就要兵临燕国。太子丹心中的恐惧、忧郁、愤慨等情绪逐渐显露出来。可是荆轲这时候却只知道享受，一点儿也没有动身刺秦的意思。

太子丹终于忍受不了这种折磨，便来到荆轲府上，说及当前燕国危急，即使自己想要长久地侍奉荆轲，也是心有余而力不足。荆轲自然明白，太子丹是要自己出马了。只是荆轲担心他没有任何信物，很难接近秦王。

而燕国能够使秦王动心的东西，其实只有三件。一件是秦国败将樊於期的头颅，一件是燕国太子丹的首级，还有一件自然是燕国的土地。太子丹的头颅自然不能进献给秦王，因为他是燕国复兴的希望所在。只要集齐了剩下的两件东西，荆轲便可以轻易地接近秦王。

只是，太子丹担心，燕国的土地，大可以用一幅地图去代替，可是樊於期的头颅却是自己无论如何也难以夺取的。一来樊於期对燕国而言，如同秦国的白起、赵国的廉颇，杀了他，燕国抗衡秦国的资本便会更少了；二来樊於期是走投无路才来燕国投奔自己，将其杀之实在不忍心。

既然太子丹不同意这么做，荆轲只能私下里去找樊於期了。也许太子丹只是不便于亲自出马，如果是荆轲出手，那他就不会背负恶名了。荆轲对樊於期说："秦王对您实在是狠毒之极，胜败乃兵家常事，他却连您的父母和同族都不放过。现在又听说秦王悬赏千两黄金和万户封邑来求您的头颅，燕国的灭亡就在旦夕之间，您可有什么准备可以免除灾祸呢？"

樊於期一听，顿时悲从中来，泪流满面地说道："每次想到这件事情，便对秦王恨之入骨，只是我的能力有限，秦国又太过强大，想要报仇也是有心无力。"这时，荆轲便趁机建议，只要得到樊於期的首级献给秦王，秦王高兴之下必定会接见他，这样他便能够趁机杀了秦王。如此，燕国的危局可以化解，樊於期的大仇也可以得报，可谓一举两得。

樊於期听后，赤膊取长剑在手说："我朝思暮想要报这切齿之恨，今日幸得指教！"于是自刎。当那片殷红在荆轲的眼前洒落之时，不知道荆轲做何感想。也许荆轲耳中所回响的，只有樊於期最后的声音：族人被杀之仇，叫自己痛彻心扉、肝肠寸断。能够得到荆轲的指引，不管能不能成功，这颗头颅都值得献出来，以实现其价值。

得知樊於期自刎后，太子丹到了樊於期府上，趴在樊於期身上失声痛哭。仿佛是在告诉荆轲，此去刺秦，只许成功，不许失败。

事已至此，太子丹命人收好了樊於期的头颅，用匣子封存起来，交给了荆轲。同时将一柄锋利的匕首给荆轲，这柄匕首是从徐夫人那里花费了一百金得到的。太子丹唯恐秦王不死，还命工匠用毒药水淬炼匕首。

万事俱备，荆轲开始收拾行装。不过荆轲却还是不想走，因为他觉得自己一个人去秦国的风险太大了，而且一路上连个相陪的人都没有。于是，太子丹给荆轲找了秦舞阳当助手。

为了提高荆轲的士气，展现自己的仁慈，太子丹竟然召集了许多知道这件事的宾客。他们来到易水边，身穿白衣、头戴白帽，如送死人一般去送荆轲。仿佛是在告诉荆轲，此去一别，今生便再无相见的机会。

整个送行过程其实比较简单，分为官方和非官方。在官方上，太子丹率领众宾客，祭祀了路神。在非官方上，则是荆轲的酒肉好友高渐离的送行，此人充分发挥了自己的特长，击起了筑。荆轲似乎也有感而发，触动了内心的柔软。于是，便和着曲调唱起了那曲著名的歌：风萧萧兮易水寒，壮士一去兮不复还。

当一切都达到最高潮之时，荆轲便不再逗留。登上马车，和秦舞阳一起向秦国飞驰而去。

荆轲刺秦王

不管是求取功名还是谋财害命，凡是来秦国见秦王的人，都找到了一条百试不爽的规则：贿赂秦王的宠臣。这一次，荆轲找到了中庶子蒙嘉，给他带了价值千金的礼物，让他在秦王面前美言几句。蒙嘉也许不知道荆轲是燕国派遣过来的刺客，也许是他早已经知道了，不过在秦王的吩咐下来了一个将计就计。

秦王听了蒙嘉的介绍后，知道此次荆轲前来不仅斩下了樊於期的头颅，还有燕国督亢的地图。这是因为燕王惧怕秦王的威势，所以愿意臣服秦国，和山东诸侯一般，做秦国的郡县，但是又害怕秦王会趁机对付他，才派遣了荆轲前来。

秦王对此事很高兴，他让荆轲在咸阳宫内享受了九宾之礼。秦王穿上朝服端坐在朝堂之上，眼睛直盯盯地望着荆轲手中的那个匣子。荆轲十分从容地拿着装有樊於期头颅的匣子走到了秦王面前，一切都进行得很顺利。然而，让荆轲担心的事情还是发生了：只见拿着装有督亢地图匣子的秦舞阳面色发白，浑身发抖，冷汗直冒，脚下发虚，一看就是被吓坏了。荆轲心中一惊，急中生智地走到秦王之处，同时还对秦舞阳笑了笑，让秦舞阳淡定一些。然后他转头对秦王说道："他是北方荒野之地的粗人，没有见过这么大的阵仗。今日得见真龙天子，心中崇敬、忐忑，于是恐惧天子的威仪。万望大王不要怪罪于他，让他能在大王面前，从容地完成使命。"秦王似乎察觉到了什么，但他只是看了看四周并没有说什么，便让人把秦舞阳手中的地图拿过来。

荆轲依言取来了地图，心中不断回想过去自己演练了无数遍的刺杀动作，同时他也在犹豫，到底该不该杀了这个和自己素不相识的人？但是很快樊於期期待的眼神便出现在荆轲的脑海中。于是，荆轲将地图慢慢地展开，进而图穷匕见。说时迟那时快，荆轲左手拉住秦王的衣袖，右手挥着匕首狠狠地刺了下去。现实再一次证明，似乎荆轲的剑术并不是很高明。如此近的距离即使秦王早有防范，荆轲也可以在电光火石之间，将秦王诛杀。但是荆轲的匕首还是落空了，更让人匪夷所思的是，秦王挣脱了荆轲，伸手去拔剑。这时历史再次给了荆轲一次机会。

那把剑因为太长，一直拔不出来。荆轲却依然没有抓住机会，只是追着秦王，绕着柱子跑。如果荆轲真的是剑术高手，这样的闹剧未免太让人啼笑皆非了。

此时此刻，秦国朝堂之上呈现出了有史以来最大的混乱。因为秦国早有法律，为免在朝堂之上出现不轨的行为，大臣们都不能带兵器入殿。而那些侍卫虽然带了武器，却因为没有秦王的命令而只能在殿外候着。正在秦王被荆轲追杀，群臣乱作一团之时，一个名叫夏无且的御医把身上带着的药囊向荆轲扔去。这个药囊极大地影响了荆轲，使秦王有了喘息之机。

群臣趁机大喊让秦王把剑背在背上，再拔出来。这一次，荆轲剑术的低下最终成了他的致命之处，秦王拔出宝剑随意砍落，荆轲的左腿便被斩下。重伤的荆轲只能躺在地上，知道刺秦之事怕是注定要失败了。可是，剑客的尊严不容许他放弃，于是将手中的匕首"嗖"地射了出去，可是依然没有伤到秦王的一根汗毛。秦王挥剑不停地砍，荆轲浑身上下满是伤痕。刺秦重任就在这种匪夷所思的一场闹剧中，宣告彻底失败。

群臣在此次事件中，为挽救秦王的性命，也做出了自己的努力。所以刺秦事件之后，秦王政论功行赏。夏无且因为护驾有功，得到了秦王的赏识。

国内既定，秦王大军就要兵临燕国城下了。一时之间，赵国的秦军数量不断增加，王翦也在秦王的命令下开始攻打燕国，不久便攻陷了燕国都城蓟城（今北京）。

燕国王室只能率领精锐部队，暂避秦军锋芒，一路且战且退，到达襄平（今辽宁辽阳）。秦王自然不会就此放过他们。秦军在优秀青年将领李信的带领下，疯狂地追击燕军，眼看燕国最后一块阵地就要失去，燕王顿时成了热锅上的蚂蚁。

这时，代王赵嘉向燕王建议，不如杀了太子丹以平息秦国的愤怒。燕王依言而行。他哪里知道此时秦国想要的已经不再是一个人或者是一个国家，而是整个天下。

六国的末路

燕王为了能够让秦国退军，最终接受了臣下的建议，将太子丹缢死后，将其头献给秦军，秦军才撤退。但秦军撤退并不是宽恕了燕国，而是急于回去献上主凶的人头。最终灭亡燕国之时，秦国并没有半点手软，但此时此刻的燕国已经实力大损，要灭除燕国实在是不费吹灰之力，所以秦国并不急于一时。5年之后，燕国便从历史的版图中被抹除，改头换面成了秦国的郡县。

其实，早在秦王政亲政之初，秦国灭亡六国、一统天下的内在和外在条件已经成熟。秦王拥有统一天下的决心和睥睨天下的实力，而且其野心也在日益膨胀。与之相比，六国的统治阶层则腐败无能，天灾人祸更导致人民的贫穷不断加剧。

韩非于公元前233年死去。他死后3年，秦国便攻克了韩国的都城新郑（今河南新郑），韩王安只能率领残部向秦军投降。

韩国的灭亡带来了一系列的连锁效应，各国犹如多米诺骨牌般纷纷倒下，天下诸侯由此而惊惧不已。此前赵军和秦军正陷入胶着状态中，在紧张的气氛中，赵国居然轻易跳进秦国间谍布置下的圈套，把那位唯一可以暂时挽救国家的名将李牧逼得自杀而死。从此，秦军便再也没有了真正可与之抗衡的对手。秦国继白起之后的名将王翦也就此成为天下第一将。在他的带领下，秦军发起了对赵国最后的进攻，赵王迁兵败投降。赵王迁的哥哥赵嘉向北逃走，在代郡集结了十余万残军，希望能够重新创立合纵联盟，继续抵抗秦国的入侵。

但是其他国家都不认可赵嘉的合纵思想，认为合纵联盟已经不可能重新建立，即使能够建立起来也无法抵抗秦军的进攻。

三晋之地，韩国和赵国相继灭亡，唯独剩下魏国还在苟延残喘。就在太子丹死亡的第二年，秦军以风卷残云之势，很快便兵临魏国都城大梁（今河南开封）。不过这一次秦军并没有直接进攻，而是再次利用了河水的作用。秦军连夜把黄河的堤防掘开，几乎兵不血刃，便灭亡了魏国。魏王假在被秦军擒获之后，就地处决。

最后还剩下两个国家，等待秦军去征伐，一个是楚国，一个是齐国。楚国经过这些年的休养生息，厉兵秣马，元气有所恢复。因此与楚国的战争是秦军扫灭六国面临的关键一战，也堪称艰难的最后一战。

这时年轻将领李信刚刚从襄平大胜归来，带着一身的光彩和荣耀。此时秦王政开始思考攻楚的问题。攻灭楚国无疑充满了艰难和挑战，而一个君主要权衡天下内外大事。一方面要防备军事上的溃败，另一方面则要防备大臣或者大将尾大不掉，功高震主。

所以到底派遣谁去攻克楚国是秦王政当前最为疑惑的问题。王翦身经百战，战功显赫，攻下楚国不在话下。但正是这样，秦王对他才有所犹豫，因为他的功劳已经很大，功高震主的道理秦王是懂得的。李信刚刚经历战事，经验、计谋、威信上都比不上王翦，却是秦王政重点培养的对象。他甚至还想要在军中让李信和王翦抗衡。

在秦国兼并天下、横扫八方的过程中，没有王氏和蒙氏家族的支撑，秦军很难如此快速地攻灭六国。蒙骜、蒙恬、蒙武祖孙三代，各个居功至伟、威名赫赫；王翦、王贲父子也不屈居人后，古人来者都屈指可数。相比于蒙恬、蒙骜等人，秦王政更需要防范的是王翦。

王翦自然知道秦王政的心思。所以王翦之子王贲在接连攻克了楚国的十余座城池之后，便毫无怨言地把帅印交给了李信，把最后的功劳让给了他，也是把自己的祸患消灭在李信的功劳之中。

在此之前，秦王政还对王翦和李信做了一个对比。他问王翦，需要多少兵力才能够攻灭楚国，王翦毫不犹豫地说要60万。秦王政暗自吸了一口凉气，60万大军可是秦国压箱底的实力。于是，秦王再去问李信同样的问题，李信人如其名，自信满满地说只要20万大军。

李信说要20万大军看似轻狂，实际上也有一定的根据。当时攻打燕国之时，李信不过是带领了数千人马，就灭掉了燕国的数万大军。

秦王最终选择了李信，同时心中也忐忑不已，不知李信是否真的可以用20万大军灭掉楚国。

而王翦则扛着一把锄头去了乡间，从此过上了乡村田园式的生活。此时王翦突然生出了一种异样的感受，其实他这一生只做了两样事情：进攻和防御。白起、蒙骜、王龁、樊於期，这些曾经他崇拜的、共事的、尊敬的将领，都驾鹤西去；廉颇、乐毅、田单、李牧，这些沙场上最高明的对手，也魂归黄泉。生命如此灿烂，如夏花般开满了每个原野，又在残酷的深秋中，翩然落下，没有感伤，只有执着。

而另一边，李信和蒙恬大军已经挥师大举进攻楚国。

天下一统，战国落幕

秦军派出两路大军同时出发，一路由李信率领。李信所率领的大军很快就从南阳郡向东方进发。他采取的是秦军惯常的作战手法，分割包围，继而歼灭，并没有直接前去攻打楚国的都城寿春。李信大军是秦军主力，很快便攻克了平舆（今河南平舆）以及楚国原来的都城陈（今河南淮阳）。另一路大军则由蒙恬率领，他们很快将寝丘（今安徽临泉）攻占，以掩护主力大军的行动。双方最终会于城父（今安徽亳州）。按照李信的战略意图，楚国的国土会就此分割，秦军便可以各个击破。同时可以占据居高临下的有利地形，整个楚国都城能够尽收眼底。这种战法在以往的战役中百试不爽。

战前，李信对当地的地形做了充分的考察，认为如果进入楚国广袤和开阔的平原地带，秦国的大兵团就能够如同潮水般向前一波波推进，楚国军队势必难以抵挡。

只可惜李信只知其一不知其二，秦国大军纵然可以阶梯式地推进，殊不知，楚国大军也可以利用那些河网和丘陵，在不知不觉中隐藏，然后靠近秦军。果然，楚军跟了秦军三天三夜，最终使得秦军全线溃败，7名都尉被斩杀，李信仓皇而狼狈地逃回了秦国。事实证明，李信在军事谋略上远远不及王翦。

当秦军大败的消息传到秦王政的耳中时，可以想象当时的他是多么懊悔和愤怒。纵然如此，也无法改变秦军大败的事实。秦王立刻驾着马车，来到了王翦的老家频阳。

一见面，秦王便打开天窗说亮话，一说自己和李信的错误，二便是请王翦出山。王翦没有立刻答应秦王，而是向秦王诉苦，说及自己身体不好，脑子不灵光，手脚不便利，要秦王对他好点儿。

秦王也是快人快语，秦国军队刚刚经历了大败，自己焦头烂额，只有王翦先帮助了自己，自己才能够帮助王翦。自己诚意十足，亲自来请王翦出山，万万不可以推辞。

这一刹那，王翦想到了昔日的秦昭襄王和白起。秦昭襄王面临攻灭邯郸的关键之战，秦军数战不敌，秦昭襄王只能卑躬屈膝前来请白起出山。只可惜白起孤傲无比，一点儿也不给秦昭襄王面子，最终范雎屡进谗言，迫使秦昭襄王杀了白起。

识时务者为俊杰，王翦伸出了六个手指，口中说道："没有 60 万大军，去了也是大败而归。"秦王这次只好应允。然而在秦王的心中，对王翦还是心存忌惮的。举国之精锐都交到了王翦的手中，东出可以平天下，西进则可以灭秦国，拥有如此雄师的王翦对秦王是很大的威胁。于是，秦王想到了笼络王翦。他对王翦说，战事一结束，自己就搬过来，和王翦一起住。

于是，王翦再次挂帅出征，秦王亲临灞上，为王翦践行。酒也喝了，天地诸神都祭拜了，祝酒词也念了，这王翦却不动了。秦王很奇怪，怎么不走了呢？

王翦此举，就是要秦王能够体谅和明白自己："大王，臣老了，估计几年之后就不能动了，再想要为秦国立功，为大王建业，就会有心无力。同时臣也发现，自己的担心已经很多。此次前去攻灭了楚国，臣必定是功成身退，到时候就要孤苦无依，连一日三餐、住宿出行都不成了。所以臣希望，大王能多给臣赏赐点金银钱财、良田美宅。如果能够满足臣的这个愿望，臣就安心了。"

秦王瞬间便明白了，王翦表面上是在请赏，实际上是要自己不要猜疑。于是，秦王保证道："将军为秦国立下了不少汗马功劳，本王自然不会让你受穷的。"

王翦道："臣只要一些良田美宅、金银钱财。其他的给了臣也没用，只要臣死了，子孙能够温饱，臣死也瞑目了。"

秦王大笑不已，于是答应了王翦。可是王翦还是表示自己不放心，便不厌其烦，一连给秦王捎了五封信，找秦王要这要那。王翦此举，彻底地打消了秦王的疑虑，可是却引起了王翦身边副将蒙武的好奇，老将军这么做，实在是让人百思不得其解。于是，蒙武便向王翦求教。

王翦便将心中所想一一说了出来，他说此举可以消除秦王的疑虑，赏赐之物却可以分给将领。蒙武恍然大悟，极力称赞。

王翦哈哈大笑，为名将者不仅要努力在战场上纵横捭阖，攻无不克，也要在政治上韬光养晦，攻守进退皆有道。

公元前232年，王翦率领60万大军，浩浩荡荡地来到了楚国境内。一时之间，楚国上下积极备战，杀敌图存，士气高昂。但是王翦并没有直接攻上去，因为他知道眼下只有先消灭敌人的锐气，进而以威武雄壮之师攻去，才能够收到奇效。

于是，王翦命令大军高筑营垒，只要守卫好军粮和粮道就行。任凭楚国军队如何谩骂、挑战，秦军就是坚守不出。而这时候，楚国大军以为秦军主力已经撤退，转而去防守自己的边境。于是，楚国大军急忙向东方撤离。王翦等的就是这个时候。秦军以逸待劳，楚军惊弓之鸟，在一连串的歼灭战之后，楚王负刍最终选择了投降。

天下初定，此时此刻，只剩下东方的齐国还和秦国并立于世。

王翦在攻灭了楚国之后，还南下攻灭百越，设立郡县，立下不世功勋。秦王知道了他的忠心，于是封其为武成侯。

而比起王翦，更加深谋远虑的人是范雎。

当初范雎为秦国立下了远交近攻的策略，使得秦国50年时间之内，坐看山东诸侯的破灭。50年的时间内，齐国和秦国的邦交极为和睦，政府使者、民间商旅往来络绎不绝。

公元前237年，齐王田建曾率领庞大的使团前去访问秦国，秦王政在咸阳宫中用盛大的礼仪接待了齐王。在秦王的授意下，秦国上下，不管是高级官员还是其他各国的使节，一一匍匐在田建脚下，诚惶诚恐，不敢抬头。田建因此而虚荣心大涨，认为这秦王政和秦国值得齐国深交。

于是，田建和秦王政设置祭坛，烧香祭酒，结为异姓兄弟。如此，齐国自然成了秦国的兄弟之邦。为了彻底地拉拢齐国，使其不成为秦国一统天下的绊脚石，秦国不惜花费重金，让前来咸阳的齐国使团满载而归。一时之间，曾经的虎狼之国，摇身一变成了齐国最忠实的盟友。

来而不往非礼也，秦国也不断派遣各种使节携带大量黄金珠宝出使齐国，其中不乏大量辩才出众的客卿。他们一面游说统治阶层不要改变外交政策，一面诱使他们堕落，跳入贪污腐败的陷阱。除了钱财以外，那些使者还携带了剑客和锋利的宝剑，只要谁不愿意，便刺杀之。这是典型的李斯战略。

如此一来，对于任何的合纵行动，齐国几乎都拒绝参与。为了表示自己对于联盟的忠实，齐王每次都会为秦国的胜利派遣使节团前往咸阳道贺。秦国横扫各国，鲸吞天下时，齐国始终隔岸观火，置身事外，一连享受了50年之久的和平和繁荣。但是在繁荣的外表下，齐国隐藏的危机正暗暗滋长，最终招致国破家亡。

公元前 221 年，末日终于降临到了齐国的身上。可以猜测，齐国一定不乏有识之士看出局势的变化，只可惜未得到重用或者被秦国杀了。这时齐国纵有天才降临，也难以挽回大局。

这一天的到来，让田建也深刻地感到了齐国所面临的危机，于是和宰相后胜商议对策。他不知道，早在 30 年前，田建的这位宰相就已经被秦国收买了。可是，后胜似乎也意识到，自己往日的荣光将不复存在。

只可惜，二人的悔悟都为时晚矣。秦国大军从原来的赵国境内挥师南下，没有遇到任何有效抵抗，便占领了齐国都城临淄。齐国便在这样一个混沌的过程中断送了国运。

后胜收了秦国无数的好处，和他预料的一样，最终被秦王政杀了。田建则被流放到共城（今河南辉县），当了 45 年的太平国王。据说齐国灭亡之后，还有很多人跟随齐王，只是后来发现已经没有了任何前途，便树倒猢狲散，只留下田建和自己年幼的儿子相依为命。忧国伤怀的齐王，在荣华富贵和三餐难保的巨大落差之下，最终忧郁而死，其儿子也不知下落。

历经 250 多年的战国，终于在秦国历代君王特别是秦孝公、秦昭襄王、秦王政，历代贤臣如商鞅、范雎、李斯，历代名将如司马错、白起、王翦、蒙恬等人的共同努力下，宣告落幕。山东六国全数灭亡，唯独卫国还存在到了秦二世时期，可能是因为太小的缘故。

轰轰烈烈的大一统时代就此到来。